宗近真一郎

詩は戦っている。誰もそれを知らない。

書肆山田

目次——詩は戦っている。誰もそれを知らない。

II　Fieldwork 1――詩のことばを渉猟する

凡例

一、本書は、すべて、既出論考で成り立っている。パートIおよびパートIIIの論考の初出掲載紙誌については各論考の末尾に示した。

二、引用は、基本、〈 〉あるいは「 」内に表記。引用、参照テクストは、パートIにおいては、各論考の後、＊に続けて、引用の順番に＊1、＊2、＊3のかたちで、著者、書名、翻訳の場合の訳者名、出版社、刊行年月を明示するかたちに統一した。各引用末尾には、テキストの該当頁を示した。例えば、＊1のテキストの六四頁からの引用である場合、（＊1：64）と記される。

三、パートIIおよびパートIVでは、月評、時評という性格から、言及、引用したテクストについて、書名あるいは表題と出版社だけを明記した。

四、また、とくに注記しないかぎり、引用はすべて該当テクスト記載に従った。

五、各論考には、初出の内容に対して、可読性、論旨の明確化、アップデートなどを考慮して、所要の加筆、修正を行った。

詩は戦っている。誰もそれを知らない。

「自然が私をそのなかにおいた。（……）すべては自然が語ったのだった。すべては自然の罪であり、すべては自然の功績なのである」。この世界観のなかにあるのはカオスである。というのも、統《す》べる者も限界もなく、己れ自身を存在するものの領域における唯一の力として据える神話の生が、最終的にはここへ流れこむのだから。

ヴァルター・ベンヤミン「ゲーテの「親和力」」（『ベンヤミン・コレクションI』浅井健二郎編訳）

内側へとじかにつながる経路はすべて、また結果的には内側そのものも、封鎖もしくは先取されている。私たちが望み得る最大限のことは、端《マージンズ》——通常は看過される表面であり、相対的に言って孤立し、不規則に散在する地点——を見つけ出して、そこに何とか身を置くことである。

エドワード・W・サイード『パレスチナとは何か』（島弘之訳）

私が言葉の中で探すものは、他者の応答である。私を主体として構成するものは、私の問である。私を他者に認知させるためには、私は、やがてそうなるであろうという観点に立ってのみ、すでに起こったことを話し出すのである。

ジャック・ラカン「精神分析における言葉と言語活動の機能と領野」（『エクリI』竹内迪也訳）

その結び目は予め解《ほど》かれて在る——まえがきにかえて

詩は戦っている。当然のことだ。戦っていない詩があるのなら、「女は存在しない」と言ったラカンの顰に倣って「詩は存在しない」と断定し、シニフィアンのシニフィアンへの任意の代入が言語の騒乱を引き起こさないという事態、詩ではないものに侵入された認識の地平から自己差異の声が消音される条理に慄く他はないだろう。それくらいに詩は戦っており、「詩は存在しない」からこそ、反措定でも対偶でもなく、存在しない詩において抵抗される世界だけが信じるに値する。存在しないからこそ、詩は反世界のリヴァイアサンでありうるように。

だが、それは誰にも知られてはならない。誰も知らないということと詩が戦っていることとは一回的に均衡している。誰にも知られないということが、詩が戦うための最初で最後の条件である。だからこそ、詩は「記録」することに身を挺することによってのみ、世界を詩に変えることができる。かつてからそうだったが、この誰にも知られていないという平衡状態を維持することは、いまや、困難を極めている。現実的に、SNSなどのネット状況の亢進が詩の戦いを孤立させないというよりも、詩の戦いが拡散を前提としてしまうという循環において、戦いが予め解消してしまう。戦いが予め公共性を擬態した他者との和解（一般意思）に接合しないように、詩的な主体は、「記録」主体として、「記録」の一回性、すなわち、誰も知らないという未然の相互性へと逆算されねばならない。

二〇二〇年一月、藤原安紀子さんとトークする機会があり、『どうぶつの修復』をめぐって、「叙事に徹した」、「喪の作業である」という藤原さんの言葉に遭遇した。むろん、抒情からは限りなく疎隔する。だが、徹底された叙事への意志‐主体性は、誰にも知られないように初めてそれが記される「純粋言語」が召喚される眼差し＝尖筆において、語りを際立たせて非意味のうねりに到達する冒険において、絶対‐抒情‐主体と刺し違えるはずである。

どういうことか。叙事には、言葉にできない激情（自己‐への‐怒り、に投影されるもの）のためにアウトフォーカスになった光彩を、もういちど言葉に回帰させるという修復性によって、くっきり結像させる権能がある。だが、「出来事」を記すというエクリじたい、出来事‐化を引き受ける想像力《イマジネール》において、主体は複数化し、現実と非現実、存在と不在のあいだで宙吊りになり、削除される寸前のところで揺らいでいる。つまり、叙事は抒情の懸崖からはじまる。

「女は存在しない」ように「詩は存在しない」が、絶対‐抒情‐主体が、ときには「「子」‐が‐いる」というふうにアリバイを反証されてしまう泣き虫のオトコによって構成されるから、泣かないオンナが、叙事の偶有性――存在論と観念論が交差する世界思想の主戦場――を担うということは、「修辞的な現在」という措定によって、現実の引っ掻けなさにおいて、「戦後

詩」への帰属を否認された「修辞」＝喩法＝ポエジーが、現実を引っ掻かない
ことが
できる非の潜勢力と引っ掻き得ない現実に従属していた「修辞」を終らせるという裂け目それじたいであることに等しい。

裂け目は、「遍在する「女」」を立証するだけではなく、つねにすでに解《ほど》かれた結び目であり、藤原さんが、くだんのトークのあとの交信（二〇二〇年三月一四日付「図書新聞」掲載）で描いてみせたリボンのように、電線によって走査された世界の「穴」として現れる。

＊

〈視界には膨大な数の電線が映りこんでくる。ここは窓際の二階席なので背のびすれば触れられるかの距離に太さも長さもさまざまなそれが走っていて、今日のような雨空なら見あげる人も多くはないが快晴ならそれなりの数が仰ぐ空と相互に助長しあうでもない、いわば騒音のような電線を実際のところ都市においては日常ほとんど気に留めることもなく暮らしている。階下には休日のためか比較的ゆるやかな速度で人々が行き来している。往来を眺められる場所なら一日いても愉しい。「詩と写真の交差点」の積みのこした課題もそっちのけで窓の外を見やっていたら、奇妙なものが目についた。距離にして1メートル強、ガラスがなければ摑めそうな近さにある二本の電線に何かが絡まっている。深紅のリボンだ。可憐なビロードのリボンが二つの線をしっかと結えている。地上5メートル、梯子も踏み台もない位置。いったい誰が何

のために結んだのだろう。

リボンは項垂れているふうでもある。二本の電線と交わっているにちがいないけれど、絡まりあう点が特別なわけでない。そこから双方向に延びていく、どこまで行くのか途方もない(涯はもちろんない)散逸のしかたに大切なことはあり、それが「ほんとうのこと」であるかどうかなど考えずにいられるから、ここにいる。結び目は雨水をふくんでさらに固く、また緩くもなる。解けることを前提として交差し、変化する瞬間のために接近する。ふくらんで、こらえられず、ひらいてしまうもの。そこからこぼれ落ちてくるものがある。両手ですくい、壊れないように、紙のうえにおろす。いまは詩を書くことがそうであり、かつてカメラを手に街を歩いていたときは写真がそうだった。個人的なことでなく、功績に重きをおかず、むしろ己の罪過よりものを創っている人々の行為は全てそうだと信じて疑わない。その位置でわたしたちは話せるはずだ。

ところで宗近さん、あのリボン、誰が結んだの?〉(藤原安紀子)

〈叙事に徹する。それは、欠如やほころびをもとに戻すということではない。写真がモノをむき出しにしてそれを見えなくするように、言葉が像として現れること=感光―現像という動きの果てで、構築しないというボロボロの在り方が呼応される。

どういうことか。それは、両手で壊れないようにすくわれ、紙のうえにおろされるものは、決して荒廃から逃れて無傷なままの「結び目」ではなく、つねにすでに解かれ、雨に濡れ、切り離され、あるいは自己分裂を起こした「ほんとうのこと」の非現実性、そこにはないもの以外ではない。そこにはないからこそ、否定的なものに自らを繫留するために、想像力《イマジネール》というやつが、雨空の電線のように、視界の底に絡まるということがある。

　つまり、藤原さん、あのリボンが結わえているのは、電線によって代理される都市的日常の諸力の束、地上5メートルという空虚です。リボンを結んだのは、だから、想像力《イマジネール》と共犯する「主体」という厄介な魔物なのです。〉（宗近真一郎）

*

「現在」と「修辞」をめぐる抑圧と「反復強迫」は、「戦後詩」への帰属（という隠された命法）をめぐるものだが、泣き虫の女＝オトコが後退戦の果てに構築する絶対‐抒情‐主体（ヘーゲルにおける「絶対的な主体」が「われわれのうちにおいて、われわれを除外したうえで」成立するというパラドクスによる弁証法的な主体形象、あるいは、除外された主体を連れ戻す抒情の顕れという一回的＝絶対的事態）と、電線に被覆された世界風景のゲシュタルトからリボンという「叙事」を伐り出してみせる泣かないオンナによるタブロー全体の抱懐によって、漸く解除されよう。解除の兆候とともに持続するポエジーにおいて、「自然」‐像‐「叙事」という闘争のループが現れよう。

　本書のクロニクルは、未だに、このループを旋回しているはずである。四つのパートのうち、パートⅡは、「現代詩手帖」（思潮社）で担当した二〇一九年度「詩書月評」を順月ではなく、12月、11月、10月、5月、6月、9月、8月、7月、1月、2月、3月、4月という配列にして、時間のリニアな流れを捩り、「状況」を折りたたみ、攪乱して、いくつかの経糸と横糸によって現れるクロノスの綾を待機しようとする。まず、「自然」がなくなった「いまの若い人たちの詩は「無」だ」というあの総括にこだわり、「自然」の再定義の力線を手繰っていく。次に、換喩と隠喩の断裂を消去して「発喩」という動態的シークェンスを繰り込む。そして、震災、原発事故という「出来事」が「事後性」において象徴界に傷痕を刻む姿の多数性の見極められなさを確認する。これらの経糸を、一冊の詩集‐一篇の詩‐一つのスタンザというテクストの任意の位相に一発必倒の批評的打撃を仕掛けるという不可能的な一本の横糸によって括ろうとする無謀な試行である。

パートⅣは、季刊「びーぐる　詩の海へ」（澪標）で第38号（二〇一八年一月）から、第45号（二〇一九年一〇月）まで担当した「詩論時評」を掲載された順序通りに配した。表題を見ると、「遍在する「女」」、「デリバリー」、「手続き」、「アセット」など凡そ詩・論とは無縁なボキャブラリーが並ぶ。それはその通りなのであり、著者の批評的本性にふたつの落とし前がついている。ひとつは、詩作品が「出来事」に成り上がるには、詩作それじたいが詩作以外の全てに代償されるくらいの「手続き」と「デリバリー」を通過するという隘路へと奪回されねばならず、ふたつには、詩的行為はその固有性を擬態した「内容」においてではなく、その騙りがそうであらねばならない「形式」へと追い込まれ、作品というものの無‐根拠性がむき出されるべきである、ということだ。

そのように、「詩論」という司書的分類の下で公刊という「手続き」に委ねられる本書もまた、論攷のそれぞれが企図しないコンテクストに置かれるための、書かれたことが書かれなかったことを代行するための端緒以外ではない。書物は、「出来事」であることによって、論攷の束は「状況」という口実《ベンチマーキング》を失くし、誰かに告知されるという欲望の果ての無‐根拠なカオスとして、すなわち、「存在の秩序」の白紙撤回として、複数《もうひとつ》の可能的な「出来事」へと媒介されるだけである。それでも残余する主体の痕跡のように、あのリボンのように、地上数メートルの風景の裂け目に現れてみたい、ということだ。

二〇二〇年四月二〇日　　宗近真一郎

I

Status Quo——詩は戦っている。誰もそれを知らない。

χと抒情詩の闘いでは、抒情詩を支援せよ
——（ポスト）戦後詩における反復強迫の解除をめぐって

「抒情詩を書くオトコはみんな天使だよ」（安川奈緒）

「哲学者ではなかったら私は泣き虫の女でありたかった」と『アベセデール』（＊1）のインタビューでジル・ドゥルーズは語っている。哀歌は詩作の主要な源泉であり、嘆きは大いなるものだ。預言は嘆きと不可分であり、預言者は、祭司とは反対に、嘆く者のことだ。預言者は自分に起きることを〝これは私の手に負えない〟と嘆く。嘆きは祈りのようなものだ。〝なぜ私には器官があるのか〟、〝一体なぜ私は存在するのか〟。そして、「泣き虫の女」が呼び込まれる。〝かまわないで下さい。自分で何とかします〟。だが、「泣き虫」なのは、果たして「女」だろうか。「ゼロ年代詩のゆくえ」を特集した「現代詩手帖」二〇〇九年四月号所収の「突破口はどこにあるか」と標題された座談には、水無田気流、中尾太一、蜂飼耳、岸田将幸、佐藤雄一が出席し、他に類例を見出し難い熾烈な討議になったが、そこで「泣き虫の女」だったのは専らオトコ（岸田、中尾）であり、オンナ（水無田、蜂飼）は「哲学者」になりすましてオトコの嘆きを抱懐し、相対的な文脈に落とし込むような統覚を反芻した。佐藤雄一は、臨床的読解の立

ち位置を仮装し、メフィストあるいはファシリテーターとして振る舞った。ここで内容を要約するという錯誤は回避して、岸田の〈……「私」を信じる、体だけは残っていると。ただ体は、吐き気とか摂食障害とか肥満とか、あらゆるかたちで人間を裏切りやがるんですよ。だからぼくは体をまったく信じていない。だけど、これしかないという場所から言葉を立ち上げていく。裏切るのだから、それぞれの詩人がいまある理由は、完全なる裏切りの否定形としてそれぞれが貧しく立っている。その断念と不屈の姿勢を示すことが大切で、ぼくはまさにこれを言うために今日来たわけです。〉(＊2：18)という発言に、水無田が、岸田の作品は痛覚が面ではなく点として刺さってくると述べた後、〈身体は自己‐他者‐世界了解の結節点という言い方は手垢がついていますが、ただそれを単純に肯定するか、否定するか、あるいはもっと今日的な意味で問い直すかでは、やはり論点が異なってくる。第一、身体という概念自体が、急速に拡張してきているところがあります。(……)精神は世界化するけれども、身体は個室化するわけです〉(＊2：18)と標準化して応答する局面、対話の最終部で、中尾が〈今日は制度の側で詩を書く人間とそうじゃない人間がいるっていうのがわかりました。対立すればいいと思う。〉(＊2：33)と言い切る捨て鉢な情動が布置されるが、彼らは一体性を拒絶しているのではない。衝突の「場」をめぐる同意が混線のボトムラインになっている。

その「場」において、オトコはむき出しの嘆く主体として現れる。「泣き虫」が、その孤絶の表情で、類のなかで一人きりであるという情態に身を挺するように、一般性(相対性)へのコミットメントが廃棄される。もういちど、ドゥルーズの述べた言葉の断片を繋げてみると、泣き喚く女が素晴らしいのは、〝かまわないで下さい。自分で何とかします〟と自分を破滅させかねない去就に身を挺するからであり、その受動性においてこそ、芸術的かつ預言的であり、その嘆きはついに悦びを導くというどんでん返しが訪れる。〝これは私の手に負えない〟とは、自然や社会的疎外を含む身体的な与件に対応不可能な事態において、能動性が捨て去られるということである。自分で何とかできるわけがないからこそ、不可能性の荒野では、誰もがただ一人であり、つながりは人を弱体化する。ただ一人であるからこそ、嘆きと祈りと預言が交叉的に召喚されるのだ。

知られているように大澤真幸は、一九九六年の『虚構の時代の果て――オウムと世界最終戦争』から二〇〇八年の『不可能性の時代』を経て、二〇一二年の『夢よりも深い覚醒へ――3・11後の哲学』にかけて、「第三者の審級」という媒介概念を構築しつつ、敗戦後の年代について、七〇年代半ばまでを「理想の時代」、阪神大震災とオウム真理教事件が起こった一九九五年までを「虚構の時代」、それ以降を「不可能性の時代」と区分して見せた。オウム真理教事件に集約される「虚構」からの脱出の果てにリアルは無く、「不可能なもの」だけが残余した。「不可能性の時代」において、すべてのものが経済的・政治的スペクタクルに回収され、不在のリアルを求めて、誰もが循環的に彷徨する断裂的なシークェンスが現れる。社会学のアナロジーに準じるつもりはないが、ゼロ年代およびそれ以降の詩人たちは、つねにすでに、亢進する「不可能性」のなかに在る。また、奇形の「国家内国家」を追走した十三人のオトコたちは、法の署名のもとにあえなく処刑されてしまった。この消音的かつ禁圧的な状況の下、自然性と社会性の双方でコーナーを背負い、追い撃たれているのは、去勢の標的であるのは、オトコ以外ではない。オンナは類として反撃に転じ、ときに無頼化もしているが、オトコは〝一体なぜ私は存在するのか〟という自問ぎりぎりのところまで弱体化している。いま、「泣き虫の女」とは、オトコのことだ。嘆き、祈り、預言する権能はオトコに託されているのである。

ところで、くだんの座談では、最後まで、詩をめぐる二つの原基的な隠語《ジャルゴン》が現れなかった。すなわち、「自然」と「抒情詩」である。「自然」にあえて関知しないのは、二〇〇八年に刊行された『日本語のゆくえ』で座談出席者の一部を含む詩人の詩集約三十冊を通読した吉本隆明が、全員をほぼひとからげにして「過去」も「未来」も「現在」もない「無」であり、記紀歌謡のような神話形成のエレメントが不全であると総括した際に、〈全体の特徴としていえることは、「自然」がなくなっちゃっているということです。（……）非常に遠い歴史というのをずっとたどって考えると、自然を失っているということと、自然がなくなっちゃったということについてどう対応していいのかわからなくなっている〉（*3：220）と述べたことへの抵抗のエビデンスかもしれない。「自然」理念は、その隠語《ジャルゴン》そのものがオフセットされるくらいに複数的であり、複数性は「歴史」的な現在の表象であり、「自然」への言及自体が罠になりうる。だから、それを黙秘することは、エンゲルスの自然の弁証法を俟つまでもなく、詩の自意識を投影する。それは、分かる。だが、「抒情詩」は違う。「抒情詩」のアリバイがどこにも見当たらない。どうして、詩集や詩作品のポジティヴィティを「抒情詩」にリンクしようとしないのか。それとも、抒情は詩意識における黙契であるがゆえに、自己言及に対する防備が敷かれているということか。鮎川信夫『日本の抒情詩』（一九六七年）、吉本隆明『抒情の論理』（一九五九年）、清岡卓行『抒情の前線』（一九七〇年）など、「抒情」は戦後詩論のメインストリームの反語的な横糸、批評が析出されるための否定的媒介だった。それが、何処かに隠されている。吉本隆明が〈だいたい「無」だよ、ここには何もないよ〉（＊3：208）と言った事態に伏在する兆候は、実は兆候ではなく、一九七八年刊行の『戦後詩史論』のメルクマールだった「修辞的な現在」が、四十年にわたり現代詩における反復強迫となった。そして、現代詩は、吉本が現実を引っ掻けなくなった「現在」に遍在する兆候として棄却したはずの「修辞」を限りなく「現在」へと回帰し、ついに「抒情詩」を被覆していたのではないか。自然を失うとは、全現実を含む「自然」理念の輻輳を前提として、自然への身体的感応を失うということである。つまり、「抒情詩」という表象が剝奪されることに他ならない。

だが、「抒情」は詩的エクリチュールの底で嘆き続ける。「抒情詩」という名称が召喚されないという抑圧の背後で、嘆きが詩の懸崖を描き出す。「泣き虫の女」のオトコが追い撃たれているからだ。「修辞」はレトリックとも呼ばれ、ときに効用を期待されるが、オトコは、見向きもせず、役に立たない抒情を起動する。オトコのくせに、〝これは私の手に負えない〟などと言い、周囲はネオリベラリズムの跋扈するグローバル社会で、ネットワークやチームワークが唱導されているのに、〝かまわないで下さい〟と一人きりで背中だけを見せている。

中尾太一の哀歌は次のような部分を持つ。

郵　便　は　が　き

〒171-0022
東京都豊島区南池袋2-8-5-301

書　肆　山　田　行

毎々小社刊行書籍を御購読御注文いただき有難う存じます。御面倒でも下記に御記入の上、御投函下さい。御連絡等使わせていただきます。

書名

御感想・御希望

御名前

御住所

御職業・御年齢

御買上書店名

〈わたしの捏造がけっきょく貴方を疎外するためだけに作られた詩の構造でしかなかったことの、なお貴方の存在する物語の傍で貴方の切り刻まれた顔がちっとも醜くなかったこと、わらえる／まだいけない、と丁寧に断ったわたしの顔をじっとみつめながら、なんの同伴か、そこで終わればよかった別れの幕間に漣みたいに貴方がまたわたしのところへ戻ってきて悲哀を反復させながらしか生き得なかったこと、わらえる／どこの浜辺に行ったってたいてい朽ちた木造船の、なお数回の航海を許容しているような、詩語があった、わらえる／わたしたちは友達なんかじゃないさ／手遅れもなく、危機もなく、透明な火葬はフィルムにうつった朝焼けだ、貴方と睦みあったざんぱんの痙攣づたいに降りてきた悪魔だ〉（「攻防の始まり」後半）（＊4：81）

安川奈緒は、「わたしたち」以降のスタンザを掲げて、〈身をのけぞらせ、身をうつむかせ、その動きをもう一度倍速でやっているような、天蓋からの重力に身をさらす一行なのだ〉（＊4：150）と書いている。また、末尾の行には憑依してみせるという意思をいくつかの寓意で表明する。まず、中尾太一の嘆きが、極度な論理と倫理とともに投げ出される。それは、解釈の多数を一気に砕け散らせて、〝かまわないで下さい〟と断裂だけを強引に求めてくるのだ。その「重力」に身を任せれば、本稿の脆弱なストーリーラインなど即座に液状化してしまう。「抒情」を否定的な媒介とするアプローチでは、旋回は出来ても決して射抜くことが出来ない標的として「泣き虫の女」が現れる。言い換えると、詩作品と批評との可能的な相互性（というゲーム）に基づくなら、この「抒情詩」を「無」と断定する戦後詩論の正当性が内在的に償却し尽くされるということである。〈若い詩人においては、吉本にとって重要な概念である言語の「像」それ自体をもはや打ち砕く方向に進んでいると思われる〉（＊5：104）とすでに論駁したことがある安川奈緒が見せた憑依の技法は、「像」の収奪以降を生きる覚悟性において、『詩学講義　無限のエコー』に集約された吉増剛造の歩行＝共振《ともぶれ》＝地勢の胎内化（国語で聞くな／足裏で聞け）＝螺旋的時空論・存在論と共鳴していると考えられる。安川の啄木（ローマ字日記）論も収めた同著には、例えば、柳田國男の記録音声にフォローして吉増が〈柳田さんはワラジの感触から語りはじめていたことが最後にわかって来ます。その想像力の柔らかさと構想力の雄大さと深さみたいなのは、驚くべき畏怖すべきハイデッガーやニーチェの言い方を借りると、「なにか絵のようなものを立ち上げていく力、造形力」これこそが詩の力だと思いますけどね〉（＊6：129）と語った憑依の話法が遍在する。戦後詩論の疎外論的切っ先で「修辞」を棄却され傷痕を負った現代詩が、戦後型の批評性＝否定性というフレームに生命時空の全肯定を対置するかたちで、反復強迫を振り切る兆しが、吉増剛造の周縁の言語圏で「抒情詩」を書く「泣き虫の女」たちとともに現れたのである。

つまり、「修辞的な現在」の逃走線が消え去ったポスト戦後詩の言葉の喫水面で、内在的な転倒が起こっているのだ。すなわち、状況に対してラディカルであると自称する詩意識、とくに、二〇一一年三月一一日の出来事をめぐって告発する詩的文体、大多数の他者に報告する詩的ミッションを担おうとした詩の自意識が修辞的「現在」の反復強迫を変奏し、一方、「泣き虫の女」の書く一人っきりの「抒情詩」に、堀川正美や黒田喜夫を継承するような論理と倫理の強度が現れるのである。

〈己の全存在から、なんのこだわりもなく、なげうった。全存在から／なんのこだわりもなく、込めていたルカリテの未来と、知りうべからざることから／アスファルトの径に砕けたチョークで描いた。しかしそれは無いものに焦がれさえ／するわたしたちの欺瞞を、底辺としたまま昇じるがゆえ　喰い尽くされた本質であり／かけた石灰の線を踏みしめて奔ると、父も　水脈もおもいだす。未だ来らぬ時に建つ／わたし自体が戦争であり、増幅し転移しながら疑念となろうと、その底でともに／なんのこだわりもなく、火を灯すのが　現前せぬ他者であったとしても／嫌悪したことなど　いちどもなかった。〉（藤原安紀子『ア　ナザ　ミミクリ』より）（＊7：47）

〈物語は崩壊していない　それは鉄つぶてのように重くなり、人間の体に入りこんだのだ。文字は、人間の影を吸収してふくらみ続けるのだ。／／　いまだに古びた血管　ほころびたリンパ液、／世界中のレジスターがはじけ世界中の書記官の計算機がプツンと切れて暴落した石が一斉に陽の当たる坂をころげてきたそれから〝戦争から帰ってきたこどもたち〟が恥ずかしさに檸檬のように歪んだ顔をそばめながら向こうの広いすそのをあがってくるのがみえる　するとここは丘の上の頂上であった〉（鳥居万由実「遠さについて」より）（＊8：79）

「泣き虫の女」はオトコだけではない。同じように、「泣き虫の女」と「哲学者」とは、オトコにおけるアニマ、オンナにおけるアニムスのように相補的、相互性の影であると言ってみたい。あるいは、女は、つねにすでに、泣かない女、である。二つの作品の断片には、ともに「戦争」というきわどい言葉が使われる。だが、それは、定常的な反戦や悲劇の場面や歴史的ロマン主義を呼び込みはしないし、かといって、異化効果に身を委ねて倫理的な囮を捻出しようともしない。しかし、「戦争」は「わたし自体」／「現前せぬ他者」が在ること、「丘の頂上」からの俯瞰視線に現前することを偶有性へと怜悧に還元する。藤原が描く存在論的擬態、鳥居がうたうデジタル世界の奈落の背後では、嘆きの情動に構成意識が張り合っていると言わねばならない。

そもそも、定型詩の韻律、選択、転換（転調）、喩を口語へと溶かし込んだ口語自由詩のマジョリティであるはずの「抒情詩」は、いわゆる六〇年代の詩的ラディカリズムあるいは祝祭的な詩的形態の累積により形式化の思考には馴染まないというラベリングがなされた。従って、詩作品や詩論は社会思想などの文脈からは殆ど締め出されている。一方、詩は、イノセントに言葉の王位を占めるという無根拠なアプローズによって、微妙なトレードオフが成立している。だから、「修辞的現在」に隠されてきた「抒情詩」は、マイナーな王位にわりと気楽に居座ってきた。ところが、ちょっと目を凝らして遡ると、当の吉本隆明は「抒情的」の本質について、〈それは**構成**としての詩的モチーフの凝縮と集中である。（……）土謡詩における自然物からモチーフへという**構成**が叙景詩の、自然物（比喩としてモチーフを秘める）という**構成**をへて、叙景的抒情詩の、自然物↓凝縮したモチーフの一句という**構成**へと推移した〉（＊9：392）と述べたのである。つまり、「抒情」という表象は、祭式や共同体への依存・拘束関係に馴致されてきたのではなく、「構成」の高度化において現れたという。さらに、「抒情的言語」は構成的に「飛躍」して「物語的言語」となる。逆に言えば、景物描写における比喩（修辞）の背後に隠されて、表面から消えてしまったモチーフが、ふたたび、凝縮されて現れる「構成」は「抒情」によって駆動される。

「抒情」を「消極的な感情／情動」と読み換えてみれば、それは、星野太がロンギノスの『崇高論』を読みこなす過程で精緻に描き出した、カントの『判断力批判』における「美学的崇高」のパラダイム（＊10）において、積極的な快としての「美」に対し無限かつ不定な理性概念（理性と構想力の不一致）の表出である「崇高」としての「詩」・学に等しく、それは、「美しき仮象」で人々を籠絡する修辞学と激しく対立する。だが、そのダウンストリームでは、カント自身において、詩学と修辞学が交錯するパラドクスを織り成し、それは、ポール・ド・マンの『美学イデオロギー』におけるカント批判のモメンタムへと連綿されたはずである。

ともあれ、明らかなことは、「抒情」が「構成」（凝縮と集中）や遊動する構想力の表象であることだ。「抒情詩」は、本来的に形式化の思考に対して開かれているはずだが、「修辞」をめぐる反復強迫によって被覆され、かつ、「抒情」／「修辞」というパッケージにおいて「この世界の言説には、修辞が張り巡らされている」という暗黙の普遍主義に打撃され、おまけに、メディア技術の加速的な拡張が尖筆に及ぶことにより、影の「哲学者」の孤立はいよいよ極まった。だが、それは、「抒情詩」の宿運であり、それゆえに、「泣き虫の女」の論理と倫理は「普遍」から固有性の堆積のなかへ静かに姿を隠す筈である。

どういうことか。「構成」（凝縮と集中）の実践形態である隠喩＝圧縮＝選択も、換喩＝置き換え＝結合も、選択と結合の交叉的時空で「無言」に均衡するのだ。

〈…「無言でもかまわない、…「色彩をかさねて、十の指で風に触れるのだ、／像はきみを後ろにやって、影を落とす地上の一切を見せる。／きみが追いつく時にはきみは事象の闇に呑まれ、ひとの光の中に引き戻されてゆく／／これは求めている光ではない　はだ色の草子《そうもく》の中の／みくまりには、この街のありのままの姿がちいさく見えているだろう。…「思い出すのだ、／たとえ一時、思い《ひゅ》が事物を汚しても、…「やがて誰にも時明りは近づいてくる。〉（手塚敦史「Sonnet 2」より）（＊11：34）

〈全方位に緊張している／これがきみの生きる姿勢である／きみ、本当の淋しさを抱えた人／よその人への呼びかけを諦めている／からだの芯にはパイプがあり、／ほんとうに淋しいきみは、そこへ／呼びかけるようになる／（やあ、……／（きみに会うと眠たくなる、ふたりで／（深夜の寮を眺めている……〉（岸田将幸「姿勢」第一連）（＊12：59）

　詩の論理も論理も、「無言」——「構成」において瞬視される。それが書かれない。従って、ついに現れることのない「きみ」との可能的な訣別——を透過することによってのみ析出される。色彩、闇、光、風、鉱物、草木、からだの芯、パイプ、広島、耀く雲。「器官なき・身体」は、それゆえに、まず、物質を確保する。それらを、かき集める。その瓦礫／事物の世界から撤退し、世界を希薄化し、叙述からの引き算を重ねて、「構成」される世界との闘いのシークェンスを描き、世界に勝たせてやるのである。それらを記す「泣き虫の女」／「哲学者」の一人きりの強度が明証されるために。一方、自己への攻撃性が、そのまま、自己の外部／他者性における論理形成であるタナトスの強度は、ゼロ年代の尖端を成す「抒情詩」、「天使たち」の言葉において、「詩を生きる」という六〇年代的隠喩が憑依の話法へと脱構築されることによって、「修辞」をめぐる（ポスト）戦後詩の反復強迫がようやく解除されるということだ。

最後に、表題の最初の文字χがなんであるかが解かれねばならない。一〇九という謎めいた序数で終わるカフカの「罪・苦悩・希望・まことの道についての考察」草稿は、〈二七　否定的なことをするのは、まだわれわれの任務である。肯定的なことは、すでにわれわれに與えられている〉（＊13：31）を経て、〈五〇　人間は、自分のなかに何かしら破壊できぬものがあるということを持續的に信頼しないでは、生きることが出來ない。……／五二　君と世の中との戦いには、世の中の方に味方せよ。／五三　なんぴとをも欺いてはならぬ。世の中を欺いてその勝利をかたり取つてもならない。／五四　存在するのは精神の世界だけだ。ぼくらが感覺の世界とよぶものは、精神の世界における惡である。…〉（＊13：33）と続く。五二からのエピグラムは、「第三のノート」一九一七年一二月八日の記述のヴァリアントである。χは、君でも、世の中でも世界でも精神でもなく、世界模型の偶有性が画定されるために代入されるべき全現実（震災、原発事故、気象災害、沖縄、再ファシズム、歴史修正主義、ヘイト、ネオリベ、十三人処刑、格差拡大などに尽きない）以外ではない。むろん、全現実は、いったん主観性＝「私」における全現実＝世界苦に終息する。だが、「私」が一人きりである強度、〝かまわないで下さい。自分で何とかします〟という残響のさなか、χに代入されるべき「不可能なるもの」が函数そのものを粉砕することがあるだろう。そのとき、世界苦の仮面を脱いだ「世界」と闘うのは、カフカの「第三のノート」から百年、「抒情詩」の反感／免算のエチカである。

＊

＊1：Gilles Deleuze〝L'Abécédaire〟KADOKAWA（國分功一郎監修）Disc 2
＊2：「現代詩手帖」二〇〇九年四月号
＊3：吉本隆明『日本語のゆくえ』光文社、二〇〇八年一月
＊4：現代詩文庫『中尾太一詩集』思潮社、二〇一三年七月
＊5：「現代詩手帖」二〇〇八年五月号所収の＊3の書評
＊6：吉増剛造『詩学講義　無限のエコー』慶應義塾大学出版会、二〇一二年一二月
＊7：藤原安紀子詩集『ア　ナザ　ミミクリ　an other mimicry』書肆山田、二〇一三年一月
＊8：鳥居万由実詩集『遠さについて』ふらんす堂、二〇〇八年一一月
＊9：吉本隆明『言語にとって美とはなにか』勁草書房「全著作集6」、一九七二年二月
＊10：星野太『崇高の修辞学』月曜社、二〇一七年二月
＊11：手塚敦史詩集『トンボ消息』ふらんす堂、二〇一一年四月
＊12：現代詩文庫『岸田将幸詩集』思潮社、二〇一三年七月
＊13：『カフカ全集　Ⅳ　田舎の婚禮準備　父への手紙』江野専次郎他訳、新潮社、一九五九年四月

（「三田文學136」冬季号２０１９、二〇一九年二月）

「去勢」不全における消音《ミュート》、あるいは、揺動《スウィング》の行方

――「ほんとうのこと」を脱構築する思想的震源へ

ジャック・ラカンはその主著『エクリ』の日本語版の序文「日本の読者に寄せて」において、同著が日本で理解されるのは期待の外にあり、〈この序文を読んだらすぐに、私の本を閉じる気を起こさせるようにしたい！〉（＊1）とまで記している。何故か。日本人は読めそうなものは何でも出てくるそばから翻訳してしまう。翻訳を介して、自分自身の了解のレベルに到達してしまう。翻訳が継続され、了解へ再帰されることがない。それは、日本人が中国から漢文（象形文字）を導入し、音読みに加えて訓読みを駆使して日本語を構築したからである。

訓読みによって、日常的に外来性に躓くことなく、外来性はそのまま保存され、しかし、漢文そのものは、日本語の外部に繋留される。〈日本語を話す人にとっては、嘘を媒介として、ということは、嘘つきであるということなしに、真実を語るということは日常茶飯の行ないなのです〉（＊1）。つまり、ラカンは、訓読みとは、無意識（象形文字・隠されたもの）とパロール（発語）との距離（差異）をゼロにするような処方だというのだ。

これを「精神分析」のベンチマーキングで横展開した柄谷行人は、ラカンが日本人には「精神分析」が不要だと断定したのは、無意識（象形文字＝漢文）の解読がすでに果たされているからだと述べる。〈日本人には抑圧がない。なぜなら彼らは意識において象形文字を常に露出させているからだ。したがって、日本人はつねに真実を語っている〉（＊2：83）、言語の習得による「象徴界」への参入が集団的（複数的）な経験だというラカンの前提に即するなら、〈日本人はいわば、「去勢」が不十分である、ということです。象徴界に入りつつ、同時に、想像界、というか、鏡像段階にとどまっている〉（＊2：82）。

文学プロパーならずとも、抑圧がない、発語における葛藤がないと言われれば、沽券を問われたふうに、気色ばむに違いない。ところが、同じようなことは、柄谷のベンチマーキングよりもちょっと前、吉本隆明が『日本語のゆくえ』のクライマックスのパートで言い放ったはずである。吉本は、読み慣れた「団塊の世代」の詩作品から視野を広げるつもりで当時二十代、三十代の詩人（二〇一七年現在の詩的表現の中核を成す作者たち）の詩集を三十冊近くフィールドワークして、全員をひとからげにして、記紀歌謡のような神話形成のエレメントとして決定的に不全である、〈「過去」もない、「未来」もない。では「現在」があるかというと、その現在も何といっていいか見当もつかない「無」なのです〉（＊3：206）、さらに「無」の兆候は確認できても、そこからの「脱出口」が見当たらない、と総括した。水無田気流に直喩への思考力と転調、渡辺玄英に「脱出口」へのかすかなモチーフを認めつつも、〈全体の特徴としていえることは、「自然」がなくなっちゃっているということです。（……）非常に遠い歴史というのをずっとたどって考えると、自然を失っているということ、自然がなくなっちゃったということについてどう対応していいのかわからなくなっている。これは若い人たちにとっては相当大きな問題なのではないかなという気がしました〉（＊3：220）。「天然自然の絶滅状態」において詩自体も詩の理由も不明になった、つまり、自然とともに詩が「絶滅」した。

まるで現代詩への最後通牒のような処断に銘記されるべき集団的な反駁がなかったのは、その包括的な論調が固有な論駁のトリガーになり難かったことと、吉本が反復する「自然」理念が詩人たちの共通感覚に届かなかったからだと思われる。だが、吉本隆明の現代詩批判はラカンの日本語解釈のシーンと重層的に交叉する。まず、大凡三十人の詩人たちは、「象徴界」に参入しているという符牒において、作品は固有なものだなどというモダンな自恃を振り切り、集団的な総括へきちんと応答することが要請されていい。次に、「自然」理念に関して、柄谷行人は、ラカンのいう「象形文字」（無意識）がそのままパロールにシフトする日本語的事態をめぐって、本居宣長が『源氏物語』について〈物語は、おほかたつくりこと也といへども、其中に、げにさもあるべきことと思はれて、作り事とはしりながら、あはれと思はれて、心のうごくこと有と也。……然ればそらごとながら、そらごとにあらずと知るべしと也〉（＊2：83）と述べた節をあげ、〈物語は作り事、そらごとであるが、それによって表現される「もののあはれ」こそが「真実」なのだ、というのです〉（＊2：84）とフォローした。「物語」（日本語による言語表現）のリアリティは「もののあはれ」（自然への感情移入）によってバックアップされている。「もののあはれ」のないところに、「物語」のリアリティ（真実＝ほんとうのこと）は成立しないという道理が反芻されてしまう。

ことは一九七八年の『戦後詩史論』における「修辞的な現在」にまで遡行する余地があるという定常的な射程は度外視して、さしあたり、注視すべきは、日本人が「去勢」不全であること、集団的にはラカンのいう「象徴界」(表現を含む言語の地平)にステイしながら、実態的には「想像界」(母との二者関係による自己確認)、あるいは「鏡像段階」(鏡像による最初の自己統覚)にホールドされたままだということだ。この「去勢」不全は、受動性を疑似的な攻撃性に裏返すような自己愛のシステムを起動し、詩は「自然」とともに絶滅したという執拗な宣告などものともせず、黙々と「無」を量産する、あるいは、現実(自然)を引っ搔くようなことはせず、「日本語」を引っ搔くというオルタナティヴ(冒険)で勝負するのである。

「換喩」をめぐる詩学言説が相応の民意を得たことに意を強くした阿部嘉昭は、「換喩」からの拡張概念として「減喩」を提唱し、〈知覚に対して再帰的な思考が介在した場合には、知覚から自明性が消えてゆく。これが減喩の効果なのではないか。実際は微妙な時差が介在している。いま見ているものは、さっき見始めたけれど、いまも刻々と感知されている。この時間性を掘り起こしていくと、下手すると自我がゲシュタルト崩壊しますね〉(*4:187)と、「減喩」について、自分を減らし、意味(自明性)を減らし、イメージを減らし、「ことばの穴」を形成する運動性が付言され、定義というものは回避される。定義に置き換えるように、詩的実践が布置されよう。〈ひとけのなさにもろうそく犬が臥して/つまりは黙想の法がのべられている/じぶんをとりだしかんがえるのではなく/じぶんをけすようにかんがえてゆくと/けっきょく「。」がすがたとわかる／おとをけしても遠近などざわめかない／火が「。」をゆらし犬のちぢむことのみが／なみだにも引き算の尖端をおどらせる〉（＊5：「句点」全行）というモチーフを消音し尽くした不敵な「実践」は、「無」の「脱出口」の向こうにも「無」が連綿することを逆宣告してやまない。

野村喜和夫の『哲学の骨、詩の肉』は、「一介の詩人である私」のフリッパントな口調に乗じて読み飛ばしていくと、終章「そして隠喩の問題に辿り着く」に入って、とたんに膠着する。吉本隆明の「全体的な喩」における戦後詩的メタファーの変容を確認し、吉本隆明－北川透－瀬尾育生（「寓意」）のストリームに絓秀実の「現代詩史」を加え、「時代の空気」に即するかたちで、いったんは〈同一性（モダン）から差異（ポストモダン）へというエピステーメーの推移から見ても、隠喩ではなく換喩の優位が悦ばしい〉（＊6：243）と同意する。「換喩」は、「外へそらす」、リゾーム的逃走的な原理に符合する。

一方、「隠喩」が、詩と哲学との繋ぎ目であり、詩的欲望の源泉であり、さらに言語の発生状態に回帰する契機であるというロマンが野村のモメンタムを占拠している。野村は、ニーチェ（隠喩の復権）、ハイデガー（アレーテイアと隠喩との連関）、デリダ（隠喩と概念との関係の脱構築）を跳梁し、〈なるほど隠喩は謎の提示であるが、さらには謎が謎として深まることによって、それは言語の足元に深淵をひらき、眩暈の体験をもたらすのでなければならない。それが詩である〉（＊6：253）という演繹的な断言を記さずにはいられない。このロマン的決定論が隠喩であるという循環に刻まれる主体の痕跡こそ、阿部嘉昭が消去しようと目論むものに違いない。

だが、十年くらいのスパンで見て、例えば、『日本語のゆくえ』に盾突くような「詩論」が不在だったのは当然ではないか。十把一からげに「無」だと切り捨てられたファクトに直面し、それ自体が「発生論」（表現論）の自壊であること、つまり、自己幻想の表象が「共同的」に語られてしまった逆説を口実にして、「詩論」は批評性（否定性）においてではなく、鑑賞機能（受容性）という「効用」において、「無」と結託する他はなかったからだ。

それでも、詩が易々と「味読」に遇されるものに成り下がってはならないように、「詩論」もまた、鑑賞装置へと堕落してはならない。

逆だろう。「詩論」には、「鑑賞」などという甘ったれた小市民的嗜好を即座に脱却して、古事記（象形文字）が宣長によって古事記伝（訓読み）に翻訳・註解された原初の「錯誤」（「もののあはれ」＝自然への感情移入）において詩を糾弾する権能に準じてもいいのだ。そもそも、日本語は、象徴としての「外国語」との関係において「去勢」が足りない。その「去勢」の足りなさは、加藤典洋の戦後論言説の前提であるアメリカによる徹底的な日本の「去勢」という歴史的なエビデンスの陰画をも構成しうるのだから。

ならば、『日本語のゆくえ』の三年後に東日本大震災があり、その翌年、二〇一二年に吉本隆明が亡くなったという事実性が時系列的に追尾されるべきだろう。まず、追悼という常套的な言説の短期的な集積があった。その後、どうなったのか。三つの原理論を含む基幹となる著作をタイムリーかつ批判的に読み直した言説は、「自立派」残党には無く、宇野邦一の『吉本隆明　煉獄の作法』くらいしか見当たらない。例えば、初期の代表的論文「マチウ書試論」で神や救済との断絶の背後にある倒錯的（闘争的）決定論のジャルゴンである「関係の絶対性」について宇野は〈テクスト考証と心理的な洞察によってキリスト教を批判的に解体しながら、最後に吉本は、きわめて日本仏教的な他力の観念に跳躍し、これに批判の重心を委ねてしまった〉（＊7：55）と「相対化」した。また、吉本の弁証法的進化論が、一九八〇年代終りのバブル経済に鼓舞されたかたちで『ハイ・イメージ論』において垂直的な窮極俯瞰を「世界視線」と名付けたイメージについて、それが、偵察し、監視する視線であり、フーコーの言う権力的視線の構図を集約する「一望監視装置」（パノプティコン）に符合することを指摘して、〈見ることは世界から注ぐ光が眼に注ぎこむことでもある。知覚することは、自分も知覚されうる場に身体をおくことである。知覚は少なくとも双方向的であり、ふたつ以上の知覚の交叉によって成立する。私がはじめに見るのではなく、それ以前に私を見つめる世界があり他者がいる。政治も、芸術も、哲学も、視線をめぐるすさまじい抗争の歴史と切り離せない〉（＊7：220）と的確に指摘し、吉本の「多空間論」の背後にある主体の一義性に疑義を呈した。

ランドサットからの視線は「世界視線」である以上に、いまや、権力の視線であり、ネット空間の隅々までを覆い尽くす監視権力のモニターに現れるもうひとつの「死の視線」であることは自明である。この国に、ひとりのエドワード・スノーデンが現れないのは、テクノロジーへの手放しのオプティミズムだけではなく、「知覚」の主体性と受動性に現れる存在の多数が被覆されることへの抵抗性の場所が確保されないからだ。オリバー・ストーンのフィルムのバックには、SOLDIER, HACKER, SPY, HERO, PATRIOT, TRAITORというスノーデンへのラベリングが列挙される。この多数性のノマド的な拮抗においてこそ、スノーデンが彼なりのエチカ〈普遍理性〉を断言するクラックが刻まれたはずだ。

震災・原発事故以降の時間は、吉本隆明以降の時間ということでもある。「これから人類は危ない橋をとぼとぼ渡っていくことになる」という宮沢賢治のような吉本のパロールは、ふたつの両極的パフォーマンスにおいて交響している。ひとつは、吉本隆明の言説の新たな刊行の継続である。まず、拾遺的な単著と全集の刊行が始まり、二〇一五年には『吉本隆明〈未収録〉講演集』十二巻が刊行され、二〇一七年からついに『吉本隆明　質疑応答集』全七巻までが刊行され始めた。瀬尾育生は、第一巻「宗教」について〈言葉の超越性に対する強い信憑〉と〈境界領域のただなかで語り出すような〉〈「非信仰の伝道者」とでもいうべき吉本の「伝道」のありよう〉、〈応答の現場性〉、〈その場面だけが最終審級であるような人と、それをめぐる会衆との境界に起こる波立ち〉（＊8）を現前させたテクストであると評した。第二巻「思想」でも、〈あなたは破綻というけれどね、僕は、それはもっときわどい、必死なものと思います。（……）運動の高揚から潰滅《かいめつ》に向かうまでやりきるということは、無意味なことではないと思いますね。失敗しなかったり敗北しなかったりするのは、そんなのインチキですよ〉（＊9：54）という吉本の「声」の直接性は圧倒的なものだ。この不滅の活劇と「反物語」のフレームとのシンクロニシティにおいて、「反物語」は何度でも脱構築されるだろう。

もうひとつは、吉本隆明の初期詩稿、「家事の手業」のような『日時計篇』四八〇篇の吉増剛造による二年七か月ないしほぼ四年半に亘る公開的な筆写である。基底的な「内臓言語」への関与など『根源乃手／根源乃（亡露《ボーロ》ノ）手、……』に詳しいが、筆写による吉本と吉増の一回的なアウラのポリフォニー、滅私（昆虫化！）の作法における「信」をも超え出る極大のデモンストレーションは、表現の時間感覚のスタンダードを威嚇して余りあるものだ。「視えざる血行」としての罫線をめぐって〈自分の引いた〝ケイセン〟が向こうから追いかけるように捩れて映ってくるのが見えたのね〉（＊10：35）と語る吉増は、吉本の太古の工人の手、咽喉のところでの母音に出会い、ネルヴァルの「黄金詩篇」が想起され、カタカナによる二度目の筆写の時間のなかで、ドストエフスキーの「黙過」の光、柳田國男の『山の人生』の冒頭の惨劇を過る光をめぐる言説を経由して、ついに、吉本の両性具有性、根源的な「気恥しさ」に接近する。「血の筋」を追走する吉増剛造の世界網羅的徹底性は誰の追随も許さない。だが、本当は吉増のパフォーマンスの怪物性に威嚇されてはならない。それを振りほどいた果てに見出される吉本の「家事の手業」の時間性において、詩もまた立ちあがるということだ。

　佐々木幹郎による中原中也追走も半端ではなく、三十年をゆうに超える。『中原中也　沈黙の音楽』では、新たに発見された資料を駆使して中也の来歴が補強されただけではなく、関東大震災における、ヴォルテールの「カンディード」にも匹敵する大地の宿運と「自己生存の不安」、象徴としての「奇妙な三角関係」、「死児」のイメージと挫折、「沈黙の音楽」としての雪という表象が集中的に更新され日本の現在の中心線と交差する。まず、一九二三年九月一日の関東大震災は、東京で罹災した長谷川泰子と京都に来てダダ詩を書き始めた中也との出会いをもたらした。中也はフラッパーである泰子に振り回され、富永太郎との短い友情を追うようにして、一九二五年三月、泰子を伴って上京、翌月には小林秀雄と出会った。その五か月後、小林と泰子は恋愛関係になり、一一月に泰子は中也から去る。〈小林は痴情の頂点のなかで死を意識し、中也は一匹の虫になるかと煩悶した。それぞれがそれぞれのなかで徹底的に孤立した。その孤立は一方を批評家の誕生とし、他方を詩人の誕生とさせたのである〉（＊11：110）。中也は、雪と「死児」の無音のイメージを融合して「沈黙の音楽」とも言うべきポエジーの頂きを迎えるが、その絶頂期において、一九三六年一一月長男文也を失う。〈「雪」は中原中也にとって比喩でもなんでもなかった。「雪」が宿命のように、あるいは不幸をも授ける恩寵のように中也のもとに降りてくるのは、詩のなかだけではなく、その詩を書く彼自身の生活にも及んだということ〉（＊11：162）。生（誕生）と死（死児イメージ）の境界を見つめる中也の詩法を打撃した悲劇はそのまま「文学」の宿命であるに違いないが、本当の悲劇は中也の詩から終に音楽が消えたこと、中也自身が「死児」になったことだと佐々木は言う。

ところで、中原中也、小林秀雄、長谷川泰子の「奇妙な三角関係」を、詩人／批評家／XXXとするなら、このXXXとは何だろうか。いや、その前に、関東大震災以降の大地（近代性）への信頼の「揺らぎ」が、思想と表現の「亀裂」（吉本隆明なら時間意識の崩壊というだろう）をもたらした普遍的な震源が問われねばならないのか。XXXは、一義的には、大地の揺らぎが召喚した「長谷川泰子」である。ソレは中也の生活を限りない不定性のなかに連れ出し、ソレを伴って上京した中也に出会った小林秀雄は、中也に「私と正反対の虚無」を見出し、「魅力と嫌悪とを同時に感じた」。そこから「奇妙な三角関係」までは一歩である。現実的に、中也と小林の関係の破綻は当然の成り行きだが、では、そのように詩人と批評家とを決裂させたソレ＝XXの本質とは何か。

それは、揺動《スウィング》としての大地そのものである「全現実」であり、恋愛の観念の現場で世界を制覇している女以外ではない。

ラカンのように、あるいはあえて、彼が言いそうもないふうに言うなら、「女は存在しない」、つまり、「女は遍在する世界の〝地〟である」。シニフィアンとしての大地ではなく、世界解釈のゲシュタルトを形成する覇権が女に帰属するということだ。ラカンの男性原理は暗黙に逆証される。伊藤浩子は「性関係はない！」と題した文章で、このラカンのテーゼを「性関係に正解はない」と読み換え、「正解」（完全性）が存在することの確信と未遂をめぐる関係性のアポリアと（性）関係における「出会い損ない」（不完全性）の必然が、自由の痛苦とともに欲望賦活の契機を拓くと述べる。ラカンの「書かれないことをやめない」というアレゴリーもまた「エクリチュールの可能性」と読み換えられる。〈わたしたちは、そこで、「出会い損ない」という現実界に押しやられた事態を取り戻すべく、夢を見るように、もうひとりの「わたし」に出会うかもしれない。「他者」のそれまでとは違った側面を見つけるかもしれない。「死んだ男」を蘇らせ、その胸の痛みを、自分のものとして引き受ける覚悟をする更なるひとりになるかもしれない〉（＊12）という説話論的な肯定性は、メビウスの輪を裏から表へと辿る解釈的裂開において多数的に検証されていい。

つまり、「正解」に誘惑される男は、大地（「ほんとうのこと」の近代性）＝XXの揺らぎにおいて、詩においても、批評においても、限りなく「減喩」のように消音《ミュート》の軌道へと自らを回収する。一方、大地の表象＝XXXは、予め「去勢」をめぐるコンテクスト（権力構造）から排除された女自身である揺動《スウィング》として、「正解」をめぐる走査線を消去し、「更なるひとり」を形象する可能性を残余させるのである。「女は存在しない」が男性原理の鏡像であるように、ゲシュタルトの可誤性へ自らを開くことは揺動《スウィング》の実践以外ではない。

〈パルレシア。何についてでも率直に真実を語ること。脅迫をも、迫害をも、殺されることをも恐れず、自由に語ること〉（＊13：12）と論集の冒頭で述べた河津聖恵は、比喩の力による「パルレシア」、「パルレシア」の意志としての詩を提唱する。「アンガジェせよ、と誘う他者たちのほうへ」、「エクリチュールの共産主義《コミュニズム》のために」などの章立てにはイデオロジカルな戦闘性が際立つが、吉本隆明を追悼して〈「ほんとうのこと」とは言わば日常を揺るがす真実のことだ。（……）詩は直接的に世界を凍らせはしないからこそ、抵抗の永遠の方途となりうるのだ〉（＊13：70）と記されるとき、アジアの情況へのコミットメントや震災以降の詩的時空をめぐって、河津は比喩（隠喩）の直接性に（大半の男が愛想を尽かせた）「抵抗」の在処を見出していることは明らかだ。リンギスの『汝の敵を愛せ』を評して〈私たちのエロティックな情動を激しくかき立てる敵。私たちの情動の動物を、彼らに向かって解き放つのだ。汝の敵を愛せ。この社会の鉄格子を内側から壊し、世界を裏返す閃光を呼ぶために――〉（＊13：177）と可能的な「更なるひとり」が可誤性を背負って揺動《スウィング》する姿は、「抵抗」の一義性や倫理的遮蔽を振り切っている。

最後に、もういちど。〈日本人はいわば、「去勢」が不十分である〉。「ほんとうのこと」をめぐる葛藤が視えないなら、集団的な詩的ディアスポラを仕掛ければいいではないか。だが、膨張するシステムと消音《ミュート》的な同調圧力のなかで、離脱や逃走のための「脱出口」は、カフカの「掟の門」のようにつねにもはや遮断されている。その二重拘束《ダブルバインド》的なバイアスのなかに詩という行為も布置される他はない。であるならば、エクリチュールによって「去勢」を完遂（仮構）して、詩にも批評にもXXXにも「抵抗」の水準原点を（再）発見せしめる端緒はないのか。

すでに、エクソダス（アメリカへの移住）を敢行し、LAと熊本を往還して、アメリカ人の老夫の最期を看取り、熊本の両親を遠距離介護したという伊藤比呂美の『切腹考』は、熊本の地震を含むこの世界の揺動《スウィング》を、〈喉や舌をとおして発語する鷗外先生の声が、まざまざと聞こえる。（……）声に指で触れ、指や腕の筋肉をとおして聴き取る行為であった。そうやって読むうちに、全身に、鷗外のリズムが沁みた〉（＊14：32）という「手読み」の言語触感とともに描き出した。表題のエッセイで「血まみれの死はとてもエロい」と断定して憚らない伊藤は、「ペニスで膣をえぐる」ような切迫的なデモンストレーションを〈うむと突き刺したとたんに、彼の顔が、さーっと青ざめた。青ざめて、生きている人の顔色とは思われないものになった。（……）あたりの空気も一変して血腥《ちなまぐさ》くなった。粘っこい血腥さがあたりに充満した〉（＊14：12）と活写してみせる。また、終章の辺りでは、「夫は死骸になり果てた」という衝撃的な一行とともに、親子くらいに年長の夫の最期と熊本の地震をめぐるメールのやりとりが交錯する。この要約困難なテクストのスケール感はヘンリー・ミラーの『北回帰線』に匹敵する、というのが批評子の粗い感想である。切腹は、タナトスとは無縁な快感的な「再生の排泄」であり、その礼節と潔さが鷗外に媒介される。詩や文学の「外」ということではない。エクリチュールには、まだ、『切腹考』のような世界横断的な物質的恍惚を投げ出すポテンツがあり、伊藤比呂美の場合、それは、すべては詩だという確信によって駆動する。

〈人は昔のこと、それも最も夢中になったことから忘れる。夢中のときは前後もわからないのだ。さらに、それを振り返る意味も不明になる。過去をもつ人の誰にもあることだ〉（＊15：82）と記す荒川洋治も静謐である。怜悧な分別が極まっている。だが、歴史というものの生成と消失における「去勢」不全の無音の平衡を、攪乱し揺動《スウィング》させるのはエクリチュール以外ではない。「ほんとうのこと」（「正解」の遍在と拘束）が、ニーチェの「真理は女である」という断定の果てで、脱構築され、すべては詩だという可能的なエチカにおいて、詩的「抵抗」へと形象される兆しに身を挺してみたい。

「更なるひとり」が、「正解」の不在をものともしない詩の揺動《スウィング》の場所であること、揺動的な「もうひとり」（分身）の孤立を「組織」する契機でありうるならば。

＊

＊1：ジャック・ラカン『エクリ』宮本忠雄他訳、弘文堂、一九七二年五月

＊2：柄谷行人『講演集成1995-2015　思想的地震』ちくま学芸文庫、二〇一七年一月

＊3：吉本隆明『日本語のゆくえ』光文社、二〇〇八年一月
＊4：阿部嘉昭『詩と減喩』思潮社、二〇一六年三月
＊5：阿部嘉昭詩集『橋が言う』ミッドナイト・プレス、二〇一七年一〇月
＊6：野村喜和夫『哲学の骨、詩の肉』思潮社、二〇一七年六月
＊7：宇野邦一『吉本隆明　煉獄の作法』みすず書房、二〇一三年八月
＊8：「図書新聞」三三一九号（二〇一七年九月九日）掲載書評
＊9：『吉本隆明　質疑応答集　②思想』論創社、二〇一七年九月
＊10：吉増剛造『根源乃手／根源乃（亡露《ボーロ》ノ）手、……』響文社、二〇一六年七月
＊11：佐々木幹郎『中原中也　沈黙の音楽』岩波新書、二〇一七年八月
＊12：伊藤浩子「性関係はない！」、二〇一七年五月二一日イベント・リーフレット
＊13：河津聖恵『パルレシア』思潮社、二〇一五年一二月
＊14：伊藤比呂美『切腹考』文藝春秋、二〇一七年二月
＊15：荒川洋治『過去をもつ人』みすず書房、二〇一六年七月

（「現代詩手帖」二〇一八年二月号）

「朗読」という「選択《オルタナティヴ》」をめぐる冒険――反「朗読」論への揺動《スウイング》として

1

かねてから、「朗読」という行為には違和感がありました。遡れば、最初の躓きは小学生のときで、教科書の音読というのが苦手でした。ちゃんと読めないのです。文章を正確に逐語的に追い、それをすらすら声に出す、教室の生徒たちの視線を浴びながら、きちんと読むということが出来ませんでした。言い換えると、まず、逐語的に把握して等時拍にしかるべき抑揚を加えて声に出すという基本動作、次に教室という場所でそれを三十人以上の他者を前にして冷静に遂行するという度量がともに欠けていました。

これは、中学以降も継続して、中二のとき、国語の授業で、音読に詰まって、教員に「おまえは、吃りか」と詰《なじ》られたことで音読への恐怖感に拍車がかかりました。

時が経って、文学だの思想だのに傾斜した学生時代には、読書会などで感想や解釈を人前で述べる機会は増えていきましたが、音読や朗読を要請される場面は殆どありませんでした。やがて、表現形態として詩に馴染んで、意識的に詩を書くようになり、いわゆる現代詩のループに踏み込んでいくと、次第に朗読というシークェンスに出くわすようになりました。学生時代からの知友で、文芸批評でも活躍していた故松下（菊池）千里さんに誘われて初めて出かけた青山のカフェでの「女たちはうたう」という朗読イベントでは、井坂洋子さん、伊藤比呂美さん、支倉隆子さんらが、音響や照明に趣意を凝らして朗読を演じていました。伊藤さんの朗読には身体の動きが多彩に繰り込まれ、それはパフォーマンスと呼びうるものでした。聴衆はほぼ全員が詩人の模様で、なかには大御所詩人のような人がいて、その取り巻きがいました。勤め人をやっていましたから、詩が詩を映し出す合わせ鏡のような閉鎖的な空間は手放しでエンジョイするにはやや排他的な（こちらが部外者のようである）印象でした。エンジョイする習性（鑑賞の形式）が暗黙に求められている。英語だとポジティヴな表現として exclusive ということですが、果たしてこのループのインサイダーになっていいのかどうか、ちょっとためらいました。

以来、何度も、主に日本以外で、朗読イベントに赴く機会がありました。横展開するときりがありませんが、ロサンゼルス滞在のときには、アレン・ギンズバーグのショー（朗読イベントですが、そういう枠組みを超えて、宇宙に伝播する身体の活劇と言った方がいい）に二度出かけたし、その頃住んでいたヴェニス・ビーチの近くの「ビヨンド・バロック」という教会を改造したようなイベント・スペースには毎週のように通いました。ハリウッドのポエトリー・スラムでは、フリー・エントリーのステージで日本語の自作を読むことがありました。シカゴでは、マーク・スミスの「グリーン・ミル」に出没し、俳句的スタンザを連打するロバート・ヘスを聴きに出かけ、パリでは、ノートルダム聖堂の傍にあるシェークスピア・アンド・カンパニーで、パティ・スミスの盟友であるレニー・ケイの弾き語りでcroon（囁き）という言葉を知りました。それらの場所には、日本での朗読イベントとは明らかに異なる格別の解放感がありました。聴衆に詩人（詩を書く人）が殆どいないか、あるいは、どこかで詩という表現形態へのハードルが切り下がっている。だから、手持ちの言葉でステージに上がるということがある。ステージに上がる、そこで朗読するという行為が日常と地続きになっているのです。もったいぶったヒロイズムなどはなくて、朗読が広いレンジの表現行為のスタンダードに織り込まれている。

それらに比べると、この国での朗読イベントが自閉的であることは、もともとは引きこもって「読む詩」を書いている生来において内向的である詩人たちが、朗読をエサに集まって、ヒロイズムに浸って、自家中毒の症状を披瀝し合うというフリークな他者意識に小さな政治までが付随してしまうからです。たいがいの詩人は、作品の価値の不定感覚を抱いています。朗読という場では、そこで読まれる個々の詩作品へのフラットな評価に対して、その場が集いの場であり、いくつかの声が行き交い、小さな社交をエンジョイすることが優勢になる。結果的にイベントとしての公開性、公共性はぐんぐん縮小する。ついでに、批評性もすでに損耗している。同じ時間を割くなら、あるいは、アドミッションを払うなら、こういうイベントではなく、ライブハウスでいい音とリズムに酔いしれるか、ちゃんとした講演会に出かけて知的刺激に興じるという選択の方が健全に思える。

2

この度、初めて朗読イベント（二〇一七年一〇月二七日、於、横浜シャノアール「音・色・言葉…すでに予感」、出演：宇野邦一、加納伊都、神爾佐子、八潮れん、筆者）に出演した筆者としては、まずは、これくらい朗読イベントをこき下ろして置けばいいでしょうか。いきさつは、ある詩集をめぐる「トーク&リーディング」のイベントの懇親会で、偶然に隣に座ったフランス詩に傾倒した詩人とお喋りをしていたところ、彼女が主導的に計画中である音楽と絵画と言葉のクロスオーバーのイベントに参加しないかと誘われ、特段の思慮も働かせず、それを応諾してしまったわけです。あっさりした応諾には、ふたつの選択が含まれていました。ひとつは、イベントに出演するという選択であり、もうひとつは、そこで朗読するという選択です。イベントへの出演というのは、朗読をめぐる詩的コミュニティ、先の文脈に準じると卑小な政治に加担するということです。大げさに言えば、朗読をめぐるこの文章は、朗読に手を染めた「汚れた手」によるものです。クロスオーバーのイベントですから、詩人プロパーの聴衆は少数派ですが、それでも集客の過程では、イベントがちゃんと成立するためには、詩人という票田を当てにせざるを得ません。

「朗読」という「選択」。小学生時代の不得手な音読のなれの果てをどう始末するのか。理念的にこちらの「選択」の方が重たい。二〇一五年九月までは断続的に海外にいましたが、帰国後の二年間で何度か聴衆として朗読に接した経験値はあります。ただ、こちらは聴いていただけです。

こんどは、こちらが「朗読」する。詩作品の方は、イベントの二日前に固めて、腹をくくって、前日と当日に集中的に朗読を練習しました。どんな練習になったか。まず、何度も音読します。はじめ、音読への抵抗があり、音読と黙読とが入り交じるふうになりますが、我慢して、音読一本に持ち込みます。そして、最初は一気に読み上げようと気が張りつめていた焦燥、つまり音読そのものへの抵抗感が解け、読む速さが次第に緩んで来ます。熟語で聴きにくい言葉を切り離して読むようになります。決して、熟語が朗読に馴染まないのではなく、熟語を朗読に乗せるというプロセスが入ってくるのです。逆に、いわゆるオノマトペに類する詩語は、すぐに声に順応するけれども、最終的なチューンナップに手間取るように思われます。

そのうちに、抑揚をつけて読むようになります。具体的には、晩年の菅谷規矩雄が最後の正気を振り絞って描こうとしたメーロスを繰り込むのです。言葉における意味性と音楽性とのフリクションが実感されます。こちらは意味性にバラストをかけているのに、音楽性が次第に優勢になる。と同時に、一度読み切るのに、最初の音読よりも、かなりのエネルギーと時間を費やす感じになります。汗もかきそうです。読むという行為が深呼吸のうねりに近づく。言い換えると、深い呼吸のなかで読むことによって、その詩作品の一回性のようなものが現れてきます。朗読と呼吸とがともに孕む反復性が、一回性と釣り合う形で、エクリチュールとは異なる形象として現前します。この反復性は、詩作品における転換や転調などの構成的な展開へと連関すると思われます。

「朗読」という「選択」は、このように、まず、自分で自分の声を聴くという自己触発の実践から始まります。自分の声を聴くという反復の可能性について、初期のデリダは、フッサールのイデア性批判を敷衍するかたちで、それがイデア的に無限に開かれているためには、無限とイデアとが合一して、「生ける現在」、「超越論的な生身の声」、息吹として「自己への現前」が果たされねばならないと述べています。

〈〈自分が話すのを聞く〉というこの作業は、間隙一般の絶対的還元にほかならないような〈自己への近さ〉において、絶対的に純粋な自己‐触発として体験されるのである。（……）しかし、音と声とを結ぶもの、すなわち声が世界のなかに純粋な自己‐触発として生じることを可能ならしめるその当のものこそ、内‐世界性と超越論性との区別を免れる唯一の審級であり、同時にまた、この審級があるからこそ、そういう区別が可能になるのである〉（＊1：150）。

〈〈自分が話すのを聞く〉は、自己のうちに閉ざされた或る内部の内面性であるのではない。それは、内部における還元不可能な開けであり、言《パロール》における眼と世界である。現象学的還元とは、ひとつの場面（仏語略‐引用者）なのである〉（＊1：161）。

むろん、文芸の朗誦性という見地からすれば、朗誦の共同的な時空において、自己という目的語が消えているのかもしれない。その場合、自分の語りを自分に聴かせる、目的語としての自分に置き換えうるあらゆる他者もまた消えているのではないでしょうか。つまり、朗誦性が通有される共同的な時空では、目的語が消えることによって「歴史」への書き込みが果たされるという狡知が作用している。

デリダの「自分が話すのを聞く」という自己触発のフレームも非‐固有な反復の直接性を孕

みます。聴く聴かれる（触れる触れられる）という連鎖における還元不可能な裂開であるというテオリアは、「朗読」という行為をバックアップすると考えられます。

もうちょっと言うと、自己触発としての朗読は、エクリチュールとしての詩作品を自分の声の反復的な実践によってパロールとしての詩作品へと翻訳することです。もちろん、書かれても話されてもそれは同じ言語による同じ作品ですから、翻訳というのは比喩的な表現になりますが、先に描き出してみた言説としての詩作品を朗読としての対象に転じてゆく作業には、自国語の言説を外国語に翻訳する作業にも類比し得るプロセスが採られます。エクリチュールとしての詩作品は、なぞられ、ばらばらにされ、意味性においても、抑揚においてもパロールとしての詩作品へと再構成されるのです。

エクリチュールとパロールの内的な関係における「生の本質」を志向的に保存し補完し、エクリチュールの谺《こだま》をパロールの谺《こだま》へとシフトするという意味では、それは、ベンヤミンが描いた「純粋言語」の課題に符合します。伝達可能なものと伝達不可能なものとを接合する象徴作用の生成に「純粋言語」を見出したベンヤミンは次のように述べます。

〈究極の本質を解放すること、象徴するものを象徴されるものそのものにすること、純粋言語を形成されたかたちで言語運動に取り戻すこと、それが翻訳のもつ強力な、しかも唯一の力なのである。純粋言語とは、みずからはもはや何も志向せず、何も表現することなく、表現をもたない創造的な語として、あらゆる言語のもとに志向されるものなのだが、この純粋言語においてついに、あらゆる伝達、あらゆる意味、あらゆる志向は、それらがことごとく消滅すべく定められたひとつの層に到達する〉（「翻訳者の使命」より＊2：407）。

つまり、朗読（＝翻訳）によって詩作品は、事物が語り始めるように、語り始める。「純粋言語」が生成であるように、朗読は、生成に関与する。エクリチュールにおいて必然の強度を極大化した詩作品は、偶有的状態に戻される。これは、大文字のテクスト（聖書）以外のすべてのテクストにおける（意味の消滅という）宿命であることが裏返された翻訳者＝朗読者の使命であるとベンヤミンは言うのです。

3

さて、「朗読」という「選択」。

自分で自分の声を聴くから、「生の本質」を保存しつつ、自分の声が他者に聴かれる、聴かれることを求める（欲望する）という「選択」へと移動するのです。ここには大きな飛躍があります。理念的には、自己から他者の無限性への飛躍です。他者が詩人たちであるという蓋然性が帰結する通俗的な様相についてはすでに触れました。そんな、甘いものではありません。自己触発の起源に連関する「純粋言語」が他者にデリバリーされるという飛躍は、マルクスの価値論（商品が交換価値を帯びる局面）に匹敵しうる命がけの飛躍であると考えられます。

どういうことか。それは、文字通り、「命がけ」をめぐる挿話を呼び込みます。

まず、カフカは自作の朗読を好みました。彼が生前に公表した作品は一番長いものが『変身』で、あとは全て短篇小説です。その短篇小説をカフカは家族や友人の前で朗読したのです。

カフカは、一九一二年九月二二日の夜十時ごろから二三日の午前六時ごろにかけて、『判決』という邦訳の文庫で二十ページほどの短篇小説を一気に書き上げます。主人公ゲオルクが自分の婚約についてペテルブルグの旧友に手紙を書き、その手紙を持ってベッドに横たわる父のところに出かけたところ、父は、懐疑的で威圧的で、あざといやりとりの末、ゲオルクに「自分のほかにも世界があることを思い知ったか。(……) わしは今、おまえに死を命じる、溺れ死ね!」(＊3:32) と言い、ゲオルクは駆け出し、「お父さん、お母さん、ぼくはいつもあなた方を愛していました」(＊3:32) という言葉を残して川に投身します。カフカには書いたまま、ついに手交されなかった (母が一読し保留した) 長大な「父への手紙」がありますが、それと類似的な葛藤についてカフカ的リアリズムが濃厚に駆使され形象された作品です。

その日の日記にカフカは、全てのことが表されうるとき、ひとつの大きな火において着想は消滅し蘇生する、肉体と魂の解放が自分のエクリチュールの姿勢であるというふうに記します。そして、白昼、軽い心臓の痛みを抱えて、カフカは『判決』をオトラ、エリ、ヴァリの三人の妹たちに「朗読」したのです。父との内在的な格闘を致命的なまでに象徴化した作品を、書いたとたんに妹たちに朗読するという「選択」。このエクリチュールからパロールへの冒険は、そのまま、朗読のドラマツルギーと声のエロスのマキシマムに他なりません。そして、この三人の妹は、後に、全員がアウシュヴィッツの絶滅キャンプで命を落としました。

朗読をめぐる次の「選択」は、ウィリアム・スタイロンの原作をアラン・J・パクラがメガホンをとったフィルム『ソフィーの選択』(一九八二年公開) に因むものです。「選択」を語るという「選択」の過酷さ。一九四七年、ブルックリンの「ピンクの館」に南部から来た二十二歳の作家志望のうぶな青年スティンゴ（ピーター・マクニコル）が入居します。ワン・フロア上にはユダヤ人の美女ソフィー（メリル・ストリープ）とノーベル賞クラスの生物学の研究で多忙を極めると自称するエキセントリックなネイサン（ケヴィン・クライン）の熱愛カップル。ソフィーが英語教室で知った「エミリ・ディケンズ」の詩集を図書館で探し、そんな詩人はいないと司書に冷たく拒絶され貧血で倒れたところをネイサンが救って二人は出会います。

母国ポーランドから来て数か月のソフィーは「案山子のように何もできない」という虚脱感に心身をつらぬかれています。このソフィーが、ネイサンの遅い帰宅までの間、自分の過去を次第にスティンゴ（物語のナレーター）に打ち明けるリズムが、そのまま、フィルムの展開を駆動します。最初、ソフィーの父ベガンスキーはポーランド、クラクフの法学教授で反ナチだったため、殺されたと語られます（これは嘘だったことが後で判明します）。前夫ヨゼフも銃殺され、ソフィーは息子ヤンと娘エヴァとともにアウシュヴィッツ絶滅キャンプに移送された。ソフィーはドイツ語堪能とアーリア人的美女であることが幸いして収容所所長ヘスの秘書となり、息子の救出を試みた場面が語られます。

一方、あくまで状況依存的であるソフィーと実は妄想性の統合失調症であるネイサンの関係は、激しく揺れ動きます。やがて、ネイサンは彼女とスティンゴの関係を疑って激昂、殺意を示したため、二人はワシントンに逃避します。そこで、彼女に愛を告白するスティンゴにソフィーは、これまで隠していた彼女の「選択」、すなわち、アウシュヴィッツへの移送の途上、子ども二人のうち、一人だけを択んで生かす、あるいは択ばなければ二人とも焼却炉へ送るという「選択」をSSに迫られ、息子ヤンを残しエヴァを見捨てることを「選択」したとスティンゴに告白します。母であることの不実を語ることを「選択」したソフィーはどうしたか。翌朝、スティンゴが寝ている間にソフィーはブルックリンに戻り、ネイサンとともにシアンで自殺します。駆けつけたスティンゴは、二人が横たわるベッドの縁にエミリー・ディキンスンの詩集を見出し、A Country Burial（田舎の埋葬）と題された詩をナラティヴに朗読します。

Ample make this bed. Make this bed with awe; In it wait till judgment break Excellent and fair.//Be its mattress straight, Be its pillow round; Let no sunrise' yellow noise Interrupt this ground.

隠していた「選択」を語るという二重の「選択」によってソフィーは、自分の声によって象徴界へと連れ出され、引き返すことが困難な場所へと自らを追い込んだのです。ソフィーの「選択」の二重性は、「朝陽の黄色い騒音によってこの大地を乱されるな」と朗読されたディキンスンの詩句によって贖われたのでしょうか。

最後に、ベルンハルト・シュリンクの原作、スティーブン・ダルドリーによるフィルム『朗読者』（二〇〇八年公開）におけるハンナ・シュミッツ（ケイト・ウィンスレット）が強いられた「選択」です。十五歳のミヒャエル・ベルクは学校帰りに気分が悪くなったところを鉄道の車掌をしていたハンナに助けられ、やがて、二人は男女の関係になりますが、ハンナは読書家のミヒャエルに「朗読」をせがんだのです。その後、ハンナは突然に姿を消し、法学士に成長したミヒャエル（レイフ・ファインズ）は、ナチ戦犯の法廷で強制収容所の女性看守であったかどで被告席に立つハンナを発見します。ハンナは、アウシュヴィッツへの移送判断について、収容所の容量が限られているのでやむを得ず囚人をアウシュヴィッツに移送したと証言しましたが、そこにいた囚人は死んでもいいと考えたのかと反問され、結果的に無期懲役の判決を受けます。傍聴の間に、ミヒャエルはハンナが文盲であることに気付きます。家族をもうけているミヒャエルは服役するハンナに朗読のテープを送り、コンタクトが再開します。ハンナは徐々に文字を学んでミヒャエルに手紙を出すようになります。

しかし、彼女は、服役二十年後の一九八八年、仮出所の当日に自殺します。刑務所の職員は遺書の一部、身元引受人ミヒャエルへの言葉だけを彼に読み聞かせます。ミヒャエルは、「朗読者」として現れ、エンドロール寸前では、聴く者として佇んでいます。ハンナはどうか。文盲であった彼女は、最初、象徴界とは無縁の聴く人だった。そのハンナが文字を知るということは、彼女の「選択」が一気に現前するトリガーだったのかもしれない。

4

「朗読」は、まず、自己触発として、自分で自分の声を聴きます。あるいは、エクリチュールの谺《こだま》をパロールの谺《こだま》へシフトするそのひととき、「純粋言語」の生成に関与します。現前をめぐる朗読のテオリアが朗読そのものを鍛え上げるのです。セメイオチケによる緻密なアプローチもあります。ジュリア・クリステヴァは「リズム的制約と詩的言語」のなかの一節で、アントナン・アルトーとジェイムズ・ジョイスによって録音された朗読に触れています。クリステヴァは、録音された声の振動数の変化とリズムや音調曲線の精緻な数値分析によって超＝統辞的な音楽性を見出し、アルトーについて、次のように述べます。

〈朗読者＝作家は、自身の自己同一性が欲動と攻撃的幻想の奔流によって脅かされているときに、もっともしっかりとした支柱、もっとも安定した保証をまさに括約筋の制御に見出しているかの観がある。（……）非言語的リズムが言述に課せられて、言述の表現的ではない欲動的な情報は、記号象徴的メッセージの基底に別のメッセージという形で――記号象徴的メッセージの原記号的分身という形で横たわっている。言述に属するものにとって主体の分裂がもっとも深く刻印されるのは、まさにこれら二つの層［原記号態と記号象徴態］の上になのである〉（＊4：326）。

「朗読」によって、主体は分裂します。朗読によって起動された「欲動」や「攻撃的幻想」は、「原記号的分身」（記号象徴化されていない詩的言語の欲動）＝語彙、統辞、論理に侵入して穴を穿つものを賦活するのです。ジョイスの朗読について、クリステヴァは、「メロディー構造」の反復と過剰により、統辞的差異が音の流出のなかに消滅すると述べています。つまり、「朗読」によって、「原記号的分身」となった朗読者は、いったん、（ラカン的かつクリステヴァ的な）象徴界から撤退するのです。

ところが、「朗読」することを「選択」した朗読者が、ひとたび、朗読を聴く他者に対して朗読することを改めて「選択」するとき、あるいは、朗読の背後に隠された何かが他者に聴かれることを「選択」するとき、朗読者はとても痛烈なかたちで、象徴界へと召還される。ここで、「朗読」という行為を、声によって、自分を自分に、自分を他者に裂開することをめぐるシンボル行動だとイメージしてみて下さい。

ソフィーは、アウシュヴィッツで生き抜くために一度目の「選択」をしました。そして、二度目、ソフィーは、それを他者に語ることによって自らを大地の「審判の日」に召喚することを、つまり、愛の不可能性を証言することを「選択」しました。

ハンナはどうか。文盲であったハンナは、ひたすら聴く人、でした。アウシュヴィッツでの「選択」においてハンナは象徴界の外側にいた。しかし、服役の途上、朗読者ミヒャエルから文字を習うことで、ハンナは自死の「選択」という象徴的行動の契機へと呼び込まれたのです。

カフカの自作朗読のシーンそのものは、救済の予兆に充ちています。ですが、彼の「原記号的分身」に犇めくもうひとつの予兆には、朗読を聴いた三人の妹にやがて訪れた悲劇の槌音が打刻されていたことを忘れてはなりません。

＊

＊1：ジャック・デリダ『声と現象』高橋允昭訳、理想社、一九七〇年一二月
＊2：『ベンヤミン・コレクション2』浅井健二郎編訳、ちくま学芸文庫、一九九六年四月
＊3：『カフカ短篇集』池内紀編訳、岩波文庫一九八七年一月
＊4：ジュリア・クリステヴァ『ポリローグ』足立、沢崎他訳、白水社、一九八六年五月

（「ＬＥＩＤＥＮ――雷電」12号、二〇一八年五月）

「鮎川信夫」という偶有性——第九回鮎川信夫賞、受賞スピーチ

みなさん、こんばんは。宗近真一郎と申します。本日は、ご多忙の中、ご来場いただき、誠にありがとうございます。

この度の選考過程につきまして、「現代詩手帖」（二〇一八年四月号）掲載の、討議の最後のところで、くつがえったというか、一気に統整的に絞り込まれるようなスリリングな展開にはたじろぎましたが、北川透さん、吉増剛造さんのお話をうかがい、ぼくが、いまここに立っているることの偶有性の強度を改めて思い知り、この偶有性を、もっと偶有的な何かへと転じていくために担うべきものを想い、立ち眩むばかりです。

偶有性、そうであってもそうでなくてもいい、という様態は、たぶん、未来からやって来ます。吉増さんは、旅をしながら書いている「文章の零度」によって詩と非詩の境界が書物として歴然と現れているとおっしゃいました。北川さんには、力任せに書かれた一種の状況論でありながら、欧州世界の動静を背負った詩論が可能になっていることをご指摘いただきました。

すでに、このように解読されてしまった小著『リップヴァンウィンクルの詩学』は、過去の言葉の堆積ではなく、つまり、所与の固有性ではなく、未来の偶有性の中に、もういちど、投げ返されたのです。

　また、この度の受賞は、偶々あった空席に割り込んだ、無音の現代詩のシーンにシンバルを鳴らして現れてしまったという感覚があります。古典のビッグネームについての研究ではなく、文学プロパーとしてテリトリアルな領域を掘り下げているわけでもない、直近まで財務部長という職制にあった勤め人の、いわゆるコレクト・クリティークである小著が、「文体の骨髄」と日本の外での「知的な経験」だけが頼りの無頼なエクリチュールによって、「詩論」の空席を埋めてしまう状況は、「詩論」のロールモデルともいうべきものが、吉本隆明、北川透、入沢康夫、天沢退二郎、菅谷規矩雄、瀬尾育生といった非連続でかつ断裂した時空的線分の尖端で立ち消えつつある、つまり、「詩論」そのものが言説の臨界における空席になりつつあるという状況の符牒であるのかもしれません。

　では、「詩論」であれという召命《ミッション》はどう賦活されるのか。「韻律、選択、転換、喩」を自己表出と交差させるのか。あるいは、詩は表現ではない、表現の主体はファンタズムであることが、詩的構造や詩的関係によって論証され、作品行為によって完遂されるのか。いや、規範化する言語に解体的に臨み、「像」の不安を導入するのか。「われわれ自身である寓意《アレゴリー》」のポテンツによってむき出しの「詩作」が詩の死を超えて持続されるのか。

　この小著は、ぼくにとって、リップヴァンウィンクルを導入し、詩のシーンに回帰するためのプロジェクトでした。しかし、たぶん、リップヴァンウィンクルが折りたたんだ二十年、三十年の時空そのものが状況であるという批評の建てつけに加えて、もうひとつのアナロジーが、内在的なコラージュともいうべきものが求められているのです。しかし、表象のすべての批評が詩論を模倣するというアクロバシーの場を欲望する前に、まず、個々の作品に詩の一行一行に身を挺すること、理念を振り切ること、井の中の蛙として、井の外に虚像を持たない態勢を鍛え上げねばなりません。

さて、鮎川信夫。これは十代の上村隆一が、伊原隆夫、藤原隆一、武村隆太郎など、本名から「隆」の文字を採ったペンネームから、やがて、「たとえば鮎川信夫という筆名を創作することによって、十七歳の私は、私なりに自分の転生を企んだのだと思う。／そうだとすれば、作の出来、不出来は大して問題ではない。筆名以上のものを創作していないからである」（*1：100）と鮎川自身が記したように、その任意の命名と詩作が、一九八一年の最後の作品「風景論」、あるいは「海の変化」にいたるまで終の固有名となり、いま、その固有名と共に、ぼくは、ここにいるわけです。

その固有名の偶有性のまま、詩と偶有的に接続されていたという意味で、さらに群衆からの孤絶が通底されたという意味で、鮎川信夫は、戦後詩の、あるいは、戦後詩の与件であった日本社会の「明晰なる例外者」であったと言ってみたい気がします。

どういうことか。この会場には、単著で鮎川信夫論をものした方々をはじめ、鮎川、荒地、戦後詩への考察を深められてきた方々がかなりおられます。したがって、ここで安易な鮎川論で張り合おうとするような命知らずなことはしません。

ただ、手元のファクトを拾う限りで、まず、戦前にモダニズムを通過した鮎川は、戦後、ヴァレリーの「純粋詩」という限界概念において芸術至上主義が終焉したという認識のもと、詩でないもの、生きている現実との中間、境界において、詩的エクリチュールは、モラルと感覚とが連結される統一的な自己確認の場であるという立場をとります。それは、方法として、モチーフとして、ほとんど神学的につらぬかれたのです。

さらに、鮎川は、一九八二年の詩人としての休筆宣言の間近、詩は締め切り前の一夜仕事で、詩作に悦びを感じたことは一度もなく、ストラグルの果て、作品を見渡せる完結感は、「倫理に通じるある心象」、「倫理的な意志」がベンチマークになると記しています。現実の状況からリモートなかたちで、私が私に達するところで完結する。一夜漬けで「倫理」を切り詰める還元不可能なアクションは、超越性のモメントに反転するのです。

地上的な現実への俯瞰的な視線をさらに超え出て、世界をその「外」から見てしまう一瞬に到達する。それが、鮎川にとっての作品の完成、産みの苦しみを抱懐する女性性あるいはマザーシップ、倫理が超越性に接続するダイナミクスに他なりません。

その超越性の強度は、吉本隆明のいう詩の「ひとつの主調音」であり、詩作へと呼応されるのです。それは、政治に対して、基本的にデタッチメントであっても、大衆非同調的な批評性が持続されたモメンタムに連関します。

鮎川信夫が群集を拒絶したように、ベンヤミンが描いたボードレールは、群衆と敵対しました。鮎川が亡くなった直後、ぼくは、「ロンリー・クルージングの場所」と題した文章で、鮎川のエッセイ集『失われた街』に典拠するかたちで、鮎川－ベンヤミン－ボードレールというトリアーデを、都市－群衆－アウラの潰滅という、もうひとつのトリアーデに重ねるかたちで描こうとしました。ベンヤミンがパリの街区にボードレールの影を求めたように、ぼくは新宿の街に鮎川のクルージングの痕跡を探そうとしたのです。

「ボードレールは、雨や風につっかかる男の無力な怒りをもって、群衆につっかかってゆく。ボードレールが経験の重みをあたえた体験の構造はこのようなものである。かれは近代人がその興奮《センセーション》の代償として支払わねばならない価格を表示した。すなわち、衝撃の体験によるアウラの崩壊である。この崩壊への同意は彼にとって高いものについた。しかしその同意がかれの詩の法則なのである」（＊2：86）とベンヤミンは記しました。一方、鮎川は、大衆のうちに住むボヘミアンには見切りをつけていました。鮎川はひたすら現実との多方通行路を求めたにもかかわらず、それは、実在の大衆にサポートされない。その逆説を痛覚し、なおもモラリストとイデアリストの境界を、Mをさがしに、「失われた街」の果てまでクルーズした詩人は、あとにも先にも、鮎川信夫ただひとりなのです。

この、ひとりであることは、現在、詩作において、ある意味、より切実に問われているのではないでしょうか。

最後に、この偶有的な位置から、いまや常世にある人たちに挨拶を送りたいと思います。

ぼくが、一九八五年に上梓した最初の論集『水物語に訣れて』は「〈苦海浄土〉試論」を中心に編まれ、それを石牟礼道子さんにお送りしたところ、すぐに長いお手紙を頂戴し、石牟礼さんは、やがてあの世からの感想を届けたいので、手紙を交換しようともちかけられました。当時、ポストモダンの嵐の中で、石牟礼さんのお姿を見失い、現世での文通を遂に果たさなかったぼくは、これから、石牟礼道子さんへの可能的な応答に向かわねばならないと考えます。

もうひとり。二〇一一年夏のパリ、ポンピドー・センターを見上げて「ここ、フランシス・ベーコンが突き刺ってるよね」、「抒情詩を書くオトコはみんな天使だよ」といった安川奈緒さんの声の残響は止むことがありません。安川さんが亡くなってから、この（二〇一八年）六月で七回忌になります。安川奈緒の不在、そして、「詩論」という停滞の沼を、詩作とのシンクロニシティにおいてどう脱出するのか。詩的エクリチュールは、「主調音」がミュートされ「動物化」があまねく状況総体の隘路を縫ってクルージングを続行する他ありません。

ぼくという偶有的な存在は、常世、現世の限りない人々との結節において、ここに在る、そのことを銘記して、ご挨拶を終えたいと思います。ありがとうございました。

＊

＊1：現代詩文庫『続・鮎川信夫詩集』思潮社、一九九四年四月
＊2：ヴァルター・ベンヤミン著作集6『ボードレール』円子修平訳、晶文社、一九七〇年五月

（「現代詩手帖」二〇一八年六月号）

聖なる「泥沼」の日本語《エコーズ》

吉本隆明さんの七回忌（＊1）に因んで、いま、吉本さんを内在化すること、吉本さんの思想をどう継承するのかについて語るには、いま・ここに拡がる「泥沼」をめぐる他ありません。「泥沼」。メタファとしての、そして、ファクトとしての「泥沼」です。無限のぬかるみ。底の無い、濁り切った湿地に音もなく沈んでいく。もがけばもがくほどに沈み、しかし、じっとしていても、ゆっくり、浮力への期待もいつかは削がれて、無音の「泥沼」の泥の水面下には、沈み切ったものが累々としている。

また、「泥沼」は、火山灰の土質、谷や窪地とモンスーン気候によって形成される列島の地勢が必然的に形成する湿地の極にあり、浅い人工の「泥沼」は水田と呼ばれ、天皇が田植えの儀式を公開することがあります。大震災による津波の跡には、ひととき瓦礫と「泥沼」の光景があり、園子温が瓦礫の光景をフィルムに多用することもありました。

一方、〈今の若い人たちは何も手渡されないままで書き始めて、泥沼のようなところで書き続けてゆき、そして泥沼のようなところで、全く、詩……と呼べないような力学に左右されながら、一生を、訳のわからない詩人として終わってゆく……〉(＊2) と二〇一一年の震災の前に語った瀬尾育生は、後に、「若い人たちは」という主語は誤りで「私たちは」と書き直されるべきだったと述べています。瀬尾の言葉は、「つまり神、あるいはなんらかの超越性が存在しないなら、詩はある根本的な損傷を被るにちがいない」(＊2) という岩成達也のコメントに呼応したものですが、「泥沼」が若い詩人たちの逆説的な与件である超越性の欠如の表象であるならば、「私たち」誰もが「泥沼」のようなところに在るという主語の書き換えは、「泥沼」の遍在という認識に敷衍されます。つまり、「私たち」は誰もが「訳のわからない詩人」、すなわち、なかば詩人 (一般) もまたその一人であるにすぎない「動物化」した誰かとしてそのぬかるみの一生を終るところまで歩むしかない。

この主語の修正は、必ずしも二〇一一年以降の時間の推移に伴うものではないが、世界宗教のグローバルなシークェンスにおいて、「現在の世界で唯一の特別な空白地帯に住んでいる私たち」(＊2) が世界宗教 (キリスト教) のアジアにおける爆発的拡大のなかで知らないうちに布置された超越性の絶滅状態に接続するのかもしれません。

マーティン・スコセッシが遠藤周作の原作に触発されて構想を重ね、大凡三十年後に仕上げたというフィルム『沈黙』は、セバスチャン (アンドリュー・ガーフィールド)、フランシスコ (アダム・ドライバー) が、布教のために日本に渡って行方不明になったフェレイラ (リーアム・ニーソン）の足跡を追うように長崎近辺の海岸にたどり着くところからはじまります。彼らはパードレ（司祭）として、天草の乱の後、弾圧が激化するなかで密かにキリスト教を信仰する民衆と出会い、アジトに身を隠しながら布教や洗礼を続けますが、信徒たちは、井上奉行（イッセー尾形）をはじめとする武家権力に捕らえられ、拷問の果てにことごとく殉教します。フランシスコも信徒とともに溺死して殉教し、それらを目の当たりにしたセバスチャンは神の沈黙を問い、「あなたの沈黙が恐ろしい」とまで呟き、長い軟禁の後、十年以上前に棄教し家族ももうけていたフェレイラと引き合わされます。そこから、クライマックスのロールで、次々と殉教する信徒をどうやって救うのかをめぐり、フェレイラとセバスチャンは激しく対立します。

フェレイラはセバスチャンを棄教させるという役目を負いますが、その相互の論駁の深度は、信仰の純粋性を地上においてどう完遂するかという問いにおいて、『カラマーゾフの兄弟』におけるイワンがアリョーシャに語り聞かせた一六世紀セビリアでの「大審問官」と襤褸の人との出遭いに準えうるものです。フェレイラは、泥沼のようなこの地（日本）には信仰は根づかない、日本人の本性を見出すことが神を見出すことだ、信徒たちを救うために「踏み絵」に足をかけることによって信仰が到達されるというふうにセバスチャンを説得します。やがて、逆さ吊りにされて苦しむ信徒の姿を前に、セバスチャンは「踏み絵」に足をかけます。セバスチャンは転びます。井上は、「あなたは自分に負けたのではなく、日本のこの泥沼に負けたのだ。ようこそ（日本へ）」とセバスチャンを慰藉します。以降、セバスチャンは帰化して黙々と武家権力の要請をこなし生涯を閉じます。

本稿では、遠藤周作の原作にはあたらずに書き進めますが、セバスチャンの棄教＝転びは、それが心身の「躓き」を経ずして、ある意味「形式的」な帰結＝転びであるため、文字通りの棄教ではなさそうです。だからこそ、セバスチャンは、たぶんフェレイラと同じように江戸初期の鎖国の要請に黙々と従った。神の沈黙は、彼らの地上的な沈黙に乗り移った。

また、カトリック世界の布教は、海洋帝国による植民地支配の進捗と同調していたはずで、一人の司祭の信仰の純粋性も状況に起因する殉教も世界史の背後にある政治力学から完全に自由であったとはいえません。

加えて、そこは、日本という「泥沼」だった。性関係は存在しないと述べたジャック・ラカンは、ほぼ同じコンテクストで、日本人は精神分析できないと断定しました。何ものも根づかない「泥沼」のイメージに付会させるなら、存在しないと明示することによって何かが隠される無意識の防衛機制ともいうべきものが日本という泥沼には存在しない。隠されたものを隠されたまま言葉によって明らかにしようとする精神分析の前提が日本という「泥沼」では成り立たない。言いかえると、日本人には、イザナキ・イザナミの国生みの神話以降、その表象において、無意識というものが無いのです。性関係が過剰に現前するだけではなく、日本人はアレクサンドル・コジェーヴのように言えば、生まれながらにして「動物化」していた。

イエナ時代の講義でヘーゲルが、動物は死ぬ、だが動物の死は人間的意識の生成である、と述べたことについて、コジェーヴは、人間は自然に内在する死に至る病であると解釈しました。

人間における有限性（の意識）という病は、そのまま超越性の根拠であるが、不死の動物と不死の自然は所与のものすべてを顕在化することで歴史を堰き止め、現在を絶対化／永続化する。布教と精神分析は、ともに超越性という「救い」を目指してまったく対照的なアプローチを採りますが、日本という「泥沼」では、そのどちらもが不可能だということです。

日本では、神経症が予め消失している。布教によって、神経症が持ち込まれ、ゆえにまた、最初に神経症に陥るのは司祭自身である。不可能性という符牒において、反目しているはずの両者は、通有的かつ通底的な何かによって和解するのかもしれない。

その、彼ら（日本常民）には最後まで通有も通底もされなかったもの、超越ということとの不可能性に符合する「泥沼」的自然観は、「無分節」というジャルゴンに集約されるのでしょう。井筒俊彦を参照すると、ヘレニズム・ヘブライズムにおいては、分節化によって人格神が生成します。一方、キリスト教（愛の相互性）は所与の分節だけでは取り込まれません。神秘主義のエロス的形態、すなわち、人とキリストとの人格的な愛より上位または深奥にある神以前の「無分節」的存在、一性的な自己分節、意味分節論の外部、つまり、無分節の「神以前」は、キリスト教では想定しえない。宗教体験における根源的現象を「意味」へと布置するには、「無分節」の不断の乗り越えが果たされねばならないのです。

布教と精神分析において、意識／無意識の現前が分節（言葉）であるように、愛もまた分節（言葉）であるというふうに通有される自然観は、一義的にはロゴス中心主義であり、ポスト・モダンがそれを脱構築して「動物性」を賦活しようとしたことについて認識を更新すべきところはひとまず措いて、日本の泥沼的「無分節」の自然観は、吉本隆明によって、「四季」派をめぐって、次のように的確に描かれました。

〈「四季」派の抒情詩の感性的秩序が、現実社会の秩序を認識しようとする場合、はっきりした自立感と遠近法をもたず、したがって現実の秩序と、内部の秩序とが矛盾・対立・対応がなされる以前に融合してしまっているところに、問題があるとかんがえなければならない。（……）「四季」派の詩人たちが、太平洋戦争の実体を、日常生活感性の範囲でしかとらえられなかったのは、詩の方法において、かれらが社会に対する認識と、自然に対する認識とを区別できなかったこととふかくつながっている。権力社会もかれらの自然観のカテゴリィにくりこまれてくる対象であり、権力社会と権力社会との国際的な抗争も、伝統感性を揺り動かす何かにすぎない〉（＊3：107）。

殺戮も兵器による戦闘も、その背後にあるイデオロギーの対立も、すべて、融合的＝「泥沼」的な自然観において、原始社会の感性に翻訳されてうたわれる。吉本の「四季」派批判は、最終的に、日本常民の感性的秩序への否定的剔抉を怠ったモダニズムへの批判に集約されますが、逆にいえば、当時の最強の西欧的知性をもってしても、戦争という思想的膂力が試される状況の局面で、「泥沼」的な感性の秩序に身を挺するより他はなかったということです。普遍理念が参照されることも、ましてや原罪のような再帰性に躓くこともなく、「四季」派の抒情は、戦争をめぐる日本賛美の無垢な光景を描くことに投入されたのです。

この吉本隆明の初期の思考は、現在の日本の情勢を射抜いています。それは、吉本の思想の射程の長さもさることながら、この国の「泥沼」が、戦前も戦中も戦後も、幾度もの「開国」による切断やねじれを経ても、そして、ついには白井聡によって「永続敗戦」と呼ばれたアメリカへの従属／敗戦の否認と無責任体制の蔓延に至るまで続いているということです。白井の個別の論点に触れる紙数はありませんが、東京大空襲の敗北の記憶が無化されている出来事に関して、〈こうしたことが起こりうるのは、この街（新宿―引用者）を見舞った焼夷弾の雨が、巨大な台風か何かの天災のごときものに脳内で変換されているからである、としか考えようがない。つまり、意識としては、不可抗力の天災に遭遇しただけで「戦争に負けてはいない」のである。負けを認めない以上、ここには反省の契機も抵抗の契機も発生しようがない〉（＊4：192）と記される背後にある自然観、例えば、ヤスパースの「戦争の罪を問う」とは対極的な、最後まで普遍理念を構成しない自然認識のフレームが、つねにすでに、超越性が絶滅した境域、「動物化」した「私たち」の「泥沼」の列島に堆積しているのです。

さらに、過去三十年のスパンで、阪神大震災、東日本大震災をはじめとする大規模な自然災害が連綿していますが、それらの出来事が言語化・表現化される対抗的リビドーのはらむ自然観の去就には改めて目を凝らすべきと考えられます。

最後に、吉本隆明の文体は、初期においては、普遍理念へ鋭角的に求心し、後期の『母型論』などでは、全自然を大洋的に繰り込んだメタフィジカルな流線を描きます。吉本の文を読んでいると、余りにも誘惑的な文体のために、本当は、書かれている事柄を考えているのは読者ではなく著者の吉本自身に他ならないのに、読者自身がそれらを考えているような錯覚にとらわれます。つまり、読者全員が「吉本隆明」に同致する。この憑依の様相は、「泥沼」の構造を模倣してしまうのではないか。筆者は、ある時期から、吉本の著作に距離を置いて接するようになりましたが、それは、吉本隆明がいう往相と還相のような在り方、すなわち、いったんはわれを忘れて吉本言説と完全に同一化し、やがて、それをエポケーして、自力の思考によって世界へ還帰するという度量がなかったからです。

（「パリ短歌2018」二〇一八年七月）

＊1：本稿は、二〇一八年三月三一日、大阪経済法科大学麻布セミナーハウスで開催された七回忌「吉本隆明さんを偲ぶ会」におけるスピーチの内容を補足、再構成した。
＊2：水田恭平「宗教的ナル者アリテ」（季村敏夫編輯「河口から」Ⅲ）、および、瀬尾育生「マージナル」（「現代詩手帖」二〇一八年二月号）
＊3：現代詩文庫『吉本隆明詩集』思潮社、一九六八年四月
＊4：白井聡『永続敗戦論』太田出版、二〇一三年三月

共犯的「記録主体」もまた一人きりであるのか？

「地方を出てゆく者と、居ながらにして出郷を遂げざるを得ないものとの等距離に身を置きあうことができれば、わたくしたちは故郷を再び媒体にして、民衆の心情とともに、おぼろげな抽象世界である未来を、共有できそうにおもう。その密度の中に彼らの唄があり、私たちの詩《ポエム》もあろうというものだ。そこで私たちの作業を記録主義とよぶことにする」（＊1：303）。

今年（二〇一八年）二月一〇日に亡くなった石牟礼道子は「現代の記録」の創刊でこう記した。『苦海浄土』は世界を把持しうるテクストだが、一人称複数から一人称単数に帰趨する「記録主義」は、このテクストの方法、あるいは、「苦海」＝「浄土」の水準原点である。

『苦海浄土』は、三つの話法のポリフォニーで成り立っている。一つは、記述主体をも抹消するかのように周密なリアリズムの「地の文」と呼ぶべき描線で、包括的な自己史と気配のように戦ぐ生命とをともに包み込む。もう一つの話法は、「地の文」に挿入され、感性のゲシュタルトを攪乱する医療やメディアによる「報告」の言説である。例えば、機能言語だけで記されたはずの水俣病患者の「所見」は、「地の文」の間に布置されることによって、「報告」を走査する象徴秩序が解体して、マラルメの詩の断片のように立ち現れる。三つ目の話法は、天草ことばのオートマティスムである。「おもかさま」、「ゆき女」、坂本トキノらの「語り」に石牟礼は憑依し、しかし、「呪術師」寸前のところで象徴界に踏みとどまる。

　三つの話法のエクリチュールは「記録主義」の実践の複数的な表情であり、森崎和江が『まっくら』で果たした「聞き書き」を継承する点で、女性原理と不可分であるが、本稿では措く。この「記録主義」の線分は、梯久美子の『原民喜　死と愛と孤独の肖像』（岩波新書）までくっきりと届いている。原民喜は、広島の裕福な商家に生まれ育つが、生来怯えがちな繊細な性格で、十代で父と姉と死別、「この世に漲る父性的なもの」との折り合いがつかず、姉には「御伽噺の姫君」のイメージを持ち続け、母との親和感は無かった。慶應義塾大学時代には、文学仲間との付き合い、左翼運動、女性関係に因る自殺未遂を通過して、二十七歳で実家からの縁談により、六歳下の貞恵と結婚。原は母のようにすべてを受容し、肯定する貞恵という存在を得て、抑圧されていた幼年時代や「心の破傷」を呼び起こし、次々に作品化していく。

　評伝の最低限のアウトラインを辿っているが、梯は、原の境涯を全て原の作品の言葉からタペストリーのように叙述する。母のような貞恵が一九四四年九月に亡くなり、実家の食客に戻った原は、原爆に遭遇する。〈長いあいだ原は厄災の予感に怯えてきた。それが現実になったとき、まず生きのびられまいと思っていた自分が、なぜか無傷で生きのびた。幼い頃から怖れ、怯え、忌避してきた現実世界。それが崩壊したとき、生きる意味が、まさに天から降ってきたのだ〉（＊2：164）。「このことを書きのこさねばならない、と、私は心に呟いた」（「夏の花」より）。生活的にはほとんど無能力であった原民喜が、強靭な「記録主体」として出現する一瞬である。心象風景とは異なる「スベテアッタコトカ　アリエタコトナノカ／パット剝ギトッテシマッタ　アトノセカイ」を描く〈鉛筆書きメモの、詩的にはりつめた美しさ〉（＊2：172）。この被爆メモの文体を方法的主体的な選択だと、梯は言う。

細見和之の『「投壜通信」の詩人たち――〈詩の危機〉からホロコーストへ』（岩波書店）は二本の横糸と一本の経糸によって、ほぼ一世紀のレンジで何人かの詩人たちの姿を「記録」する。一本の横糸は「投壜」、すなわち、ポーの「壜のなかの手記」に描かれたように、書いたものを難破船から壜に詰めて波に委ねる、あるいは、ゲットーの片隅の土に埋める。もう一本の横糸は「翻訳」で、ポーの英語が、ボードレール、マラルメのフランス語、ツェランのドイツ語へと、原作の「天上の言葉」（ポー）は「原語という牢獄」から、ベンヤミンのいう「純粋言語」において解放され、拡散する。

一本の経糸とは、「反ユダヤ主義」である。二〇世紀の始まりを挾んで起こったドレフュス事件への関わり方をめぐるマラルメとヴァレリーの断裂、T・S・エリオットの主知的保守主義の背後に在る「反ユダヤ主義」が書き留められる。この「反ユダヤ主義」という汎ヨーロッパ的な現象に触発されて、細見が独自に考究を深めたイディッシュで記すワルシャワ・ゲットーの詩人イツハク・カツェネルソンによって、ポーの「壜のなかの手記」が描いたイメージが、アウシュヴィッツ移送の寸前で「壜」に詰めて不在の他者への呼びかけを形象化した作品群を収容所の地面に埋めるかたちで決行されたシーンに接続される。横糸と経糸とが交差する熾烈なスペクタクルである。〈文字どおり母に教えられた母語としてのドイツ語と、父母をはじめ何百万の同胞を殺戮したドイツ人の「国語」としてのドイツ語の狭間で、後半生をのたうち続けねばならなかった〉(＊3：222) パウル・ツェランについて、その作品を読むのは〈地雷だらけの紛争地帯を歩くようなもの〉(＊3：212) だと細見は述べる。「死のフーガ」のスタンザや語句とヴァイスグラースやアウスレンダーの作品との類似などによる剽窃・盗作の中傷と「反ユダヤ主義」への畏怖が絡まり合い、一九七〇年四月のツェランの自死が導かれたのではないかと、謎が掛けられるが、その謎は、読者に対してだけではなく、「記録主体」である細見自身に対するものでもある。また、ツェランの作品の至高性がむき出しで問われることは、ツェランへと殺到しがちな左派ロマン主義への痛烈なチャレンジであるはずだ。

だが、大作「エングフュールング」に因んで、ツェランが、詩を、いつの日にかはどこかの心の岸辺に流れつく信念の下に投げ込まれる「投壜通信」であると述べたとき (＊3：283)、ポーの「美的仮象」がマラルメの「賽のひと振り」を経て大きな団円を見せると言わねばならない。カツェネルソンの「投壜」とツェランの「投壜」は、作品そのものに内在するテクスチュアリティの始まりと終りへと円環するのである。

いま、「記録」の複数性は懸崖に在る。ホロコーストを「記録」したのは、クロード・ランズマンによる一九八五年公開のドキュメンタリー『SHOAH ショア』である。周到、かつ、多面的に「証言者」にアプローチし、痕跡消失の瀬戸際の事後性が追走された。だが、二〇一八年公開のクリント・イーストウッドの『15時17分、パリ行き』で、二〇一五年八月のタリス銃乱射事件を描くにあたり、イーストウッドは、犯人を取り押さえるスペンサー、アンソニー、アレクの英雄三人を演じるのに実在の本人を起用するという暴挙に及んだ。主人公スペンサーは、幼少から銃撃戦に憧れ、「戦争で人を助けたかった」、「人生に導かれている」と言い切る。『アメリカン・スナイパー』のクリス・カイルに酷似したキャラである。『アメリカン・スナイパー』では残余した異化効果が、『パリ行き』では殲滅され、善と悪の二項分割を確信する「記録」＝事件に神話作用を委託する累乗的な暴力にすり替わっている。出来事－「記録」－記憶／歴史の非場所《不在／喚起》性を抹殺しようとするのだ。

秋山基夫の『文学史の人々』(思潮社)は、正岡子規、樋口一葉、石川啄木、種田山頭火ら八人の文人に関し、地誌的、文明史的視点も駆使して多方向に課題提起する。終章「戦時下の詩人たち」では『ショア』の孕む絶対的沈黙と証言としての「語り」／詩との相克をめぐり、高橋哲哉の問いをたどりながら、出来事の集合的記憶を賦活する口承文芸における「語り」が「騙り」でもあることに、出来事の一回性＝非場所性を保持する可能性が見出されようとする。

ところで、犬が詩を喰らう、と諧謔してみる。四方田犬彦の『詩の約束』(作品社)は、八十八歳になったシリアの流謫詩人アドニスが大著『アル・キターブ』の多声的なテクストによって『クルアーン』の言語的絶対性に抗って分岐し変転する姿に邂逅したことが執筆の契機であり、終章「詩の大きな時間」では、〈一篇の詩を所与の言語の枠組みから解き放ち、何か別の言語で書かれた詩として読み直してみたいという素朴な願望を、散文の力を借りて少しでも実現してみたかった〉（＊4：316）と「執筆の意図」が記される。犬が詩を喰らう、というのは、詩論言説の範型を刷新して見せたこの画期的な論集が、二〇一五年六月刊行の『犬たちの肖像』が犬をめぐってテクスト群を跳梁し思考を織り成した強度が詩に対しても行使されるからだ。詩の対象性が犬と等価である。これは、四方田批評の奥義だ。全部で十八の章の表題には、終章を除き、「朗誦する」、「記憶する」、「呪う」、「外国語で書く」、「訣別する」、「書き直す」、「引用する」、「呼びかける」、「断片にする」というふうに詩作に関わる動詞が置かれる。ブッキッシュかつ脱領域的なフットワークを駆使する四方田の文体は、自分語りを含め水平的な「語り」が基調である。否定性から原理を訴求するのではなく、機序（作者や作品行為が在ること）の偶有性が肯定される。

本書では、その肯定性が維持されながら、例えば、「呼びかける」の章では、吉本隆明の集合的な告知と谷川俊太郎の極私的な伝達が対照され、さらに、高橋睦郎の自己去勢を要求する神話的統覚が導入され、〈詩歌の根源には他者への呼びかけが存在していた。他者は身近な隣人であることもあれば、ありえたかもしれぬ、自分の隠された分身であることもあった。だがもっとも深い相においてそれは、現実の卑小な時間を超えたときに覗き見ることのできる神話的形象でありえたのだ〉（＊4：280）と結ばれる。西脇順三郎の多言語的詩作による詩的言語の文化的ナルシシズムからの離脱、入沢康夫による註釈の作品（内部）化という方法論的選択、鮎川信夫の「橋上の人」の四度にわたる改稿の契機となった「星」の認識の去就、〈詩作品の完成とは、この異言を封印し、そこに統合的な秩序を導きいれることにすぎない〉（＊4：284）

など、多様なトピックの足場は母国語による詩作に置かれるが、既往の表現論とは異なる。聖書のような超越的書物に見合うほどの「偉大なコード」（抑圧的体系）あるいは絶対言語を持ちえなかった日本文学、定型詩、現代詩に、四方田は、ロートレアモンやニーチェの抵抗的パロディを対置する。詩との約束。脆弱な母国語に、怠惰な多幸感のまま滞留されるな。これは、ジャンルの自閉性というよりも、本質的に、詩に堆積する異語形成の問題である。詩は、どこまで反母国語的でありうるのか。全体性のうねりのなかの詩の生成は詩作の単独性へと循環する。抒情や叙事と「言語一般」の機序が転倒され、黙契が現れる。

一九六八年の体験について問われて、アラン・バディウ（＊5）は、一日中政治、つまり、新たな主体創造のなかにいて、十年間、何も出版しなかったと応えている。六〇年代の革命的思考は「世代」において一体性と解体性とをともに生成したが、強靭な一体性は後になって遠くから眺めたときに現れる。反抗の正当化、集団の新たな一体性、資本主義社会とは「別の社会」が権力の標的であり、勝利／失敗の二分法を超えるには、「構成という思考方向」から「類生成的《ジェネリック》」に脱出すべきであるとバディウは述べた。

「六〇年代詩論　危機と転生」と副題された北川透の『現代詩論集成3』は、飯島耕一、大岡信、入沢康夫、中江俊夫、岩成達也、鈴木志郎康、菅谷規矩雄、天沢退二郎、松下昇、吉増剛造、岡田隆彦、清水昶、佐々木幹郎について、ときに戦後詩の遠隔的交叉配列を賦活して「記録」し、冒頭の論考「詩的断層十二、プラス一」でそれらが包括される建付けである。批評子はほとんど全ての論考をそれぞれが掲載された単著および「詩論へ」などへの初出の時点で読んでいる。しかし、この五六〇頁の片手では持ち倦ねる大著は、全ての論考を、切り立った伽藍のまま、「類生成的《ジェネリック》」な思考のベクトルのもとに現前させる。単なる詩人論の束ではなく、ニーチェの『道徳の系譜』が「疚しさ」を媒介にしてカトリシズムの心性の歴史を再配置したように、詩と非詩の現実総体における欠損によって媒介される詩的「自由」をめぐる「ことばが語る時代」=「詩的六〇年代」の現存的な系譜学である。それは、「遅れ」によって駆動される。北川の言う「遅れ」とは、詩に対する生活と行為の、「感性の祝祭」に対する非詩的な全現実認識の崩壊の「遅れ」である。「遅れ」は「事後性」を担う。「現実界」を「象徴界」にシフトし、事後=差延によって出来事における「隠されたもの」(抑圧)を見出す。バディウに倣うなら、「事後性」は「二体性」を発見する。

北川透は、六〇年代詩人たちを詩的「自由」の「二体性」、すなわち、詩的必然を見きわめながらそれらへの異和や臨界認識を「記録」する。〈大岡信の古典詩歌論の方法は、表現の連続性が、絶えざる美的規範の崩壊による再生であることを、――そこに《変える力の伝承》が息づいているのだが――表現の内的構造においてよくとらえていながら、それをうながしている非詩的、あるいは反詩的な契機がよくつかまえられているようには思えないからだ。いや、この非詩性の捨象こそは、大岡の古典詩歌論がもっている重要な性格ではないのか〉(*6:153)という解読は、吉増剛造を〈反近代〉の薄暗い川底を辿った詩人の系譜に位置付けながらその詩行に「軽み」と「疾走感」という「武器」を見出し、天沢退二郎の〈言語〉の違法性から仮装的自在さへの「変質」を批判し、さらに、佐々木幹郎の『死者の鞭』から『水中火災』

への変貌に、〈詩は壊滅しつつある根拠自体を根拠としなければならなくなっていた〉（＊6：528）というアンビバレンスを抉り出すだけではなく、詩人固有の「奈落の不可能性」をめぐって、吉本隆明が「修辞的な現在」で《詩的な修辞がすべての切実さから等距離に遠ざかっている》と述べたことに対して、課題は〈遠ざかることを強いられるその力を、逆にいかに切実さの方へ向き変えるか、というところにある〉（＊6：531）と逆倒して見せるのである。

今年（二〇一八年）は、一九六八年から半世紀ということで、回顧的な特集や、帷子耀の復活という活劇があったが、一年余りをかけて刊行された「松本圭二セレクション」（航思社）が最終巻（第9巻：エッセイ・批評）『チビクロ』をもって完結したことによって、半世紀という祝祭以降に生きられた時間のアポリアの痕跡が現れたとも言いうる。六〇年代というネガを持たないビデオの「像の不安」が、「プリント＝現像＝定着」の不在に準えられるように。

〈現代詩は、いや、現代詩を含むすべてのジャンルは、文芸批評も同様だが、閉じることで、すなわちある閉域を仮構することで、ジャンルの自明性をかろうじて存続させているに過ぎない〉（＊7：25）という後退戦は、七月堂主人だった故木村栄治の〈詩集っちゅうのは害毒をまき散らさないとダメだよ。俺は、本は残らなくてもいい。みんな燃やされていい。でも記憶としては絶対に消えないんだ〉（＊7：103）という断言、あるいは、〈戦後詩なら戦後詩が生きてきた時間という負債ですよね〉という松本に対する書肆山田の鈴木一民の〈マイナスの財産だけども、その負債を返すためにそれまでの付き合いも続くわけだからね。印刷屋さんなんかとも。そういう関係の持続だってたいへんな財産なんですよ〉（＊7：117）という応答の孕む地上のエチカによって踏み堪えられてきた。閉域を「閉域」として保存する技法として、壊しやすい日本語を壊してきた山本陽子や支路遺耕治に触れた松本は、〈なぜ詩人たちは日本語を壊さなければいけなかったのか。それを考えはじめると、僕の頭では答えは出ないので、考えない。実作者の感覚で言うしかないが、僕は日本語というのは、嘘しか言えない、嘘しか書けないような言葉ではないかという感じがしてしょうがない〉（＊7：87）と記す。

現代詩には、詩作という行為には、どんなヒロイズムも残余しえないが、日本人には精神分析が不要である（無意識というフレームワークには馴染まない）と言ったラカンにたて突く無頼、ほんとうのことを打刻する「閉域」を固守する無頼がつらぬかれる。

もういちど。アラン・バディウは、「構成という思考方向」、つまり、既往の否定性の背後に在る二分法から脱出するために、「免算《ススストラクスイオン》」という否定神学的な概念を提示した。弁証法的な否定では、構成の彼方へ行く望みはない。方向づけからの撤退の可能性において、「免算《ススストラクスイオン》」という新たな否定性、計算から自らを差し引くこと、が現れる。これは、ヘーゲルの否定性からの脱出において、脱構築、脱イデオロギー化と並行的な六八年革命を契機とする概念で、「現在」はこの概念の射程のなかにあるとバディウは言う。阿部嘉昭の『詩の顔、詩のからだ』は、「換喩」の詩的実践の様態としての「減喩」をめぐる考証と方法論的思惟を敷衍展開するが、「減喩」（消去の痕跡、「ないもの」の結節）、修辞の「たりなさ」「すくなさ」が稠密性をつくるという逆説において、明らかに、「現在」がバディウの「免算《ススストラクスイオン》」の時空圏にあることを認識させる。だが、「免算《ススストラクスイオン》」が六八年の革命におけるマルキシズムをめぐる思想的格闘において析出された構成意識自体への反措定であるのに対して、「減喩」は、まず、書く（生産／表現）：読む（消費／享受）という交換関係が前提とされ、さらに、読む（消費）を優先したゆるやかな（市場）価値論の変奏になっている。また、北川透の六〇年代詩論が、系譜学的テクストの中枢で表現論の独在の乗り越えを図っているのに対して、「減喩」の考証は、原理に張り合うかたちでプラグマティズムに準じ、「喩」を「文」とのデマケーションにまで退却させながら、効果（市場価値）の極大化が志向されるのである。〈詩は集中力を鞭打って、喘ぎながら書くものではない。自分をなだめ、自分そのものを間歇化し、自己冷却をかさねながら、些少ずつのばし、成立してくる構造の再帰的確認を刻々しいられるもののはずだ。読者がほんとうに再帰的に読むのは、そうして現れている「生成の構造」だろう〉（＊8：189）。これは、表現過程ではなく、読者生成をめぐるテオリアである。どうなるのか。平叙性に向かう「生成の構造」において、作者も読者も、ともに、単独性（一人きり）から離脱するのである。

こうして、単独性が消去されるというのが、余りにも順当な成り行きであるからこそ、詩論の基本動作であるはずの「記録」における、その叙述に伏在する一人称単数の危地もまた、検証に曝されるということだ。また、山内功一郎の『沈黙と沈黙のあいだ――ジェス、パーマーとペトリンの世界へ』（思潮社）では、パリ在住のパステル画家アーヴィング・ペトリンと著者との交流の時間が静かに流れ、数葉の口絵の幻想的なペトリンの作品とツェラン、パーマーの言葉が内在的に交差する。中原秀雪の『モダニズムの遠景――現代詩のルーツを探る』（思潮社）では、現代詩への危機意識を端緒にして、丸山薫、春山行夫、金子光晴の境涯が名古屋とその周辺の地勢感覚を交えながら訥々と辿られる。「記録主体」が詩作主体の未抽象の鏡であるという、恐らくは谷川雁に由来する理法は、凡庸なロマン主義を振り切った位相で、かつ、アニムスとアニマの常套的な相補性には依存しないかたちで、詩論／批評の原圏をいまでも踏み堪えるのか。「記録主義」という石牟礼道子が残した傷痕は、一人称の権能をめぐるアルケオロジカルな謎を孕んでいると言わねばならない。「記録主体」と共犯するのは、詩作（抒情）主体だけではなく、その単独性をめぐる騙りの複数以外ではないのだから。

＊

＊1：石牟礼道子『苦海浄土　わが水俣病』講談社文庫、一九七二年一二月
＊2：梯久美子『原民喜　死と愛と孤独の肖像』岩波新書、二〇一八年七月
＊3：細見和之『「投壜通信」の詩人たち――〈詩の危機〉からホロコーストへ』岩波書店、二〇一八年三月
＊4：四方田犬彦『詩の約束』作品社、二〇一八年一〇月
＊5：アラン・バディウ関連の事項は、『1968年の世界史』（藤原書店、二〇〇九年）13～52に拠る。
＊6：北川透『現代詩論集成3』思潮社、二〇一八年二月
＊7：松本圭二『チビクロ』航思社、二〇一八年六月
＊8：阿部嘉昭『詩の顔、詩のからだ』思潮社、二〇一八年三月

（「現代詩手帖」二〇一八年一二月号）

「井の中の蛙」(＊1)の立ち姿——築山登美夫追悼

築山登美夫さんとの付き合いは一九八〇年に遡ります。こういうルック・バックのアプローチの背後には、「じぶん語り／騙り」の罠が無数に張られていますが、一度は、こう切り出さねばならない、でなければ、何か(斜線で消されるべき何か)の落とし前が付かないと思うのです。七九年に大学を出て、就職活動では、出版社やマスコミにはことごとくフラれ、仕方なく、ずっと世間なるものを優先してきた親の向こうを張るように当時は外国為替専門銀行と呼ばれていた金融機関に職を得たぼくは、丸の内のオフィスに勤め始めました。学生時代の後半から『素粒子』という個人編集誌と『新思潮』という老舗の同人誌をやっていましたが、手詰まり感があり、そのころ入り浸っていた小田急線梅が丘駅に近い印刷所七月堂主人の木村栄治さんと呑んでいるうちに、『漏刻』という雑誌を紹介されました。相前後して、立中潤の存在を知り、『叛乱する夢』、『闇の産卵』(ともに弓立社刊)を立て続けに読んで衝撃を受けました。八〇年九月には、「血忌するながい路上であなたは……」というスタンザを掲げた『漏刻「別冊」

立中潤特集』が七月堂印刷で発行され、そこには、『漏刻』執筆者の他、北川透さん、遠丸立さんらが文章を寄せていました。木村さんに『漏刻』参加への希望を述べると、築山登美夫さんがキー・パースンだということで、葉書で交信をして、築山さんもぼくの個人編集誌について既知だったこともあり、すぐに参加が決まりました。

『漏刻』には、一九八一年六月刊行の十五号から一九八五年九月刊行の二十二号まで、「〈苦海浄土〉試論」の連載などが掲載されました。プライベートでも、ワイフが激しいツワリのため実家に帰っていた八〇年の年の瀬は、他の『漏刻』のメンバーとともに築山さんのアパートで雑魚寝して過ごし、八二年の初夏には、築山夫妻と長男の明隆くん(当時一歳)とこちらの長男隆史(同じく、当時一歳)を含む家族で、高尾山に出かけました。築山さんとはクールな友愛感覚をシェア出来ていました。言い換えると、この距離感で付き合える、という相互了解がありました。『漏刻』の合評会は、協働執筆者であった安田有さんが運営していた新宿ゴールデン街の「酒肆トウトウベ」でやりました。作家デビュー前後の山田詠美がときどきアルバイトでカウンターをこなし、中上健次が立ち寄りました。十人足らずの協働執筆者が小さな円陣を組むにはちょうどいい揺籃的な空間がありました。

『言語にとって美とはなにか』の勉強会は、歌舞伎町のコマ劇場の傍の喫茶店の薄暗い片隅に集まりました。そのころ、フーコーやロラン・バルトらの構造主義にのめり込み始めたぼくは、築山さんに「共時性」とは何ぞやと問われて、「現存性」であると応えた憶えがあります。そんな牧歌的なやりとりのなかで、ちいさな疎隔感が堆積し、やがて『漏刻』から離れて、ぼくは、『あんかるわ』、『詩学』、『SCOPE』、『防虫ダンス』などvehicleを乗り移りながら漂流し、生活と生業を踏み堪えながら、書いていました。

なぜ、『漏刻』を離れたのか。それは、ぼくが、『漏刻』に参加する誘因の裏返しと、それとは違う理由があります。前者についてては、立中潤の〈ある意味で精神の地下室の犯罪っていうのか、そういうものに非常に近い所に接しながら、なんだか自分の生活を書いている〉（＊2：44）と北川透さんが述べたような、エクリチュールに張り合わされた左翼ラディカリズムの果てにある夢魔のような幻想圏に誘惑され、左翼性への「遅れ」にキャッチアップするというぼくの魂胆そのものが次第に摩耗してしまったのです。観照的なヒロイズムが再帰性に晒され、それは、吉本隆明の濃厚な言語・思想・感性圏に距離感覚（批評性）を自失して旋回することの息苦しさとして感覚されました。

後者について言うと、どんな雑誌にもあることですが、『漏刻』はオリジナル・メンバー以外の、協働執筆者の出入りがしばしばありました。ぼくが、『漏刻』に参加する前後で、離れていく人がある一方、ぼくが参加してから一年くらい経って、『素粒子』への寄稿者で、あるセクトの中枢的な活動家であった学生時代からの年長の友人が参加しました。ところが、暫時の後、彼と築山さんの間に激しい確執が生じ、相互に全否定し合うふうになり、二人は絶交の状態になりました。トリガーは『漏刻』のある号の巻頭に掲載されたその友人の詩作品の評価をめぐってでしたが、実質的には、生活に帰趨する左翼性と表現意識の位相差が鋭角的に現れたのだと思われます。〈立中の問題を考えていく時に、そこに、やっぱり、生の論理があっても生活の論理がない。生活の論理がないことをどうしたのかというと、彼は夢と一致させたということが言えるんじゃないか。〃生活のない生の論理〃を夢と一致させていった〉（＊2：45）と北川さんが描いた立中の方法は、『漏刻』オリジナル・メンバー、特に築山さんの方法意識と通底しており、「生活の論理」を我が子の命名の情景としてストレートにうたった友人の詩作品には批評の生理が激しくネガティヴに反応したと推量されます。

ともあれ、前者のこと、後者のことが絡まり合って、ぼくは、明確な意思表示をしないまま、『漏刻』から離れました。築山さんは、八七年二月の『漏刻』終刊後、個人編集誌『なだぐれあ』を発行し、ぼくは、誘われて、一度、詩作品を寄稿しました。ぼくが、vehicleを広げていったことは、先に述べましたが、八〇年代の終りには、生業と生活から表現の時間を割り出すのが次第に困難になり、一方で、八九年には『現代詩手帖』の月評を担当する羽目になり、時間とモメンタムのやりくりに混乱を来しました。九〇年の暮れからアメリカ滞在となり、その後は、アメリカ、ロシアと日本を行き来して二十年近くが経過しました。

二〇〇八年の春、誰からかは忘れましたが、日下部正哉さんが論集『宮崎駿という運動』を弓立社から上梓したことに因むお祝い会の案内が来ました。日下部さんとは、それまで面識はありませんでしたが、ぼくと入れ替わりに『漏刻』に執筆していたことは知っていました。恵比寿のレストランでの会合では、築山さんはじめ『漏刻』メンバーの他、七月堂の木村栄治さん（＊3）、高橋秀明さん、弓立社の宮下和夫さんたちと再会出来ました。その折、築山さんから、交流を再開しないかと持ち掛けられて、同意しましたが、実際には、日下部さん、高橋さん、築山さんの三人で『LEIDEN——雷電』が創刊された二〇一一年七月には、ぼくはメガ・メーカーに転職してパリに赴任しており、瀬尾育生さん、高橋渉二さんとともにゲストとして書かせてもらった同誌は、その翌年の一月に発行されました。その後、築山さんに招待されるかたちで、一四年発行の5号に書かせてもらい、一五年秋にドイツから京都に帰国して、帰京の際、近藤洋太さん、瀬尾育生さん、添田馨さんらの「経済学的研究会」に呼ばれると、築山さんもそのメンバーで、思いがけぬ再会になりました。築山さんは『雷電』の他、佐藤幹夫さん編集の『飢餓陣営』の「情勢論」を手がけ、批評の領域を現政権批判へと広げていました。そこには、クールな面差しを湛えながら、夢の論理を詩作に繰り込んでいた往時とは異なる、しかし、政治や経済を実証的かつ多面的に語る築山登美夫がいました。

築山登美夫さんには、二〇一一年一二月刊行の『詩的クロノス』（書肆山田）、二〇一五年一一月刊行の『無言歌　詩と批評』（論創社）の二冊の論集があります。後者は、第I部は詩作品で構成されています。いずれも、築山さんとの交流の再開、『雷電』創刊以降に刊行されました。前者はメインボディを立中論、入沢康夫論など七〇年代終りから九〇年までの論考が占め、後者は大半が東日本大震災以降のものです。築山さんが亡くなってから、この二冊をもう一度辿り直して、いくつかのことに気付きました。ひとつは、「日録」の導入です。二冊ともに「微茫録」という項目があり、『詩的クロノス』掲載の一九九三～九七年については、『Booby Trap』という媒体の近況欄に既掲出のものですが、二〇〇八年の「日録」は、未公表で、〈備忘のために、そのなかから詩的情況にかゝはることを中心に記してみようと思ふ〉と前置きされます。抜粋的な記述は、〈アフガン・カンダハルで自爆テロ。百人以上が死亡。タリバン政権崩壊後最悪〉（二月十七日）（＊4：285）という「情況」的な出来事のヘッドラインがコメントを加えずに淡々と記されるところと、〈木村栄治氏に新詩集『悪い神』の原稿送る。（……）〉（九月十五日）（＊4：297）といったプライベートな諸事がこれも概ね事実性だけを叙述しているところと、出来事へのコメントや解釈を含む築山さんから知人・友人たちへの書信（Eメール）で成り立っています。この書信のところが、テクストとして批評に近い強度でつらぬかれています。『無言歌』では、二〇一一年について、ほぼ同様の体裁で、三月一一日の震災以降は、文字通り「日録」のように記録の頻度が上がり、三月二〇日のものは、原発事故の放射線の影響について三頁に亘って批判的に記述されます。この「微茫録」は、二冊の論集では、とてもユニークな活劇を織り成します。

ここでは、その具体的な内容ではなく、「日録」という言説を導入するというエディターシップがどこから来たか考えたいのです。先に立中潤の遺稿集『叛乱する夢』、『闇の産卵』に触れましたが、前者が「詩・評論」で、後者は「日記・書簡」です。刊行はそれぞれ、一九七九年の三月と一〇月です。かなり前のことですが、ぼくは、この二冊をほぼ同時に入手して、『闇の産卵』を先に読みました。通常、公表された言説である「詩・評論」から入るところですが、『闇の産卵』の本文の冒頭、一九七四年五月一四日の「日記」は、〈㊥をZが襲撃、一人死亡。よう消耗もせずに殺り合うこと。その〈持続〉は逆説的に評価できる。つまりは、不毛な〈持続〉として。要するに、〈おれ〉もこの不毛さにおいては、彼らとちっとも変らんとゆーことだ。その〈持続〉でさへも。〉(＊5：5)というセンセーショナルなフラグメントに始まり、この始まりの数行からのめり込んで、遺書、北川透さんによる「断念という病い」と題された解説、宮下和夫さんの編集後記までの三九〇頁を一気に読破したのです。

　こんなにテンションが高く、あざとく、衝迫的な言説には出会ったことはありませんでした。カフカの「日記」や「手紙」は措くとしても、「日記」や「書簡」など公開を前提としないプライベートな言説に執することがまっとうなアプローチではないことは当然です。しかし、ひとつには、立中潤の「日記」に伏在する他者性が情況への自己同一性に強烈に呼応していること、ふたつには、最初の日付のほぼ一年後の七五年五月二〇日（「日記」は前日までソリッドに録されます）に彼が自死したことを読者のぼくが知っていることによって、いわゆる公開性というパブリシティの近代的な認識のフレームが逸脱されたのです。このエディターシップにおいて、築山さんは、北川さん、宮下さんとともにプライマリーな当事者でした。築山さんは、パブリシティへの関与の過程で、恐らく、「日記」という言説の非公開的公開性の強度に遭遇した。二冊の論集では、それが、方法的に導入されたのではないか。だが、それだけではない。こちらの方がより本質的なことですが、立中の自死の背後にある個体から流出した「誰とも見分けのつかない死の事実性」と「死の感覚」(＊6：87)が築山さんによってキャリーされた。築山さんにおける「死の感覚」の遍在が「微茫録」の方法化を可能にしたのです。

　さきに、『漏刻』を離れたことに関し、吉本隆明的言語・思想・感性圏の息苦しさに触れました。築山さんとの交流が本格的に再開したのは二〇一六年になってからですが、築山さんは、その頃から『吉本隆明　質疑応答集』（論創社、全七巻。刊行中）の刊行に全面的に取り組んでいたはずです。築山さんは、宮下和夫さんが手掛けた『吉本隆明〈未収録〉講演集』（筑摩書房、全十二巻）をフォローするかたちで、吉本言説のパブリシティのゲートキーパーとして立った。山本哲士は、「吉本主義者」の難点は吉本の言説に「解」を求めることだと言いましたが、たしかに、吉本言説の周辺に居る息苦しさは、「解」（の正しさ）を共有することをめぐる抑圧と不可分でした。特に、当時は、「生活思想」という聖域的ジャルゴンが優勢でした。

しかし、再会した築山さん、『無言歌』の築山さんは、吉本思想に求心するのではなく、吉本思想に憑依していました。大きな違いです。例えば、築山さんは、「叙情詩を超えて」と題された講演録で、吉本の『初期歌謡論』の一節を引用した後、〈私のかんがへでは、こゝで成立した「部分喩」――全くそれまでとは違ふ、自然と言葉の関係の変容を前提とした「部分喩」を基点として、「自然の現実的な在り方」と「表現の内的な秩序」を二重化する「全体喩」への展開が可能になつたといふやうに思ひます〉（＊7：189）（傍点、引用者）と記します。「作者＝語り手」という単相構造からの離脱を、他者性の二重化を繰り込んで、吉本のものとは異なる「全体喩」を更新しようとする契機が見える。吉本思想に憑くことによって、正しさの彼岸で、吉本思想が偶さか更新されたと考えたいのです。

最後に、『無言歌』の「微茫録」では、ヴェルレーヌ作品の引用のことなど、『詩的クロノス』冒頭のランボー論成立の経緯が周密に録されています。そこで、「白人の上陸」と題された「あるランボー論」にもういちど戻っていくと、エチオピアのアデンからハラルに拠点を移したランボーが労苦を極めた「ショア遠征」でメネリク王に齎した武器弾薬が後にメネリク王のイタリア軍撃破という歴史的なアフリカの勝利に寄与したコンテクストが、「地獄の季節」のスタンザを交えながら的確に叙述されます。小林秀雄のランボー論がリスペクトされ、鈴村和成の『ランボー、砂漠を行く』が参照されますが、「白人の上陸、号砲」というランボーのスタンザに伏在する詩的行為が、「武器商人」ランボーにおいて遂行されたシークェンスをこんなに鮮やかに描き出したものは、築山ランボー論を措いて他に見当たりません。築山さんが横展開して痛烈に批判したように、家族やバルデーやイルグに宛てたランボー書簡は、渋沢孝輔をはじめとするランボー研究者・翻訳者によって詩作品と連関しない無価値なものであるとこき下ろされてきました。鈴村の画期的な考究についても、ぼくが知る範囲の仏文研究者系の詩人たちの評判は良くありません。遡れば、学生時代、『新思潮』を仕切っていた仏文系の人たちも「武器商人」ランボーを遺棄していました。

どういうことか。砂漠のランボーの道行きに目を凝らすこと、ランボーのエクリチュールの終局的な連続性を再発見することは、武器売買を嫌悪する戦後民主主義の一義性、ヨーロッパ中心思考（植民地主義）という抑圧、ランボー研究の純血志向の背後の特権性と対峙することなのです。それだけではない。二十四歳の吉本隆明の晦渋な論考「ラムボオ若しくはカール・マルクスの方法に就いての諸註」において、言語表象が詩作品として実在化する局面における、

〈存在は意識がなければ意識的存在であり得ない〉というマルクスの逆措定と〈感覚の無限の乱用によって自然の影像を掠奪したアルチュル・ランボオの詩〉（＊8：357）との「逆立」に隠された「共鳴の響き」が、築山さんが照射した「地獄の季節」のランボーと砂漠のランボーとの内在的な連続性としてアクチュアルに出現したのです。知と非知、表現と沈黙との往還をめぐる吉本思想に憑依した「井の中の蛙《築山登美夫》」の渾身の立ち姿であると言わねばなりません。

＊

＊1：〈井の中の蛙は、井の外に虚像をもつかぎりは、井の中にあるが、井の外に虚像をもたなければ、井のなかに在ること自体が、井の外とつながっている、という方法を択びたいと思う〉吉本隆明「日本のナショナリズム」より
＊2：『漏刻「別冊」立中潤特集』一九八〇年五月
＊3：当時、食道癌で余命宣告を受けていましたが、意気軒昂にぼくを恫喝してくれました。二〇一〇年四月九日逝去
＊4：築山登美夫『詩的クロノス』書肆山田、二〇一一年一二月
＊5：立中潤『闇の産卵』弓立社、一九七九年一〇月
＊6：『北川透　現代詩論集成3』思潮社、二〇一八年二月
＊7：築山登美夫『無言歌　詩と批評』論創社、二〇一五年一一月
＊8：吉本隆明『擬制の終焉』現代思潮社、一九六二年六月

（「ＬＥＩＤＥＮ――雷電」13号、二〇一九年一月）

隠されたものの回帰——「つぶやき」への「応答」の端緒へ

And so on and so on... 外出するときは、たいがい、YouTubeでビッグネームたちの講演を聴きながら歩いている。美声でクリアかつオーソドックスな英語でアメリカの中東政策を鋭く批判する晩年のエドワード・W・サイードや、優しく囁くようにアメリカ社会の頽廃を周到かつ的確に語りだすノーム・チョムスキーなどである。このところは専ら、癖のある英語で、F《エフ》ワードを連発しながらヘーゲルやアラン・バディウから映画や政治社会現象に亘り自在に捲くし立てるラカニアンにして現代思想のロックスター、スラヴォイ・ジジェクを聴いている。冒頭のアンド・ソーオン・アンド・ソーオン（…などなど）は彼の口癖である。

ジジェクがヘーゲルの否定性の現象に関してしばしば発するコーヒーに絡むジョークが二つある。一つは、コーヒーショップで「クリーム抜きのコーヒーを下さい」とオーダーしたところ、店主曰く「申し訳ない。今、クリームを切らしていて、ミルクしかありません。なので、ミルク抜きのコーヒーならば、ご用意できます」というやりとりである。もう一つは、お互いにその気になっている男女の会話で、女が「ねえ、うちに寄ってコーヒーでも飲んでいかない?」とモーションをかけ、男が「いや、ぼく、夜、コーヒーは苦手なんだよ」と答えたところ、女は「心配しないで。ほんとうは、うちにコーヒーはないのよ」と返して、二人は合意に向かう。前者では、同じブラック・コーヒーがサーブされても、つまり、ある表象の実在が到達されても、その背後には、違うものの不在が隠されていることが語られる。後者では、コーヒーはその二重の不在(男は欲しくない、女のうちにそれは無い)によって二人の欲望が媒介される。悪ノリすると、ブッシュ・ジュニアの第二次イラク戦争をめぐり、ブッシュがでっちあげたイラクにおける「大量破壊兵器」疑惑の調査団の一員の同盟国が「不味いことに、わが国は調査のための装備を持っていない」と述べたところ、当時の国防長官ラムズフェルドが「心配無用。大量破壊兵器など見つからないから(無いんだから)」と回答したくだりにジジェクの饒舌は及ぶ。政治のシークェンスもまた不在なものによって動き、そうやって歴史が織り上げられる。

逆に言えば、ヘーゲルの否定性の論理に準えて敷衍するなら、コーヒーや「大量破壊兵器」に限らず、表象および出来事には、それらじたい、あるいは、それらの背後に、それらを成り立たせるための何ものかの不在、隠されたものが張り合わされているということである。表象および出来事において、そこに見えているものだけを一義的に解釈してもどうにもならない。それらは偶有的なのである。表象A、出来事Bがあるなら、それらに、表象-A、出来事-Bが張り合わされていると措定すべきなのである。因果律の堆積において、すべてを引き直すなら、表象も出来事もゼロになる。還元的な思考の基本のフレームは、この-A、-Bについて考え抜くことである。

二〇一一年公開のマイク・ケイヒルのＳＦ映画『アナザー・プラネット（原題はAnother Earth）』で、四年前十七歳でＭＩＴに入学して前途洋々の女学生ローダ（ブリット・マーリング）はＤＵＩ（酔っ払い運転）で高名な音楽家ジョン・バローズ（ウィリアム・メイポーザー）一家のクルマに激突し、彼女はほぼ無傷だったが、ジョンは重症、残りの家族は死亡する。四年の服役を終えて、ローダは償いの動機から最愛の家族を喪って失意のうちに一人暮らすジョンのもとで素性を伏せて掃除人として働く。一方、その事故の前から、地球と全く同一の惑星が徐々に地球に接近し、交信によって、個々の人々の全てまでが鏡の像のように地球と完全に同一であることが確認され、二つの星の間で相互に民間人を送り込むプロジェクトが進行して、ローダはそれに応募し、なんと当選する。ところが、二つの惑星のシンクロニシティ（同一性）は、両者の交信が始まった四年前から壊れつつあることが判明していた。二人は恋愛関係になり、ジョンは音楽への情熱を取り戻しつつあったが、あるとき、ローダは自らの身元を彼に告白する。ローダは、怒り苦しむジョンに当選したチケットを譲り、その惑星に旅立って、地球では喪った家族と「再会」してくれと言って彼のもとを去る。ラストシーンはネタバレになるので記さないが、ジョンはもう一つの惑星に旅立って喪った家族と再会したはずである。もう一人の彼じしんとも。完全に同一であった二つの惑星は、やはり、シンクロニシティを失い、地球での出来事Ａに対して、出来事-Ａが（非）相関していたのである。

この映画では、ローダが事故を起こす四年前くらいから、二つの星が交信を開始＝シンクロニシティを認識＝他者性を認識することによってそれを失うという逆説的な機序が想定されたが、シンクロニシティの崩壊における「二つの星」という空間性は、両者が相互に（他者）認識したその瞬間以降の時間性に置き換えられるはずである。その瞬間以降というのは、時間性における自己の自己における差異、自己の二重性／複数性に等しい。

つまり、自己が（もう一人の）自己との対話、再帰性（自己が自己に遅れてやって来る）において、われわれもまた、シンクロニシティが抱懐した「二つの星」を抱えているということである。もう一人の自己は、偶有的な存在として、不在のミルクかクリームのように、あるいは、㕚としてのコーヒーのように、表象としての自己の裏側に隠されている。その、偶有的な存在が表象へと連れ出される契機となるのは、一つは自己と自己が対話しようとする意志であり、もう一つは、ローダがジョンに自らを明かした関係性＝告白のエチカである。

さて、隠されたものが隠されたままで表象される言葉の形態は隠喩であり、詩作という行為は、自己と自己をめぐるシンクロニシティと不可分である。ジャック・ラカンは隠喩的シニフィアンをめぐって〈詩と称されるものにあっては、創造することにたいして詩と呼ばれる、ということなのです［poésie ← poiêsis = création］。詩は創作もできれば、また棄て去ることもできるのです。詩はその作られた意味の結果に関心を喚起する手段として、意味のなかに無‐意味（non-sens）を作り上げるのです〉（＊1：85）と語っている。抑圧によって引き起こされた圧縮は、象徴界を現実界に押し戻すという選択を留保する。現実界＝不気味なもの＝隠されたものは、隠喩において、詩作＝「創造すること」の痕跡として残余する。隠喩における詩作は、他者に伝達されることを必然化していない点で、自己‐自己のシンクロニシティ（「創造すること」への確信）を前提とする自己権力の行使であると言うことが出来る。文字通り、隠喩は隠すという可能性（選択）において詩作をプロテクトする。

かたや、換喩についてラカンは、〈主体が［シニフィアンとシニフィエの］裂け目《クピュール》として生じる享楽です。つまり、主体を豊かにするのはこの享楽ですが、このことによって、その享楽の領域は身体《コール》に結ばれることになり、身体はすでにシニフィアンの事実となるのです。（……）このシニフィアンの情熱こそ〈他者〉の享楽といわなければなりません。というのも享楽は身体《コール》［ここでは具体的な文字、エクリチュールが意味されよう］の歓喜であるからですし、その身体は〈他者〉の場所になるのです〉（＊1：88）と述べる。結合、隣接、置き換えという系列の表象である換喩は、〈他者〉を前提とする転移可能な欲望に符合する。換喩は、予め隠されていない（ヴェールを剝ぎとられている）ことにおいて、解釈的裂け目として、裏側のないメビウスの帯のように現れる。

「詩と権力のあいだ」と題された文章で、宇野邦一は、かつて「一つの断絶の形態」と受け取っていた詩（的言語）は、「言語の外」をめぐる変形作用であり、「無意識の形象」、「圧縮した形象」として〈言語の中に折り畳まれた力の痕跡を発掘し〉（＊2：240）、身体を媒介にして、「分節される力」＝権力に「抵抗する力」（「力の襞としての身ぶりに解体」する力）であると述べた。だが、力‐身体の相関について、〈力の本質とはむしろ表象されないことではないだろうか。

にもかかわらず力は表象を生産し、操作し、そのことによって自己を隠蔽するのである〉(＊2：246)と記される揺らぎにおいて、「かつて」隠喩の自己権力によって反‐分節の力＝解体力を行使したはずの詩的言語の地平が、いまや、〈言葉の亀裂と、身体の裂け目に表出する見えない力を注視する〉(＊2：248)臨界へと追い込まれていることは明らかである。

どういうことか。権力は、いまや、分節されることなく、かつ、隠されることもなく、通時的な白日の平坦線に遍在する「解釈的裂け目」において何かに置き換えられている。その何かとは、「最適な環境」をつくり出すシステムであり(＊3：51)、利便性であり経済効率性であり、リスク・コントロールであり、セキュリティであり、恒常的な「成長」であり、複数的な自己を動物化する牧人の角笛である。一義的な合目的性が、例えば「情報」の諸要素に分解された自己に先回りし、「選択」は知らず禁じられ、すべてが漠然と「結合」へと回収される。繰り返すと、それらは隠されていない。フーコーのように言えば生権力や監視権力に近似するが、遍在する「敵」に打ち込もうとする隠喩的な打撃はことごとく空を切るはずだ。詩作において、隠喩に対して換喩が優位であるといったコップのなかのさざ波ではなく、換喩としての世界における「見えない力」に抗する他はないということである。

だが、果たして、抗するということだけでいいのだろうか。ここで、出来事Aと出来事‐Aとの(非)相関性を呼び戻してみる。コーヒーのジョークで笑いをとろうとしたジジェクは、現存の権力構造を「転覆する」というのは決してロマン的幻想ではなく、〈すべての権力構造は、必然的に分裂し、つじつまが合わないということである。(……)現存する秩序の基盤を崩すにはどうするかではなく、そもそも秩序が無秩序からどう出現するのかということだ〉（＊4：15）と言い切っている。権力‐構造は「つじつま」＝偶有性＝恣意的な論理で形成され、それは、必然的に崩壊する。（現存の）秩序は無秩序と等価である。だから、抗するというよりも出来事‐Aへの「転覆」なのだろうが、現実的には、もつれてそれらしく意味の階層に格納された「つじつま」を丹念に解かねばならない。シニシズムを抜けて、「転覆」への時間性を身体に貯水するということだ。

「一九九七年冬」という日付をもった李静和の『つぶやきの政治思想』（＊5）は、「政治思想」の契機としての「慰安婦」＝ハルモニをめぐって、ベー＝ひとのお腹＝舟の物語を、（ひとつ）、（ふたつ）と数え唄のような節をつくり、ポエジーと思想文脈と母性原理のアンビバレンスを踏み分けながら、「生きること」の稜線を「つぶやき」のエクリチュールが辿って行く。「語り」の複数性をめぐる静謐な、しかし、闘争性が伏在し、石牟礼道子の『苦海浄土』にも通底する、実は要約も部分引用も困難な、パンセの結晶である。

「つぶやき」は、言葉が、とくに「特殊化」された「語り」が他者に伝達されてしまう、あるいは伝達されるべき他者を企図してしまうという機序の寸前でためらっている。自己を保存し、出来事Ａ（いまなお続いている生の具体性）を「名付け」を拒否して出来事Ａのままに保存するためには、「方向性としてのポストコロニアル」に準じつつも、記憶（忘却）‐証言、記憶‐象徴‐歴史化という政治的意味作用の「存在的両義性」が限りなく問われねばならない。

〈分からないこと。分かってはならないこと。消費するのではなく受容しなければならないこと。それは語る私に、聞く我々に、居心地悪さを残す。外部からはどう解釈してもいい。だが、いったん枠に入った瞬間からは、解釈することを拒否しなくてはならない。／それが生きる場だから。〉と語りはじめられ、（ひとつ）国家・民族・男・女／（ふたつ）家族・故郷・母・子供、「語り」を受ける「まなざし」における（ひとつ）道義性／（ふたつ）かったるさ、生きる根拠における（ひとつ）戦略的本質主義／（ふたつ）自分の生に対する意味づけという対位を重ね、ハルモニ（慰安婦）たちの「対・日本」の「語り」について（ひとつ）免罪符／（ふたつ）自分の記憶という対位におけるセラピーの限界、〈語ってしまった場合生きること自体がなくなってしまう〉というアポリアが「存在的両義性」によって踏み堪えられようとする。イデオロギー（「抑圧」という外部、「第三世界」という概念化）を超える〈母性〉＝〈抱きとる〉可能性＝〈舟〉の両面性（シンボルとしての女性性）。〈〈ベー〉、お腹＝舟に乗って世界をさまよっていく存在あるいは魂へのいとしみ、魂のかなしさ、それをいとしむ姿勢、いとしむまなざし、いとしむ行為。（……）自分の舟に乗った男たち、それを逆にさすってあげる、抱え込むということの行為自体が、他者との共生の道を開くのではないか〉。抑圧された者・魂による抱擁というのは、福音的普遍性の強迫的な残響を打ち消す地上の「生きるエネルギー」以外ではない。

もういちど、記憶を「語る」こと。（ひとつ）忘れたい記憶／（ふたつ）生きるためにつかみたい記憶、（ひとつ）痕跡としての記憶／（ふたつ）瞬間瞬間の再生システムとしての記憶。「語る」ことによる生の喪失・変性は、「体の兆候」、「秘密と恥の感覚」に接続する。〈舟〉の女たち、〈お腹〉の女たちは「恥をはにかむという感覚」＝ほのめかしによって秘密（隠されたもの）をプロテクトするとともに〈ひとつがすべて、すべてがひとつ〉という「抽象化の次元」を確保し、徹底した〈個〉の「生の瞬間」のほのめかしによって「歴史化」に抗う。「自己尊厳」に至る物語は、（ひとつ）断絶の必要性、抱き取ることにおいて——男も女も全体としてつながっている「まなざし」の共同体／（ふたつ）生きる現場において感じる構造の変化——記憶‐証言の苦しい「物語」をめぐる「語る」本人とそれを求める社会の構造の変化、および、それによる攻撃性と負のディスクールへの遭遇。〈悲しみの不在。／〈抱き取る〉まなざし、憐憫も含めた、尊厳へのまなざしの不在。／／〈ベー〉に耳を傾ける。／聞こえてくるせせらぎの音。この小舟は、いずれ、〈海〉へたどりつけるかなぁ……。〉

「つぶやき」は、嘆き、呪い、叫びとともに、生きることをめぐり循環する。「物語」でありながら、記憶‐証言‐歴史化（相対化、客観化、フィクション）に加担しないために、かつ、共生への肯定性を失わないために、息吹のような言葉としての「つぶやき」が持続する。このテクストの日付から二十年以上を経た現在、「記憶」も何もかも微細な情報の要素に切り刻まれた「私」の一義性がむき出しのまま遍在する一方、この国の歴史修正主義者は記憶（忘却）‐証言‐歴史における出来事A（隠されたもの）を凌辱的に囲い込み出来事-Aと置き換えることによって共生の絆を切断している。李静和の「つぶやき」は、記憶‐証言の循環において、このディストピアの兆しを視野に収めながら、伝達を合目的化しないという立場で、「語り」えない＝隠された主体の強度を保存する宿運の方法的エクリチュールだと言ってみたい。

「愛について何か語ることはあるか」と、あるDVDに収録されたインタビューで訊ねられて、ジャック・デリダは、愛について普遍的に何かを言うことはできない、ただ、愛は二つの極をめぐるものであり、それは、誰に対する愛なのか何に対する愛なのかという問題であり、「私があなたを愛し、あなたが私を愛する」という構造であると応答している。

愛には、誰なのか何なのかという対象性の断裂があり、「あなた」と「私」の相互性と切断が現前している。あるいは、二つの極には、「あなた」と「私」の唯一性へのトートロジックな同一化（あなた／私があなた／私、だから――対象a）と、誰と何の中間で愛じたいが対象化される契機が孕まれる。さらに言えば、二つの極は、切断と結合、あるいは対なるエロスだけではなく、（自己）差異の原基であり、前景（図）と隠されたもの（地）、出来事Aと出来事-Aの絶対的な隣接性の条件である。

李静和の（ひとつ）、（ふたつ）という数え唄は、この愛の二極性の符牒であり、稀有な大陸的抽象力が半島における複層的な葛藤を経て、ラカンが精神分析を要しないと断定したほどの一極性（嘘＝真実）を形成する「日本・語」に翻訳された姿である。最後に、李静和への応答の端緒として、知りうる限り、その一極性を再帰的に痛撃する論理の断片を布置しておきたい。

（ひとつ）〈大陸で、あるは太平洋各地で、日本の兵士＝民衆が自らしめした異常な残忍さの底にひそむものは、戦後〈民主〉社会においても、ある本質的同一性を保持しつつ、〈国家的平和〉の全体に矛盾することのない非政治性として、経済上昇下の諸個人の〈生活〉原理に転位しえたのではないか。〈生活〉じたいを代償にして二度と〈政治〉に登場したりはしないという大多数の個人のエゴイズムは、〈平和と民主〉のスローガンにおいて究極のところは戦後日本〈国家〉のエゴイズムと、みごとなまでに没階級的同調（シンクロニゼーション）をなしえた（……）〉（＊6：253）。

（ふたつ）〈私たちの世界の底に、差当りは永遠の逆児のようにうずくまっている飢えた子供の存在のところで、私たちの多くが交錯しつつそのためにかくことは、それこそはまぬがれない事実である。いや、それとも私たちは、あくまでも自分自身の内なる飢えた子供のためにかく。そして、そうすることで、私はいずこかの飢えた子供の存在も逃れられず発見してしまうだろう、といわなければならない〉（＊7：192）。

＊

＊1：ジャック・ラカン『ディスクール』佐々木、市村訳、弘文堂、一九八五年七月
＊2：宇野邦一『詩と権力のあいだ』現代思潮社、一九九九年一一月
＊3：鈴木謙介『ウェブ社会の思想』NHKブックス、二〇〇七年五月
＊4：スラヴォイ・ジジェク『仮想化しきれない残余』松浦俊輔訳、青土社、一九九七年一〇月
＊5：李静和『つぶやきの政治思想』青土社、一九九八年一二月
＊6：菅谷規矩雄『ブレヒト論（改訂増補）』イザラ書房、一九七二年五月
＊7：黒田喜夫『詩と反詩』勁草書房、一九六八年五月

（「飢餓陣営」49号、二〇一九年七月）

憲法9条がヒロヒト＝天皇制を救った――加藤典洋追悼

加藤典洋の最後の著作である『9条入門』は、周到なフィールドワークに基づく9条をめぐるポレミークだが、その行論は、要約的な小見出しを細かく立てながら、物語のようにストーリーラインを辿って進み、まるでミステリーのように、謎を追いかけるような仕掛けになっている。当然のように思われている戦後日本の平和が本質的には強制されたものかもしれないという問題意識に加え、9条を無前提に戻して、一人ひとりが小説（文学作品）のように9条を「読む」という処方に誘導される。

なぜ、こういうアプローチになったのか。

よく知られているように、昭和天皇裕仁は、一九七五年一〇月の訪米後の記者会見で、自らの戦争責任について問われて、「そういう言葉のアヤについては、私はそういう文学方面はあまり研究もしていないのでよくわかりません」と言い、同じ会見で、「原子爆弾が投下されたことに対しては遺憾には思っていますが、戦争中であることですから、広島市民に対しては気の毒であるが、やむをえないことと私は思っています」と述べて物議をかもした。

一九八五年刊行の『アメリカの影』で加藤典洋は「原子爆弾は天皇を生物学者に変えた。つまり原子爆弾が天皇にたいして代表したのは、一つにはまぎれもなく合理性であり、科学性であり、またそれらへの信仰にほかならなかった。／それはおそらく、高度成長を謳歌するぼく達のニヒリズムを既に含んだ、そうしたモノ信仰だった筈である。／さらに原子爆弾は天皇を人間に変えた。その意味するところは、アメリカの力を体現するマッカーサーを、占領期の天皇の空位につけたということである」(＊1：288)と記したが、前掲の裕仁の発言の実質、すなわち責任を「文学」という口実によって回避し、広島の惨劇を「合理性」によって暗黙に正当化するという無思考、裕仁じしんが、すでにアメリカの代弁者の端緒であることがクリアに言い当てられている。

これを踏まえて、加藤は、『9条入門』を小説(文学作品)のように仕立てた。「文学方面」を擬態することによって、裕仁の発言を逆手に取り、ファクトを重ね、それらの因果関係をときに謎をかけながら解きほぐし、裕仁が回避した責任をめぐるコンテクストを照射した。

だから、『9条入門』をめぐるたいがいの評者は、この本の「主人公」(やはり、小説のように読まれているのだ)がGHQ最高司令官だったダグラス・マッカーサーであることへの驚きと違和感を表明するが、その驚きと違和感を手繰るように言えば、主人公は三人、マッカーサー、9条、そして、裕仁のトリアーデであり、マッカーサーの役回りはトリックスターのようなもので、物語の空虚な中心には裕仁がいるのである。

加藤は、最初からドライブをかけ、「憲法９条は１条と共に、昭和天皇を護るために作られたものでした」、「「国家主権の放棄」という側面をもつ憲法９条（戦力放棄条項）」（＊２：30、31）とモチーフを明示する。アメリカ極東軍総司令官およびＧＨＱ最高司令官として日本の占領統治を成功裏に果たしてアメリカ合衆国大統領選出馬を目指していたマッカーサーは、日本の間接統治を実行するには、常識的には最大の戦争責任を負っている天皇の助命が不可欠と考え（＊２：73）、天皇との会談を経て、「憲法改正が、天皇免罪のための決定打となります。そしてそのなかで、天皇の免罪が今後、世界の平和を脅かさないことの保障として、かつ憲法改正を積極策に転じる目玉として登場することになったのが、戦争放棄という憲法９条の規定だったのです」（＊２：93）。

ＧＨＱ草案提出にあたり、マッカーサーは二つの神話素を折り込んだ。一つは、実際には裕仁はマッカーサーとの会談で東条英機を非難して責任を転嫁しようとしたにもかかわらず、それが記録から削除されて、「全責任」発言にすり替えられ「特別な」君主像が誇張された。二つには、９条発案において、幣原喜重郎の「「ただの戦争放棄」提案が「特別の戦争放棄」提案へと意味変容」（＊２：132）した。むろん、「日本国民は、正義と秩序を基調とする国際平和を誠実に希求し、国権の発動たる戦争と、武力による威嚇又は武力の行使は、国際紛争を解決する手段としては、永久にこれを放棄する。／前項の目的を達するため、陸海空軍その他の戦力は、これを保持しない。国の交戦権は、これを認めない。」という条文の後段の記述のことである。「「特別の戦争放棄」によって、日本は世界平和の先駆的な使徒になるのだという、マッカーサーが創作した〝物語〟に、日本人は思わぬ熱狂ぶりを示しました」（＊2：188）。

「ただの戦争放棄」の大切さ（現実性）を強調する加藤は、「特別な戦争放棄」に「相互主義」の規定がないことを指摘するとともに「マッカーサーがアメリカ大統領になっていれば、「特別の戦争放棄」（「マッカーサー・ノート」）と「ただの戦争放棄」（ケーディス執筆の9条）は、国連の集団安全保障体制のもとに統合されていたはずです」（＊2：274）と述べる。それは『戦後入門』における「国連軍」の提案にも通じるが、実際は、マッカーサーはダレスに駆逐され、ダレスの路線変更により、9条の「特別の戦争放棄」は、集団的自衛権（従来型の軍事同盟）のマトリックスに回収され、冷戦の激化と朝鮮戦争により、日米安全保障条約と張り合わされることになる。

「マッカーサーが「大統領」という野望のために必要とした独自の理想主義的な平和主義の輝きが、日本国民に受けとられると、彼らの心の中で失われた「国体」の空虚を満たすようになります」（＊2：189）。このことは、「戦前から戦後への推移を、天皇主権から国民主権への移行として語りながら、その移行をもたらす外部の「絶対的な力」については不問に付す、新しい話法が発明されたことを意味しています」（＊2：232）。

二つの神話素に戻ると、非神格化されるが戦争責任に対して超越的（神格化された「全責任」への意志）な存在に仮装された天皇裕仁と、世界に先駆けた「特別な戦争放棄」＝9条の超越性が「道義的等価物」（＊2：304）としてお互いを補償することによって、たぶん、二つのことが隠蔽される。一つは、日本国民における主権認識について主題化する意志であり、もう一つは憲法9条の非現実性を問う思考の回路である。「天皇は、日本国の象徴であり日本国民統合の象徴であって、この地位は、主権の存する日本国民の総意に基く」という1条条文が、9条が現実的に順守されえないことが抑圧されることで、逆説的に順守される。つまり、空位の「主権」がアメリカ（絶対的な力）＝天皇に占められることによって「統合」が擬装される。

9条は非現実性それじたいであり、9条をめぐる「護憲」というイデアは、したがって、非武装・中立・全面講和がそうであるように、抑圧された思考によるノミナリズム＝タテマエだということになる。では、「護憲」のホンネは何か。ホンネは無い、空無なのであり、「護憲」の不可能性を旋回する情緒性だけが残留している。ただ言いうるのは、「護憲」は「改憲」を自己差異化するためのイデアだということだ。「改憲」のホンネははっきりしている。安倍晋三による現政権の背後にある日本会議の抱く天皇中心の排外的な戦前の国家体制への回帰の願望である。ホンネがはっきりしているということは、その目的性と蓋然性が確信されているということである。スラヴォイ・ジジェクはポピュリズムは民主主義にとって阿片であると語ったが、現政権は、ポピュリズムと市場主義のアマルガムであるネオリベラリズムの権勢を駆使して「改憲」の実現に進んでいる。「護憲」イデアは、「改憲」への対抗イデアであるにもかかわらず、ホンネの空無（非現実性）と9条の出自である天皇制（護持）と相補的であるために、「護憲」を情緒的に強調すればするほど、「改憲」が差異化される、「改憲」の中心にある皇国思想をバックアップするというパラドックスに陥っているのだ。とくに、前の天皇・皇后であった明仁と美智子のアジア諸国への訪問のパフォーマンスにほだされたリベラル左派が天皇

（制）に親近するという無思考を上塗りする情態が歴然としている。

加藤典洋は、敗戦において裕仁＝天皇制を救った憲法9条が、もうこれ以上天皇制をサポートしないために、9条についてその理想主義ではなく非現実性に足場を置く現実的思考を賦活するために、つまり、終らない戦後を終らせるために、9条のフィクショナリズムと「文学方面」（裕仁）を異化するかたちで『9条入門』を構成した。

その方法と思想、「形式」と「内容」は、次のように周到に準備されてきたと考えられる。

まず、主人公が三人（項）、マッカーサー、9条、そして、裕仁のトリアーデであり、裕仁が物語の空虚な中心として君臨するという構造は、現実認識の多数性、それを記す作者の分裂＝記述主体の統一性の崩壊という状況に相関する。近代的な物語の構造においては、マッカーサーが一義的に「主人公」に見える。だが、『9条入門』を、敗戦からGHQの憲法草案提示前後の出来事の多層的なテクストとして読めば、それぞれの項の戯れが織りなされており、その戯れの中心には裕仁という空虚（ゼロ記号）が在る。加藤典洋のテクスト論批判のエスキスから採るなら、「もっとも大事なテクストの要素は、語り手が、自分の知っていることを、故意にそこに「語らない」ことである。（……）つまり、現実の作者は、言語連関内に生きる像化された作者＝書き手に、書かせないことで、また語り手に語らせないことで、さらに登場人物に知っていることを話させないことで、テクストの中に外部存在として遍在しうる。作者は、書かないことでも、テクストに関与する」（＊3：105）。

裕仁は、作者＝加藤に語られない何かであるとともに、何も語らない空虚な語り手であり、シニフィエとしてシニフィアンとしてテクストへ双方向に関与する。

さらに、二〇一五年末に刊行された『村上春樹は、むずかしい』で加藤は、村上の作品を初期（肯定性の肯定）、前期（否定性からデタッチメント・内閉性へ）、中期（「否定性」―歴史の脱構築）、転換期（武装解除、態度変更）、後期（ただの現実、他界から異界へ）と腑分けして見せたが、『海辺のカフカ』を後期の端緒に位置づけ、「この世でもっとも「損なわれている」存在が、どうすればそこから回復できるか」（＊4：199）という課題に対応するのに、「向こう側」を「他界」から「異界」にシフトし、「従来型の世界、「頭」と「心」と「からだ」が一つになっていた世界を隠喩的、それらがばらばらになった世界を換喩的、と呼んでいる」（＊4：202）と記し、否定性の解体の果てに「換喩的な「ばらばら」の世界」、吉本隆明の「全体的な喩」でなければ表象できない世界が到来したと言う。その十年以上前にラカンの換喩論をダイジェストして「世界は、ある時から、そこに頭と心と身体とを、ばらばらに預けなくては、生きていけないものと変わった」（＊3：192）と述べられていたが、『9条入門』のエクリチュールは、戦後の終らなさの始まりは、マッカーサー、9条、裕仁を、頭、心、身体の「ばらばら」においてのみ表象されるという方法意識につらぬかれていた。

次に、「思想」あるいは内容について、『9条入門』の問題意識と目的について画定してみたい。近著を辿ってみると、例えば、『敗者の想像力』のなかに「戦後の日本は、敗戦によって、いつまでも大人になれない身体を与えられた。／つまり、いつまでも達成できない高遠な目標を、自らの理想として与えられた。／憲法九条に代表される平和主義の理念が、その代表格である。／そのような理想を自らの身体として与えられた人間は、ふつう、その理想を捨て去らない限り、大人になれない」（＊5：195）といういっかんした考えが現れる。「大人になれない」とはどういうことか。一つは、誰かの庇護下にある、対米従属が続くということである。終らない戦後を脱出する方途については『戦後入門』でいくつかの提案があった。もう一つは、子ども－対米屈従－のまま何かに感染した「理想」が追尾され、歴史の反復というファルスが出現するということだ。具体的には「平和主義」が「尊王攘夷」にすり替わる。9条が天皇制をサポートしている実態が亢進され、やがて、そうなる。

二〇一七年一〇月刊行の『もうすぐやってくる尊王攘夷思想のために』は、冒頭で「「間違いうる。」という状態のなかで「考える」ことのうちに、「考える」ことの本質はあるのではないか」（＊6：4）という加藤典洋が「戦後後論」で示した画期的なジャルゴンである「可誤性」が確認される。アメリカのトランプ政権、日本の安倍政権の高い支持率を踏まえ、加藤は、「なぜ戦後民主主義の思想は世の中の動きに対する抵抗の足場としての力を、ほぼ失いつくしているのか。その理由はどこにあるのか」（＊6：25）と問い、丸山眞男の思想行動が『日本政治思想史研究』、『現代政治の思想と行動』、『日本の思想』以降、後半に停滞し、晩年近くになって「闇斎学と闇斎学派」と題した尊王攘夷思想についての長い論が書かれたことに注目する。山本七平の論から闇斎学に脈する皇国史観を牽引する現人神としての天皇像が江戸前期を発端とすること、幕末の「開（解）城」をめぐる福沢諭吉の「痩我慢」に見られる反時代性を含む思想対立のマトリックスを押さえた上で加藤は、次のように結ぶ。

「私たちは、幕末期（一八五〇年代）の尊王攘夷思想を「抑圧」するという明治期の「過ち」に目をつむり続けて来たので、八〇年後（一九三〇年代）、その劣化コピー版としての皇国思想の席捲という苦い目にあったのだった。それと同じく、戦後再び戦前の皇国思想を「抑圧」するという「過ち」を繰り返したために、やはり八〇年後（二〇一〇年代）、また新たな尊王攘夷思想がさらに劣化の度合いを進めたかたちでやってくるだろうことを予期しなければならないのである」（＊6：66）。

加藤の予期どおり、退位をめぐる明仁のビデオメッセージは「「尊王」の要素を回復する道」をつけたと思われる。しかも、安倍官邸の「改憲」＝再軍備・再ファシズムを加速する姿勢に呼応するように「護憲」のトーンも高まっているが、戦後も明治も駄目、ましてや現在、日本社会の去勢はさらに深まる。日本という「後退国」は対米屈従において「外」を自失し、グローバリズムという経済の条理に「抑圧」された「攘夷」のマグマが「回帰」しつつある。『9条入門』は、その歴史のスパイラルを揚棄しようとする命がけのプロジェクト以外ではない。

Last but not least、ゼロ記号＝裕仁をトリアーデの空虚な中心（現人神）から、日米地位協定下の現在（結果）－敗戦（原因）が相関する可視化の地平へ連れ出すことが、「ばらばら」な物語に伏在する統一性を召還する唯一のチャンスである。それは、『9条入門』のクライマックス第6章の「5　天皇と9条」に集約される。一九七五年一〇月の会見に触れた加藤は、裕仁のいう「文学方面」、すなわち「天皇の人間としての苦悩」や良心の呵責の有無をめぐるレファレンスがほぼ皆無であることと9条の至高性が人口に膾炙されていることとのコントラストに注目し、裕仁の「異様なほどのリアリスト、狡猾な政治家」、「国民に謝罪するというよりは国民を畏怖する姿、もっぱらアメリカを頼りとし、それにすがりつく姿」を見出す。朝鮮戦争勃発後、マッカーサーとの協調路線からダレスに乗り換えた裕仁は、「基地提供を日本側から依頼《オファー》するという提案をアメリカ本国に行うよう、（一九五一年—引用者）4月に吉田（茂）に命じていた可能性を否定できない」（＊2：317）。これは、白井聡も「沖縄の要塞化」を含む「永続敗戦レジーム」をめぐり「ほかならぬ昭和天皇こそが、共産主義勢力の外からの侵入と内からの蜂起に対する怯えから、自ら米軍の駐留継続を切望し、具体的に行動した（ダレスとの接触など）形跡」（＊7：169）を指摘しており、列島・琉球弧の現在を苛む日米地位協定の元凶が「天皇による二重外交」であることは、疑念の余地はない。ついに、加藤の「文学方面」のアナロジーが全開する。「憲法9条の平和主義と、それをまったく信用しないニヒリストである昭和天皇の姿を対比させてみると、前者の「からっぽな理想の姿」が浮かび上がってきます」（＊2：323）。「天皇は、憲法9条の道義的等価物」（＊2：304）であるなら、この「道義」＝エチカを脱構築しなければ、9条‐天皇制のシンクロニシティから「尊王攘夷」のさらに自閉的なファルスが「うつろ」に再来し、歴史の舞台は惑乱する他はない。

ソクーロフの『太陽』（＊8）は、一九四五年の敗戦直前の裕仁（イッセー尾形）のぎこちない挙動を戯画的に捉え、浮世離れした言動や、マッカーサーや侍従（佐野史郎）とのやりとりを、居室、客室、防空壕や工場のような空間を結んだ密室劇に近い設定で、東京大空襲の凄惨なシーンを挿入しつつ、抽象度の高い映像空間を創り上げている。「最後に残る日本人は私だけであるということにはならないか」、「私の身体はきみと同じか」と侍従に問い、写真撮影に応じて「闇に包まれた国民の前に太陽はやってくるだろうか」と独語し、マッカーサー（ロバート・ドーソン）とはかみ合わない会話に終始する裕仁は、マッカーサーが「子どものようだ」と評したイノセンス＝幼児性があらわで、責任意識や感情性（恐れや哀しみや慄き）や共感性が極めて希薄な「鈍い」姿として描かれる。ただ一度、「私は神ではない、その運命を私は拒絶した」ことを告知した「人間宣言」を録音した技師が自決したと聞いて、裕仁は悄然とする。

そのとき、裕仁の覚悟性と「生」への執着が起動したのだ。

＊

＊1：加藤典洋『アメリカの影』河出書房新社、一九八五年四月
＊2：加藤典洋『9条入門』創元社、二〇一九年四月
＊3：加藤典洋『テクストから遠く離れて』講談社、二〇〇四年一月
＊4：加藤典洋『村上春樹は、むずかしい』岩波新書、二〇一五年一二月
＊5：加藤典洋『敗者の想像力』集英社新書、二〇一七年五月
＊6：加藤典洋『もうすぐやってくる尊王攘夷思想のために』幻戯書房、二〇一七年一〇月
＊7：白井聡『永続敗戦論』太田出版、二〇一三年三月
＊8：アレクサンドル・ソクーロフ『太陽』ロシア・イタリア・フランス・スイス合作、二〇〇五年公開（日本公開二〇〇六年）

（「飢餓陣営」50号、二〇一九年一二月）

詩は戦っている。誰もそれを知らない。
――藤原安紀子詩集『どうぶつの修復』への接近

詩を論じる批評は詩論と呼ばれ、詩論は、詩という表象とその外部すなわち時代‐状況との相互関係に立ち入るという可能性において時代‐状況論であるという期待を担ってきた。ここでは、古典研究や音数律論や言語‐比喩論に徹したいわゆる「詩学」というカテゴリーと詩論とを峻別して置くが、時代‐状況性にほとんど関与しない詩論もふつうに詩論と呼ばれてきた。ただ、それらは、時代‐状況への非関与性という選択への自意識（例えば、芸術や美学の普遍性／至高性を確信するというような）の開示を求められていたはずである。

ところが、いつからか、時代‐状況というものが、わけのわからないものになってきた。たぶん、それは、いわゆる民主主義のまともさのありそうもなさとシンクロしている。二〇〇四年末刊行の『詩とことば』の終りの方で、「ことばも思考も保守化した。論争もなく話題もない。（……）詩人たちの知識にも「叫び」がない。詩の世界をゆるがす発言もない」（＊1：152）と一九七〇年代半ば以降の詩の自閉と沈滞を、「人と、ことばとの関係」の単純化と詩人たちの社会への対抗性の消失にみた荒川洋治は、「自分のために詩を書く時代は終わった。詩の全体を思う、思いながら書く。そんなやわらかみをもった詩を構想する必要がある。（……）詩は、ひとりになった。詩は人が生きるという、そのことに、いまとても近づいているのだと思う」（＊1：153）と記し、「私」を拡張して詩の「私物化」のバイアスを阻止すべきだと説いた。

それから、詩と詩論が共倒れたまま十五年が経過し、詩の本来的な単独性はいよいよむき出しになった。詩人たちもまた帰属する日本社会は、ネグリ＝ハートが二〇一二年に『叛逆』で示した危機の四つの主体形象（＊2：24）という包括的な認識を借りるなら、「借金を負わされる」、「メディアに繋ぎとめられる」、「セキュリティに縛りつけられる」、「代表されてしまう」という受動性が亢進している。抵抗の対象として主題化はされないが、いや、されないからこそ、フーコーのように言えば、ちゃんと生きることを奨励し、合意形成し、社会を健全かつ効率的に整序・統合する生権力が、ひとりひとりの生活や思考の末端までを完膚なきまでに制覇しつつある。

ひとりになった詩もまた無傷であるはずがない。詩人もそのひとり、ということである。抵抗の対象＝敵の姿が見えないのは、敵がエイリアンのように自らの内臓に棲みついているか、自らが泳ぎ戯れる海底がリヴァイアサンによって予め占拠されているからである。

藤原安紀子の六年ぶりの詩集『どうぶつの修復』（＊3）にアプローチするには、この程度の前口上＝批評的口実でも、足りない。テクストにたどりつくために、エクリチュールの端緒に批評がとどく処方として採るべき認識の態勢がある。つまり、このテクストが現れる時代‐状況の網目を、因果関係のバラストを外しながら、テクストと時代‐状況との相互性と偶有性とを通気する態勢が要請される。何故なら、テクストの次のような任意の部分は、その任意性じたいが詩語の甲殻を形成するからだ。

「単独などありえない。ましてや群れであるはずがない。／わたしたちは人音として朽ちた。そして山をのぼる。／握りつぶされた哀歌をズダブクロに入れ、タテガミをおおかた抜く。／いま、身体の深部に、じかんの兆候をみとめている。」（「デラソーワ　〈家〉」＊3：53）

この甲殻の触感だけでも「身葉」として息づくようにテクストは紡がれている。だが、この詩集には八つの詩篇を有機的に透過して進行するスペクタクルがあるに違いなく、「六角形」、「塔」、「キュポス」、「コマンダー」、「身葉」（＝みらい／よしはる・ダビチ、ドベテ、マキアライ）、「喪木」、「あみうた」、「よばれびと」（＝）「デラソーワ」、「修復師」、「看護区」（監獄の同音アナロジーだろうか?）、「エキップ」、などの語が各篇にわたって散在し、「森〈再生〉（あるいは〈屑〉?）」の詩篇で活き活きと動く「ムウ」というふくろうに似た無垢であえかで必死な生きものが、森を育て、まどろみ、「こだまする哀歌に背を向け、かすかなじぶんに戦いでいる。」（＊3：64）

後半になると、「虚言クジラ」や「毛むくじゃら（翼ナシ）」、「着ぐるみ」といった風刺的なキャラが登場する。ここで記号論的な分析や解釈に執することはしない（だが、徹底的にやってみるべきかもしれない）が、東日本大震災と原発事故のシークェンスが、ソクーロフのフィルムのような色調のうちに、タルコフスキーの『ストーカー』に描かれた「ゾーン」の謎の部屋を目指す三人の爬行の抽象性が交差するようなアレゴリーにおいて縦横にうたわれている。
詩的行為をめぐり、特記すべき三つのことがある。

まず、藤原安紀子の詩作における「音」から「像」‐「意味」への旋回である。『現代詩年鑑2014』（＊4）所収の鼎談で、前詩集『アナザ　ミミクリ　an other mimicry』について、瀬尾育生は、言語の要素を「意味」、「像」（イメージ）、「音」、「文字」というふうに分解すると、例えば天沢退二郎なら「像」が六十パーセントを占め、「意味」が二十パーセントだが、「藤原さんは「音」が中心だろうと思うんですね。（……）「音」が四十パーセント、「像」が三十パーセント、「文字」が二十パーセント、「意味」が十パーセントぐらいかなと思った。（……）藤原さんはつまり、「意味」が入る直前のところで言葉を止めようとしているのだと思う。父や共同体や規範が入りこむ直前で事を決するような言葉の使いかたをしている。（……）「日本の現代詩」に入る直前のところでためらっている」（＊4：15）と述べ、佐藤雄一が、「ここにあるのは想像界の閉域なのかもしれない。意味が垂直に降ってくる前のテクスチャーの次元である種の閉域をつくっているように見える。と同時に、（……）静けさや余白みたいなものに、閉域の外と同期している可能性を見たい」（＊4：16）とフォローしている。「音」を音のままに表象することによって、象徴界（言語規範）の「直前」で言葉を滞留させ、「閉域」の外と通底する話法は、『どうぶつの修復』では、藤原じしんによって覆される。『フォ　ト　ン』のはじまりのあたりから帰ってきた「ムウ」が息絶える場面は次のように描かれる。

「地底にあるロッカールームは増設と改築をくり返し、つぎはぎだらけのぼろだった。耐震構造など皆無、新旧を結ぶ通路はあるが、「どう」と「ぶつ」という着ぐるみの上下は個別に保管されている。ゲート間近の広場では、よばれびとによる検閲があり、腐臭のする「じんけん」とやらを再回収するらしい。ジョークもショートカットして、誰もが時短を望んでいる。よりそいながら息を潜め、瀕死の光りを零すムウへ所在をたずねると、弱い笑みで「人」と「間」の収納庫を指してから、ゆっくり、しずかに息絶えた。緑がひとつ消えたことを、泉の向こうの修復師は気づいただろうか。」(「よばれびと〈動物〉」*3:127)

俗語も駆使され、最もアレゴリカルな箇所であり、「像」と「意味」で八十パーセントを占め「音」が十パーセント以下に低減されるように、詩的甲殻は散文ぎりぎりまで「音」を切り詰めて夢と全現実が刺し違えるような叙景に徹している。メーロスから「ゾーン」的な物質性へのシフトという藤原安紀子の冒険、「研究所なのか工場なのか。六角形の古びたふたつの塔を最上階のみがつないでいる構造物のゲートにいる。周囲はいちめん牧場、視界のかぎり他に存在はみあたらない。六角形は東西の底点に鉄格子のとびらがあり、なかにはキュポスがうずくまっている。内部はひろく、壁には不均一に空洞があり、巨大なチェーンが持ち上げ下ろしている。」(「じかん〈庭園〉」冒頭*3:8)というカフカの『流刑地にて』で処刑機械に向かう描線に近似した幾何学的記述の仮構は、しかし、それを時代-状況の繰り込みと呼ぶ寸前で、複数的なシンクロニシティを想起させる。視界の近いところでは、齋藤恵美子が『集光点』から『空閑風景』へ、朝吹亮二が『まばゆいばかりの』から『ホロウボディ』へとトポフィリアの危地を選択した隘路に張り合わされた時空の逼迫のようなものが、藤原安紀子において、堰き止められ貯水されていた「意味」＝叙事を一気に象徴界（言語規範）＝「日本（語）の現代詩」へと湧出させ、それらを突破した水域＝反世界＝現実界《不気味なもの》を析出するのである。

次に、動物＝「「どう」と「ぶつ」という着ぐるみ」が未抽象の底で導入される。藤原安紀子におけるもうひとつの旋回は、「擬態」（ミミクリ）として意味＝人間の「直前」で保存された「閉域」が、「ムウ」や「デラソーワ」や「キュポス」のむき出しの姿＝生成変化によって現実界における人間、カフカが「動物は人間である」と記した人間の偶有性に円環される。

どういうことか。ひとつは、人間が人間であることについて証言することの不可能性が、そのまま、動物に転移されるアレゴリーの強度であるということだ。動物への逃走線は、アウシュヴィッツにおける「回教徒」について痛烈に語ったアガンベンが、「証言とは語ることとの可能性とそれの生起のあいだの関係であるがゆえに、証言は語ることとの不可能性との関係をとおしてのみ――すなわち、偶然性としてのみ、存在しない可能性としてのみ――与えられることができる。（……）主体とは、言語が存在しない可能性、生起しない可能性である。もっと正確に言えば、言語が存在しない可能性をとおしてのみ、言語の偶然性をとおしてのみ、言語が生起する可能性である」（＊5：196）と述べた非の潜勢力が動物を連れてくるシークェンスにひとしい。

「ムウとふくろうは並列する。もちろんミミズクも。／目をとじたときにみえるものがあるように、きみをぬけるとそのむこうで咲くものがある。／定位置など永遠にないと知るぶんだけ、ムウとふくろうは歩幅をずらしている。」（「よばれびと〈動物〉」＊3：121）

では、何故、「擬態」から人間なのか。それは、偶有性をめぐるもうひとつの事項として、人間が動物へと追い込まれている事態（動物化）が、「動物は人間である」という現実界の条理を画定するのである。ネグリ＝ハートによる「四つの主体形象」を思い出して欲しい。それは、類としての人間が、システム内存在に陥るというような単純なことではない。ネグリ＝ハートからアガンベンにわたり主体が斜線で取り消される事態は、イエナ時代のヘーゲルが「動物は死ぬ。［だが］動物の死は［人間的］意識の生成［である］」（＊6：394）と語った確信の背後にある人間と自然との絆などつねにすでに断ち切れていたという資本制の「いま・ここ」の鏡像以外ではない。

あとひとつの詩的行為、それは、『どうぶつの修復』における形態の乗り越えである。テクストを透過して「像」－「意味」が主導するスペクタクルが持続すると、否応もなく、世界＝歴史はゲシュタルトであるとメルロ＝ポンティが述べたように生き抜かれてしまうロマン＝ドラマツルギーの形態化の時間性が優位になるはずだ。藤原安紀子は、そのカバー写真（志賀理江子　写真集『カナリア』所収）に使われた恐らく白馬の胴体部分の不気味な形状（腹部が貌のようにも見える）のように、生成変化の時間を分割し、順序を入れ替え、テクストの形態化を攪乱する。「骨子は肉体のなかに伝説をつくる。／無意味も虚言もひだを寄せてつなげ、／記号譜のカーブにかくれた生贄を一輪の花とする。／花は百日咲いた。／在りし日に植わっていた友愛や思慕、目を潰すほどの慈悲は／別様のなにへ転写されたのか。／悩み自問し、陽光をうけ千年。／伝説はむなしく、色褪せる。」（「デラソーワ　〈家〉」＊3：42）という再帰的フラグメントも「場面」の生成、形態への欲動を異化するのである。

「像」-「意味」に旋回しながら、形態化から逃走するという二重に反美学的な冒険へと藤原安紀子を駆り立てるものは何か。

いや、そう問うのではなく、二重の冒険を駆動するものが、現在に張り巡らされたことばの罠と対抗する（どうぶつ的な）詩的行為じたいの（救済ではなく）「修復」において、「像」-「意味」-叙事を正面突破しながら想像界の「閉域」から現実界＝不気味なものへと逆に突き抜け、「かたち」＝条理を描きつつ形態への動線を惑乱することによって、「音」へのあらたな回路を裂開するというべきだ。つまり、緑、白、グレーの残響に賭けるように、存在しない可能性のみによってデリバリーされる「ムウ」や「デラソーワ」や「キュポス」の姿がある。

「自生する生きものたち／そこに名をふきこむな／みのたけもきごころも永遠にみたない／反復する　わたしたちは」（「よばれびと〈動物〉」（＊3：133）。

詩は戦っている。誰にもそれは知られないから、詩において、それは戦われている。

＊

＊1：荒川洋治『詩とことば』岩波書店、二〇〇四年一二月

＊2：アントニオ・ネグリ　マイケル・ハート『叛逆』水嶋、清水訳、ＮＨＫブックス、二〇一三年三月

＊3：藤原安紀子詩集『どうぶつの修復』港の人、二〇一九年一〇月

＊4：「現代詩手帖12月号」二〇一三年一二月

＊5：ジョルジョ・アガンベン『アウシュヴィッツの残りのもの――アルシーヴと証人』上村忠男、廣石正和訳、月曜社、二〇〇一年九月
＊6：アレクサンドル・コジェーヴ『ヘーゲル読解入門 『精神現象学』を読む』上妻精、今野雅方訳、国文社、一九八七年一〇月

（「ZUIKO」2号、二〇二〇年四月）

II

Fieldwork 1 ——詩のことばを渉猟する

存在の耐えられない空洞《ホロウ》を堪える話法

『ジョーカー』（監督：トッド・フィリップス）を観た。DCコミックスやバットマンのことはよく知らず、観たばかりのところをラフに記すが、一九八〇年代の貧困と財政難に喘ぐ北マンハッタンのような架空の街区ゴッサムを舞台（実際、ブロンクスでロケされた）に、発作的に笑い出す病癖を持つ売れないコメディアン、アーサー・フレック（ホアキン・フェニックス）が偶々同僚からもらった短銃で、ピエロの姿のままメトロで女性に絡んだ証券マン三人を射殺して逃げおおせ、この事件の報道がきっかけで貧困層の富裕層への憤懣が一気に表面化してピエロにメイクアップした街頭デモが暴徒と化し、あげく、アーサーは憧れのスター、マレー・フランクリン（ロバート・デ・ニーロ）のTVトークショーに出演して罵り合いの果てに彼を射殺するが、騒乱の街路でヒーローに祭り上げられる。興行収入《ボックス・オフィス》で記録破りという事態に手放しでは同調しないが、このフィルムでは、小気味よいスクリプト、パロディのコラージュ、パン／ズームを駆使したダイナミックなカメラワークより何より、笑いブチ切れるアーサーの痩身に、いま世界に遍在し伏在する「気分」が集約され象徴され、世界各地のデモの様相ともシンクロナイズし、『タクシー・ドライバー』のトラヴィス（ロバート・デ・ニーロ）を凌いで、身をくねらせて踊るアーサーには既に神話作用が生成している。アーサーがひび割れた世界の鏡像だというだけでは足りない。自然が芸術を模倣するように、この情動に通底する現実性のポテンツが何とかして解《ほど》かれねばならないということだ。

例えば、煽情と報復。辺見庸の『純粋な幸福』（毎日新聞出版）は、老いへの覚醒を振り切り、「そうして、〈なぜ呪わないのか〉と、じぶんをど突く。ふざけやがって。」、「気鬱をはらうには怒り狂うより他にはない。」（「グラスホッパー」より）と立ち上げられる。「あの黒い森でミミズ焼く」では、『ルイ・ボナパルトのブリュメール一八日』のカール・マルクスに呼びかけ、「すべては遍在するのだ。すべて遍在するものが、自動的に、とくだんの意図もなく、監視されている」という擬調和のなか、「静かだ。いま、砲声はない。銃声もない。血のにおいも悲鳴も硝煙のたなびきもありはしない。（……）だいいち、どこからも口論や諍《いさか》いの声が聞こえない。／やがて気づく。女といい男といい、客らの面差しの似たようなきれいさ、ある種の規格どおりの端正さに。」（「馬のなかの夜と港」より）。ここから、「番《つが》う松林」、「市内バス」、「火事《くわじ》」、「点滅」から成る表題作のエログロのアブジェクト満載のスペクタクルが駆動し、「臠《れん》」、「トサカ」などの性的隠語、メディアを賑わす固有名や「猫背のみしらぬ小おとこ」が入り乱れて、Ωになった「アドリアーナが深呼吸。ついで、大規模爆風爆弾ＭＯＡＢにまけぬ音たてて、ドッカーーン！　放屁《ほうひ》。ガス弾水平撃ち。鯣臭。客ぜんいんがあへなく気絶し、中洲ヱビス座がこなごなに破砕される。」という「あおむいてながれて、戰争《せんさう》をうたふ、純粋な幸福の（無）意識たち。」のカタストロフに至る。戦争にむき出しの（大嘗祭の秘儀に張り合う？）「悪逆、淫虐、陰縦、淫佚《いんいつ》」が常套的に相乗するのではなく、読者は、次々に繰り出されるデペイズマンに応戦を強いられるのである。

あるいは、慰藉と怒り。今野和代の『悪い兄さん』（思潮社）は、「「かくめい　は　腐りました」／暗たん色の失つい。うつろ。／じゅくと、きょだつと、もんどりを、／喉いっぱいにふりつもらせながら。／「おれはもう名前で連なっているのではない」／どこまでも、ひとりぼっちの。お笑い芸人の。／（いやパルチザンの）／突っ込みを繰りかえす人。／と、反転する。／たちまち、世界がなだれてきて、逆さに吊るされている。／「想像もできない！」この地上の、キガの、幻になる。／そのひとつの黙劇を生きる。」（「ひかる兄さん」冒頭）と「兄《あんにゃ》」たちの影の年代記をうたい起こす。黒田喜夫が母にうたいかけた革命の遠く去った夢魔が腐敗しても、朗唱性の声の伏在の背後にある「像《イマジネール》」と官能性が世界苦の現在にチャレンジする。「翠玉色の胸が割れる　わたしのなかで　わたしが割れる　さけ／びの尾をながく曳いて　知らない　わたしが　空を翔る／とらわれの魂は　とらわれのまま／どこにもいけない宙吊りの闇で君を想う　裂けていくわたしのなかの血糊の声　シズ／メテ　アヤメテ　カノヒトヲ　凍ル夢ノ世界ニ　封ジコメテシマイタイ」（「空に乱るる」より）と割れた「わたし」が溢れ、身もだえてカリグラムを揺動する。

いや、漆黒とメーロス。朝吹亮二の『ホロウボディ』（思潮社）では、「撥弦楽器のボディはいうまでもなく楽器の音量や音質に大きくかかわっていて虚空がおおきければおおきいだけ音量もゆたかになりおおきく響く」（「ホロウ」より）という物質性の「余白ではなく中心」に堆積するノイズ＝（世界の）空洞＝「肉の消尽点」が、話者を複数化しながら、モデレートなたゆたいから「くるくるくるっと」転調し、漆黒の光のなかで牡牛に犯される母に憑依するクロソウスキー的な性愛へと旋回し、「私が孕み牡牛が追放されるまで」、「欲望のほむらとなって迷宮へ降りてゆく（……）奥へいきつくことはできない（……）錆びた青銅の男根を隆隆とさせて私の欲望をどこまでもひきつらせるいつまでもひきつらせる憤怒できらめく青銅の男根よおいで私を聖なる深淵へ突き落しておくれ」（「密儀」より）という叫びへと励起し、やがて、「かそけき音響」、「漆黒に濡れる満天の星」とともに「性愛の夢」を抱きつつ「さらなる昏い迷宮へ」彷徨する。ギュスターブ・モローのような絢爛な言葉のタブローに相姦的なシーンが反復的に織り込まれ、朝吹節の乱調から、空洞《ホロウ》というシニフィエの危地が遡行されることになる。

詩的ミル・プラトーの逃走線。髙塚謙太郎の『量』（七月堂）は、Ａ４判の版型で二五〇ページを超え、発掘された重い石板のごとく、収納も持ち運びも容易ではなくただ読まれることへの威力が化体された冊子は、それぞれが詩集として独立してもいい八つのパートに分割されている。全体を通して、話者の在り処が遊動し、連辞も詩的論理もしばしば断裂され、身体の部位が疎隔しながら蠢き、スタンザのコンクレートが幾何学的フラクタルで通気されながら、言葉の官能性の糸が縦横に縫い込まれて、それらは息吹くのである。量だけではなく、氾濫する詩行においてもパフォーマティヴなこの冊子からなら、どこを切り取っても許されよう。換喩的な散文から成る「memories」というパートの「彼女の肖像」は、「集まっては撒かれる、たとえば片方の耳たぶの白さ、喉の流れた意味、目に見えたまばたき、そのようなハレーションを音階として手紙をたくさん書いていた、私が、わたしたちが、わたしでない方が、わたしが。祈りのときかもしれない。鳥たちが拡散している匂いとなって、（土星の）リングを見おろしている角度によって、肖像が笑みを浮かべたりしずめたりしている。その表情の一つひとつが1000の息のように私たちに語りかけてくる朝の多面体となって、やがて恋がもたらされたように乱反射している。」（後半）とうたわれる。プラトーの欠片が、ミル・プラトーの多数性と孕み合う。

対照的に、凡そ四半世紀の間に発表した十七篇を発表順に収載したという栗原洋一の『岩船』（書肆子午線）は、六十ページほどの紙束だが、ツェランの投壜、いや、自らへのレクイエムのように「閉じられた眼は／もうわたしを見ることができない／褪色していく枯葉色の身体とともに／ここがどこかともわたしに問うこともない／枯葉のなかに枯葉とともに／ビーカーの溶液の宇宙で／身体はなおも褪色を深めて／もうここにここにあるだけだ」（「枯葉」全行）と黙示と交叉するようにうたう。表題作では、久米街道を往還し、「言語をなびかせる衣山から天山へ、光と影の揺曳する風土記逸文に導かれて、わたしは向かっていた。（……）獄死させられた重松鶴之助の描いた《立花橋》」を渡り、伊丹十三記念館で「横死することとなる若い男」をかたかたと廻る青いフィルムに認め、「いったい何が本当のことなのか」と問い、「さするに、なんぞ。天山、星ヶ岡の、伝承の連山の、山影の向うに何があるのか。黒き山。黒き影。われわれの生と死の光の、その光芒を、その光の破片を、その光の日の尾を、こまごまと消尽させながら、しらしらとわれわれは、われわれを失っていまも日の尾の影と光の先に立ち続けている。」（末尾）と実存の中心を射抜く。「寄せては返す／危いうつせみに／いつしかはかり事も失せて／よるべなき人身の／ひと日をつなぎ止めている」（「去年の舟」より）と韻律がときにエピグラムを呼ぶ僥倖のうちにあるが、「焚火」末尾の「振り返ると、陸地の方はすでに暗く地に沈んでいた。海の方は残光が海水の中に揺らめいている。海の方が明るい。」の心象叙景は、象徴性に届いているだけではなく、それじたいスピノザ的汎神感覚の端緒に連なる。

一方、江代充が十四年ぶりに編んだ『切抜帳』（思潮社）では、超越的話法の内在律が、新約、旧約の世界模型の微細な断片から紡ぎだされた収束性の強度と、偶有的な選択・転換による叙景の遠近の攪乱による判じ絵的な抽象によって維持されているだけではない。加えて、「態」＝中動態の導入による因果律の転倒を見逃してはならない。どういうことか。國分功一郎の『中動態の世界』から引けば、「内在原因の概念を導入するためには表現の概念が必要だったのであり、また、表現的関係について考えるためには内在原因の概念が必要だった。表現の概念は原因の意味を変容させ、原因と結果の階層秩序を撤廃する。すなわち原因と結果の関係は、「働きかける」と「働きを受ける」の関係であることをやめ、原因が結果において自らの力を表現するという関係になる」。このスピノザの汎神論＝（キリスト教的には）無神論に江代は鼻白むだろうが、「詩篇九〇・一七」から採られた「どうか、わたしたちの手のわざを／確かなものにしてください。」というエピグラフにおける「手のわざ」＝「表現」＝詩作は、受動態の背後に被覆されていた中動態を賦活するという実践そのものである。「庇のある枠内の馬ぶねの縁に／星の形をしたものが寄せ掛けてある／切り抜かれた作り物だが／わりあいと親身な大きさで目の前のものを囲い／幅も高さもあって／それが此の世の人の所作を表そうとし／寝かされた子と／柔らかな藁の一部を擁していることが分かる」（「わたしは語る」全行）。降誕のジオラマだと合点する前に、「態」に目を凝らすべきなのだ。「日の落ちる暮れ方までの／わずかな閑暇だと思われるとき／そこから麓の見えるあの山間を立って／いつかの小道に見覚えのある／この里に来て一日を宿り／ことばを継ぎながら／砂地に埋もれた何かの木の縁を辿っていると／離れた路上に恋人が立ち／対面に出迎えたわたしのような道を介して／その先の色のある花壇のほうへと／どこから光が来るのだろうか／自然な人かげのように渡って行った」（「心」全行）。「態」（動詞）を追う描線において「わたし」は中動的非主体に配置される。

　ところで、都市はいまも韻律の廃墟《在り処》なのか。諾《ウィ》!、ビルやメトロや階段や「裏窓のような滞留の、場所」が、惑星的に季節と「時間は道のはての結び目に結露して、身籠る、ことがある、ようこそ暗星!」（「ロザ・リオ」より）という一行を懐胎するならば。杉本徹の『天体あるいは鐘坂』（思潮社）は、街区《固有名》を歩行し、任意の線分に解体される寸前で都市が自然《ネイチャー》に回帰するひとき、「語られなかった地球ではなく、語られなかった終焉が、星の光となって届く」永劫のシーンを見出す。「紙背をゆくひとよ、あなたの遠ざかるそこにだけ／雨は光り／紙をたたむと止む――／天候は変わるのか孵るのか、それとも／ゆくえ知れず時空を巻き戻すための符牒、なのか／わたくしの来しかたは／甘やかな靄であり／洩れ落ちるあまたの声の道すじは、ついに追えない迷路となった／……湯気が立ち／コーヒーを覗き、この店を去る人びとも恒星とともに翳り／だれひとり追えない、追うこともない／遠い（何世紀も、のちの?・）、未来の日に

／べつの天体でかすかな音楽となってすれちがい／再会する、影もいる、か」（「ヒュペーリオン」より）。ブランキの顰に倣うなら、天体とは無限の反復の契機であるが、「いまふたたび、織ること／……そして縫うこと、道を／過ぎた昼のあかるさが、どこか／遠い、遠い器へ／音もなく洩れ落ちてゆく、洩れ落ちてゆく、と唱える路上に／こわれそうなデジャヴュを、置いた／電柱の影がながく伸びてああ十字架にみえると、思う／わたくしはこうして惨劇を踏むと、思う」（「忘れられた惑星へ」より）とうたう杉本は、都市こそが天体の器であるという摂理、永遠と既視感を踏み堪える。

阿部日奈子の散文（詩）集『素晴らしい低空飛行』（書肆山田）は、冒頭の「詩・イカ・潜水夫」で「あなたの詩」の余韻について「昼過ぎの安い中華食堂で」イカ料理を「潮の匂いといっしょに掻きこんでいるときに、ふっともの悲しい気分におそわれる……そういうときに思い出す」と記される。一冊の幹を成す「さまよう娘たち」では、パンガンダラン、ジョグジャカルタ、クアラルンプール、バンドンからオーストラリアと「迷走」する（たぶん一人の）女性が洞察と寛容と警句の人だと思われる友に向けて書く日録風の往信の形態を採る。返信は現れない。デディ、グル、フローレスの男などとの出会い。日本語教師の任期最後に、イリアン・ジャワの森を彷徨。三年間ニュージーランドで働いた後、サバでフギと結婚、年明けのモーテルから書信で夫のＤＶ、離婚を伝える。ジャワ遍歴から十六年、スマトラ沖地震との遭遇が録され、「わたしが書くとぼやきにしかならないことを、あなたは別様のものに創り変えて打ち返してくる。フィクショナライズされた〈ある女の世過ぎ〉と見なして、読んでいます。自分のようで自分ではない、幻の女、ですね。」（「低空飛行」より）と文通のからくりが示唆される。「行き暮れる親たち」では、「あなたの知らない形而上学の世界へ移り住んでいる」（「スカイプ・セラピー」より）娘たちに手を焼く母＝女たちが語りかける。再帰的でポエティカルな諧調によって、それを聴く誰かへと誘導される。

「こころはずませかえってきた／こころはずますなにひとつ／あったわけではないけれど／そらをみあげてかえってきた／そらにはくもがかがやきながら／さざなみのようわたっていて／ふうっときえる／そんなきがした／ふうっときえる／そんなきがしたぼくとはぐれて／いつかしらないそらをわたって／こころはずませかえっていった／さざなみのようかがやきながら」（「雲」全行）。わらべ歌のような『遺品』（思潮社）の詩行で池井昌樹は、「ぼく」という分身の声でうたっている。終りの三篇はいずれも「なにもかもいやになって」と始まり、「ぼく」は出かけ、かえってゆく。平板なノスタルジーではなく、喪失と不在への慄きの底にいったい何があるか。きえる、うしなわれてゆく、いなくなる、かくす、さがす、かえってゆく、すぎさってゆく、いってしまう、とけてゆくという言葉たちをゆるやかに重ねて、囃子の哀しみが確認される。「おもいだしてはならないゆめを／おもいだしてはならないのです」（「夢」冒頭）、「このしずまりは／このひそまりは／たしかにどこかへつうじている」（「秋」冒頭）。この世を走査する分節線が消されるように、此岸と彼岸の境界も消えている。

そして、自然詠は回帰する。『一瞬の、永遠の、波打ち際』（響文社）で番場早苗は、北国の四季の風光をユーモアに満ちた抑揚で語り、ときに気風のいい話法でアナロジーを紡ぎだす。

「春は簡単じゃない／雛の春には解らなかったことだ／桃の花言葉が「天下無敵」だってことも／難儀の種の多さも／ひとり親の孤独も」と始まる「たすけてくれ」は、gozoさんや開高健を呼び出し、「そのひとの／うちにある「たすけてくれ」／読むことで聞こえるだろうか／わたしはわたしの／うちにある「たすけてくれ」／書くことですくえるだろうか／春の岸に」と結ばれる。自然《ネイチャー》と身体が相互に侵入してエシカルな問いが湧出する。「前は海／空の舟も刃も欠けては満ちる／夜ごとに瞼を落とし／朝ごとに窓を開ける／眼裏の浦に濡れた砂／月光が時間薬なら／何回ねむればいいのだろう／永遠の波打ち際／曙光が傷を洗うなら／何回めざめればいいのだろう」（「前は海」より）。

　では、自然詠、自然主義？　いや、違う。岩阪恵子の散文詩集『鳩の時間』（思潮社）のソリッドな写生文体に、最初、志賀直哉を想起していたところ、やがて、記憶の底から夢魔が立ち現れてきて島尾敏雄を彷彿させ、ついにはボウフラや巻貝や茶碗が藤枝静男的に暴れはじめる。数多の植物、カナヘビ、カネタタキ、ツマグロヨコバイなど、生きものに事欠かない。だが、本領は表題作のなかの「過ぎればたちまちかき消えてしまうものであるが、泡のように浮かびあがってきてはわたしをちょっとのま揺さぶる。しかしたび重なると、その動作の前にもうあらわれるはずの幻に手を伸ばしている自分がいる。」と告げられるリアリズムの懸崖、「ひょっとしたらわたしはまだ生きているのか、それとももう死んでいるのか、と。／どちらとも答えないでいると、かたわらの書物が風をはらんでひとりめくれていった。」（末尾）という日常の稜線《スペクトラム》を迎え撃つ「視線」である。

往時はよく参照されたフランシス・ポンジュの『物の味方』という詩学的論考があるが、谷元益男が「わが街の小さな民俗資料館に通いつめて書いた」という『展』（ふたば工房）は、サルトルがポンジュのテクストを評して、生きているものすべてを「物質の屍衣」に包み込む「死者偏愛の夢想」につらぬかれていると述べたことを想起させる。「縄は／木の幹や梁に／人を吊り下げる／どれほど長く編まれても／ひと広の　ながさで／死を結ぶことができる」（「縄」より）、「据え置かれたものに／名まえが付されてある／生きていくための／かたちのなかで／何度も　失いかけたもの／たしかに息は／していたいのだ」（「三体の息」より）、「欠けた壺の端を／月が昇っていく／深く切れ込んだ中腹にだけ／ひかりを溜め／ひび割れた線を伝って／時が／流れはじめる」（「稜線」冒頭）と書き抜いてみて、事態は逆、つまり、谷元はそれら動かぬ展示物に息吹を与えようとしていると判る。だが、それらが語り始める、モノが私語する（ポンジュ）ために、眼差しには、それらの回生と等量の絶望＝死を負荷されるというイロニーが張り合わされている。

さて、『ニューヨーク・ディグ・ダグ』（思潮社）をまとめた長田典子にとってニューヨークとは何か。むろん、念願の語学留学のために選択された場所ということではなく、それは、能動性と解放性が恢復されるモチーフを手繰って行き当たる「父」の像が発見され語りだされる契機だということである。この「父」はドメスティックに激昂して一升瓶を振り上げたり話者に暴力を振るう存在から抽象されるべき闇の底にいる。その抽象の位相において、ルー・リードのTake a walk on the wild sideのハミングも、「パタン！　マクドナルドでゴミ箱の蓋が音を発《た》て」、幻影の砂漠に現れたゴミ箱を漁って残飯をぜんぶ食べ「そのあと吐くだろう　ぜんぶ／青い空の下　わたしは一人だ　自分を吐き出せない／ぶつぶつ言う言葉もない／ここにはわたしの言葉がない／風に靡く草の音を聞きながら」（「ア・イ・シ・テ・イ・ル」より）、「大切なものなんて何もない」というユーレカも、「ニホン語を捨てよう」という啖呵とつり合うはずである。

　イノセンスと神様が刺し違えて子どもという形態が析出される。作田教子の『胞衣《えな》』（思潮社）は、行分け詩と散文詩で序列された三つのパートから成る十九篇で、大人が無傷ではないように、恐るべき子ども《アンファン・テリブル》たちの諸様相が「ぼく」によって騙られる。表題作では、「神様は時々どこにもいないふりをする／いつも空腹を抱えている／空き缶になって／道にへしゃげて転がっていたりする／（……）／けれど子どもをいつも見ている／神の子が泣き叫ぶとき／神はそこに／雪のひとひらのひかりを降らせる／（……）／神の子たちは神を知らない」と神の牧歌的な抱擁がうたわれるが、「ぼくの在る世界と　ぼくのいない世界が同じように存在するのだろう。」（「卒業」より）という両価性の端緒には「未生の（さよなら）を／母親は孕み／産み落とした瞬間から／その（さよなら）を殺める運命に／押し流される／永遠に死を孕む運命から／のがれようがなく／白日のもとに晒される覚悟」（「明るい滅亡の日」より）という母と偽児によって共犯された「罪」が予め遍在している。

＊

これで今年度（二〇一九年）の詩書月評担当を終える。一年間で採り上げた詩書は九十四冊、うち評論が六冊だった。いわゆる性別では、女性によるものが三十三冊。少ない気がする。むろん、公刊されたもののごく一部である。例年、九月一〇月は点数が増えるが、一〇月一五日以降の奥付の刊行のいくつかについて涙を呑んで来年度に申し送ることにした。当初から、時評＝いわゆる状況論に期待する向きもあったが、そもそも詩論の実態は状況論であ（りう）るという了解のもと、淡々と個々のテクストの読みに徹した。だが、それで状況の中心や断片を射抜いたり包摂しえたとはぜんぜん思わない。作品＝表現に状況を読み取ろうとする態度じたいが決定論に陥ることは論を俟たない。一方、群あるいは類として詩作品の稜線を辿ろうとして、「線」自体が現れない、古くさく言えば下部構造と上部構造との境界がいよいよ見えなくなるなかで、抑圧（なぜ詩作するのか、詩作することによって持ちこたえうる主体の統合があるのか、という問いの潜行）が亢進するという二重拘束がある。

ただ、三点ほどトピックを上げるとすれば、まず、東日本大震災と原発事故のインパクトが内在的に統覚され、ラカン的な「事後性」の表象として、「震災詩」という括りから逸脱するかたちで、高度な喩法や構造じたいが傷痕の話法であるようなテクストが現れた。小池昌代『赤牛と質量』（思潮社）、伊藤浩子『たましずめ／夕波』（思潮社）、渡辺玄英『星の（半減期』（思潮社）、手塚敦史『球体と落ち葉』（書肆子午線）、佐々木幹郎『鏡の上を走りながら』（思潮社）、中村千代子『タペストリー』（私家版）などである。二点目は、一月号の冒頭で採り上げた『帷子耀　習作集成』（思潮社）に復元された過剰な言語遊戯やカリグラムに通底する闘争性、言葉のなかで言葉じたいを破壊するラディカリズム、これも古くさく言えば詩作における「外部」の繰り込みという情動の束＝諸力の行方である。本稿の冒頭で『ジョーカー』をめぐる粗述に続けて触れた辺見庸の煽情と報復、今野和代の慰藉と怒り、朝吹亮二の漆黒とメーロス、高塚謙太郎のミル・プラトーの逃走線にそのきざしを感知するなどと楽観したりはしないが、詩作が不可視な諸力として現下の情勢に対抗する表象でありうるという可能性を月評子は選択している。三点目は、定型的な韻律・音数律と口語的自由律のアマルガムが概ね非規範的に詩作に浸透し多数化し、詩人と歌人・俳人との相互乗り入れも一般化しているという事態である。岡野弘彦＋三浦雅士＋長谷川櫂『歌仙　永遠の一瞬』（思潮社）は「詩論」の射程のなかで論じたし、小池昌代は古今などの和歌を自作に織り込み、中島悦子『暗号という』（思潮社）では平家物語が導入され、彦坂美喜子『子実体日記　だれのすみかでもない』（思潮社）、日原正彦『降雨三十六景』（ふたば工房）などは定型と非定型の上出来のクロス・オーバーになっている。膾炙されるように俳句（発句）の音数は、換喩的な置き換えや隣接性、多重的な他者から同一的な偏差が生成することにより、禅的（脱）主体が形成され、ときにアフォリズムやエピグラムに成り上がる。言い換えると、意味の閉回路の温床でもある。

　そのことにも関わるが、二〇〇八年刊行の『日本語のゆくえ』における吉本隆明の総括のキーワードである「自然」の理念は、まず、花鳥風月、宇宙、大地、水火、身体などの（うたわれる）五感の対象性として在り、さらに、有機的自然としての人間というマルクス＝エンゲルスの認識（自然―人間の相互作用性）を通過し、ついに、瀬尾育生が『吉本隆明からはじまる』（思潮社）で「自己表出」をめぐって剔抉したように、母型的大洋的襞という「像」に集約される「全体的な自然」＝ピュシスとして現前する（「存在交換」される）というヘーゲル的な階梯を揺動している。だが、であるからこそ、その揺動の果て、「像」そのものの可能性と不可能性のあわいにおいて、「自然」の対象化も「自然」との同一化も「存在交換」も削除してうたう以外にないというネガティヴな情動の潜勢を認めないわけにはいかない。これは、震災や原発事故への態度だけではなく、うたうことにおける「自然」への態度の多数性に到来している事態であり、定型韻律への回帰志向とも不可分である。

どういうことか。何もうたうことがないということをうたうという事態を踏み堪えるということである。もういちど吉本隆明を呼び出すなら、一九七八年の「修辞的な現在」において指摘された詩作品が現実を引っ掻けないという状況は、その引っ掻けなさが「出来ないことができる」というネガティヴな潜勢力（アガンベン）に読み換えられた時代の底がさらに割れて、引っ掻く（べき）何かなど何処にもないのにそれでもうたう＝詩作するということ、そのことじたいの踏み堪えが、詩作をある種の純粋行動に召還している。

語呂を合わせるなら、例えば、中尾太一が宣言し、岸田将幸が『詩の地面　詩の空』（五柳書院）でサポートした「絶対抒情主体」の実質は「純粋抒情主体」であり、うたう何かなど何処にもないから、それを踏み堪えることがうた＝詩作だから、半径五メートル以内の極私性＝（中也的な）無限性が研ぎ澄まされる。詩行の「決壊」は、差延された「弛緩《ゆるみ》」であり、存在の耐えられない空洞《ホロウ》を堪える話法として「生きづらさ」に追いつこうとするのではなく、予め

「生きづらさ」に取り残された主体としてそれを偶有化するのである。

　最後に、詩論／批評について若干。五月に加藤典洋が亡くなってから、悄然として本棚から彼の本をランダムに取り出してページを繰る日々があった。現代詩への言及はほとんどないが、一九九七年刊行の『少し長い文章』所収の「佐々木の詩を読んで気づく二、三のこと」と題された現代詩文庫『続佐々木幹郎詩集』の解説文では、その冒頭のあたりで、「わたしは詩について、いま、突っ込んだ論評はできない」ことに因み、耳が痛いことに、「現にいまわたしが手本にしたい、いま書かれている詩への作品評を探しても、そういうものがどこにもない。詩なのだから、うまい詩と下手な詩があるだろうに、そんなことに触れた評はどこにもなく、何か遠慮めいた、退屈な賛辞らしきものだけがそこにある。わたしのように野暮な人間にはとてものことに、こういうモーローとした世界とつきあうことは、骨が折れるのである」と述懐している。「自分の好き嫌いの理由を吟味」するかたちで行論して、加藤は第一詩集『死者の鞭』の作品に「ある精神の型に則った共同的な詠嘆」という難点を見出し、一九七八年刊行の『百年戦争』所収の詩句における「その共同性の物語の消滅の後を一人つぶやく「うた」として生き」る「弛緩の詩法」に「わたしに届くある詩としての力」を認める。

　つまり、「独自の詩の闘い」は、「共同的な詠嘆」から「弛緩の詩法」への抜け方のほうにあるのだ。小説から戦後論に戦線を広げた最強の「文芸批評家」のこの「好き嫌い」を掘り下げた批評の開放性と、吉本隆明を嚆矢とする情況論からポスト・モダン思想で武装した目の詰まった言語論や比喩論に亘る「詩論」の朦朧たる自閉性とのコントラストは、「詩論」の凋落と詩作の自己模倣的な停滞との相互性において、改めて検証されるべきである。

このことは、昨年刊行のセレクション『チビクロ』のなかにある「ジャンルという概念の存続を支えているものが作品ではなく「批評」であることを信じるしかないからだ。歴史的に」という松本圭二の慨嘆と響き合っている。あえてレトロな図式で、表現ジャンルをひとつの全体的な心的領域＝自己に準えるなら、作品は無意識であり、批評は意識である。無意識のほうが圧倒的に大きなポーションを占めるが、意識がしっかりしないと心的領域は統合失調に陥り、ジャンルという「形式」が壊れることによって、詩作品＝内容＝無意識は象徴界から流失する。詩論の危地とはポエジー全域の危地以外ではない。

ベルリンの壁の崩壊から三十年を経た現在、列島弧では、天地、水、火、重力、そして、ひとに連関する「全体的な自然」の猛威が絶えない。詩作が、それでも、野蛮から自由への螺旋を描くのなら、それは、反歴史《自然史的な過程》を下降する階段でジョーカー・アーサーのように踊ることができるか。

（12月）

自然のありえなさのなかで自然をうたう

「自然」がなくなって過去も未来も神話への効用もない「いまの若い人たちの詩は「無」だ」

という吉本隆明の総括に、ただひとり、渾身で反発した安川奈緒の論点は、次のとおりである。まず、『言語にとって美とはなにか』における「像」は「作者の視像」＝情景描写を偏重しているが、「二〇〇〇年代の詩人たち」は、そういう「視界フレーム」に過敏な情態にあり、「もはやわたしたちは自分が「像」として結べた映像はすべて破壊しなければならない」、「不可視との約束を交わしたものである」。次に、吉本が参照したマルクスの「経哲草稿」の「自然」（有機的自然としての人間）をめぐり「もはや、自然は治癒と保護と政治的陰謀の対象」であり、「わたしたち」は、「震える思いでコップのなかの水の波紋に目を凝らしている」。さらに、「現代において、過去は神経症として、未来は恐怖として立ちはだかり」、「謙虚なわたしたちは、声高に過去と未来を提示して見せる権利を自らに許していない」。

吉本の言う「自然」や「有用性」の牧歌的一義性が激しく糺されたのだ。

この「自然」理念が未決のまま、三・一一の大地の揺らぎに遭遇した詩語たちは、なおも「自然」に包まれようとするのか。伊藤悠子の『傘の眠り』（思潮社）は、転調と語りの加速感によって、風景の「視界フレーム」をアンビバレントに維持しながら、「自然」へ攻勢をかける意志を抒情への批評性に折り返している。「夜更け　二時ごろ／天井の硝子窓に雨が落ちるのを見ている／小暗い林の空色の一軒家は／木ではなく雨に取り囲まれて／窓を開けても扉を開けても／出会うのは雨ばかり／小さな子は口を閉じたり開けたりしてひたすら眠るか／台所の食器も白く眠っている」（「雨」全行）。視線が話者と同一化し、風景は小さな「判じ絵」になる。壁に時計か絵の位置に掛けられた「ママー人形」について「木くずに埋まって／なんど泣かせたことだろう／腹を押して／ママー人形が架けられている／祈られる位置に行ったのか／いつのまに／／泣いてもよい／ママー人形は黙ってそう言う／いまではあなたを聞くためのものになっている／それで目を合わせないこんな位置にいる」（「牢」後半）とうたわれ、見ることと聞くことの相互性の空隙から風景の中心、表題作後半「外は五月の山／光に愛されて／風に愛されて／さみどり／さみどりがふきあげている／そのなかで／ゆっくりと下ろされていく／さみどり山にいっぽんの傘の眠り」の「いっぽんの傘」が現れる。

　自然詠の標的が花鳥風月から水・火・土・大気／身体に物質化されうるにせよ、「雨」はつねにすでに最強の対象a《オブジエプチター》である。日原正彦の十六冊目の単行詩集『降雨三十六景』（ふたば工房）は、詩作と「雨」との相互的な欲望関係を逆手に取るように、雨の名、雨の句を折句（隠し文字）にしながら自在に変幻して、定型に身を挺したかと思えば、メロドラマのような痴話を擬態し、「武蔵野」では電車で移動しながら「雨が激しくなってきた　次　越谷レイクタウンで／ずぶ濡れの女が俯いて入ってきた　黄色いダリアのように　車内が俄然あかるくなる／湖の藻のようなみどりの髪から雫が　ほとほとほと／人魚？／いや　足はある」（部分）とユーモレスクを奏で、戦後詩的なメタファの音域を持続する。「狐雨《きつねあめ》」をめぐり「罪深そうな目をまっくらにみひらいて／コン／と　君が咳をすると／お日様と雨雲がじゃれ合って／きらきらと　フィクションと／ノンフィクションが　縺れ合って降ってくる」（「変な時間」より）、「村雨《むらさめ》」をめぐり「息が降る／白い息が激しく降る／あなたは閉じた門歯を軋らせながら／わたしのためいきをぐしょ濡れにして／呑む」（「いき」冒頭）。雨の詩的百科全書《エンサイクロペディア》は、雨じたいの無窮を多数化するとともに、「あなた」と「わたし」の稜線を透過するはずである。

『雨を見ている』（澪標）では、根来眞知子は、雨＝「自然」を淡々と写生《スケッチ》しつつ、追想と反骨感覚を融合した視線は、あわただしく過ぎる日々の底にあるゆるやかな移ろいと人間の所為の有限性に触れようとする。兄弟げんかの後、泣き疲れた「夏の土道」で「金属色の昆虫」を「何か面白いもののありそうな所」を求めて夢中で追いかけた思い出から「ハンミョウを見なくなった長い年月は／どこかいいところなんてない　と／知ってしまった年月／でも今ここにいる私は／誰に　何に　誘われて／ここまできたのだろう」（「ハンミョウ」末尾）と結ばれるとき、ロスト・パラダイスが詠嘆されるのではなく、人間主義を振りほどいて時空をめぐる「自然」との対話が織り成されるのである。「自然」が縮退するなか、「草むらのひと群れのカヤ草が／小さく揺れて」、「遠くから　はるか遠くから／何か襲ってくるのではないか／たたきつぶされそうな／飲み込まれそうなどでかい何かが／こちらにやってくる予感」（「予感」より）は到来する微かな兆しを感知する詩的身体の覚悟性、現代の批判を孕む表情である。

山本育夫の書下ろし詩集『ごはん』（書肆・博物誌）は、彼の個人編集誌「博物誌」40のなかで特集され、セピア基調の絵やアウトフォーカスの写真をバックに収められた十八篇には凡て即物的なイメージを託された「ことば」が配置され、筋金が入った路上派の気概が沁みとおる。「ごはんの時間だ／その先に／人生の曲がり角／ってやつだよ／ことばの／大断崖／きっぱりと／ことばごとすべりおちる／垂直に／ごはんの商店街の夕暮れだ／冒険王が風切って／帰っていく／カバン放り投げて／ふっくら炊きたてことばを／ホフホフいいながら／食べる」（「1

夕餉《ゆうげ》」全行）。人間が自然過程に円環する食卓という団円が鮮やかに描かれる。「背中に汗じみつくって／バンっと自転車で通り過ぎた／大神さんの体臭もバンっと／アキトコーヒーの店前で／そのうわさを聞いた／コノクニノタメニオレハシネル／（男前だ／オマエノタメナラシネルケドネ」（「12 夏の香り」前半）という中上健次が描いた路地の光景を彷彿させる抑揚《スナップショット》には、「有機的自然」に帰属する人間の懐かしい影が現れる。

「草は凶暴なものだ」、「草がやさしいというのは嘘だ」（「くさ」より）と断言し、「鯨魚《いさな》取る」では、「ねえ　嘘っぽくないか」と、「ひさかた」の末尾では「たましいは見えるか／こころは燃え尽きたか」と問う『郵便局まで』（ミッドナイト・プレス）の八木幹夫は、詩的憶想を踏み堪えて黙示に近いところで言葉を紡ぎながら、平叙的な詩行に野太い抒情と「自然」を足場とする人倫を刻む。「こどもを抱いた／こぶりのスイカのような重さだ／まるい眠りに錘《おもり》がついている／落としてはいけない不安の重さだ／みずみずしいスイカの香りと／ミルクの匂いが／部屋いっぱいに広がる／笑顔のしらが頭が／スイカを抱いている／／（いま　ここには／どんな夢が渦巻いているのだろう）」（「西瓜のひるね」前半）とうたわれる重力の恩寵には自らの幼年期の「大きな闇の不安」や父母への罪障感が張り合わされている。そこから、懐かしい詩人への礼状を手に雪のなかを投函に向かう表題作の末尾「振り返るまでもなく／雪は往路と帰路の痕跡を消していく／それがとても嬉しいことに思えた／雪よ　ふれ」という象徴的な心象まで、「本当のこと」からの遠心してしまう境涯は、生類の円環的な摂理に慰藉を求める。

さて、ここまで、「自然」と詩作が本来的に抱懐し合うシークェンスを辿ってみた。ここから安川奈緒が二〇〇〇年代詩をサポートして「自然そのものなどもはやありはしない」と言い切った「自然」理念の解体の詩的アスペクトをフィールドワークするにあたり、野村喜和夫の『危機を生きる言葉　２０１０年代現代詩クロニクル』（思潮社）を参照する。イントロダクションで、吉本が総括した詩人たちを、「モナドの窓を通して、内在性の異貌ともいうべき言語的小怪物がうごめいているのがみえる。それはそれで、悦ばしき多数多様性であろう」と抱擁した野村は、「詩には個人レベルであれ時代レベルであれ、進化も進展もない」という非詩史・非状況論的スタンスで三・一一の出来事《カタストロフィ》から「未来から到来する言語」＝「現在は未来へと折り返された過去」という認識を捕捉し、二〇〇〇年代の「抒情主体」の二重性（微細さ《プライベート》／強固な言表）、二〇一〇年代の洗練された「反抗と怒りの言語化」の表象を確認する。二〇一一年から一八年の「クロニクル」では、詩が非実体的な「境界」に生成し逃れ去る「厚みのない線」であるという視点から、月毎にピンポイントで詩集を採り上げ、詩的言語帯の尾根から谷底にわたる地勢に伏在する「言葉の自由」への逃走線を超倍速フィルムのように手繰るかたちになる。最後のパート*Poets*では、北川透、吉田文憲、石原吉郎らを論じながら、詩的行為とは主体以前の原初的カオス・プラズマ・生成状態を奪還しようとすることであるという野村のプリンシプルに、浩瀚な石原吉郎論の思索を重層してアガンベンを導入し、主体化と脱主体化の運動が結合する非‐場所である「人間」という閾において「詩はもっとも深められた証言としての抒情であり、もっともなまなましい抒情としての証言である」という定式が併記される。安川の明言と符合するように、野村の行論に「自然」は現れない。では、つねにすでに危機的臨界を生きる詩作において、自然の感受と原初的カオスの奪還、物活論と生気論のクラックは接合しないのか、自然過程の再帰的線分と身体の「外」への逃走線はついに交差しないのか。

中井ひさ子の散文詩集『そらいろあぶりだし』(土曜美術社出版販売)は「自然」と「関係性」の中間、すなわち自然としての人間の中心に揺れる「おばけ」=魂をうたっている。「お化けとの語らい」ではカーテンに揺れる分身のような人影が「おばけ」の小さな嘘を、「宝物」では貯金された励ましの言葉を赤いクリスタルの壺が高音の声で、「懐中時計」ではコチコチと大きな音で「私だけの時間」を語り、刻む。『遠野物語』四一番に因む「狼」では、雌狼と人間鉄との「相討ち」に「鉄が狼の腹の底で摑んだものは深く鎮めている魂だと感じ」、それは、小学生の終り頃死んだ母の実家の深い山里で「静かに突き抜けて見ている目」の狼に行き会い、その「魂」にからだは「ゆるぎない冷たさを感じ」、母の死を思う場面に繋がる。エルンスト・ブロッホの言うメルヘン、神秘性の機序ではなく「しるし」を媒介に叙述された「未知への痕跡」への寓意《アレゴリー》である。

「全員、殺すつもりで生まれてきたし、だから誰にもやさしくしなかった、そのころの、生まれたばかりの私がいちばんきっとかわいかった。愛、愛、愛、愛、結構昔に事足りて、本当は傷つかない、嫌われても傷つかない心と体を手に入れている。それでも春が、雲のやわらかいところが、血を流して泣いているから。私はお前を許さない。」(「最終形」後半)と乱打されるのはタナトスでも攻撃性でもない。それは、ドストエフスキーによって描かれたケノーシス(服従によって救済されるという地上的な観念)の不可能性の列島弧《終末的な日本》における変奏である。最果タヒの

『恋人たちはせーので光る』（リトルモア）の四十三篇は、だから、孤独、殺意、愛憎、死の常套的ポリフォニーではなく、詩的論理が不意に他者性を喪失して精巧に裏返る一瞬が見出されることを要求する。「死にいくひとが、満員電車の中にはいる気がする。けれど本当は、たった二人きりのエレベーターにだっているのかもしれない。忘れてしまって私は、押したことのない番号を押してみる。本当はなにもかもが楽器で、私に奏でられたがっている、とわかっているのにやる気にならない。」（「軌道エレベーターの詩」より）というアンニュイが漏らさず書き留められるという救い難さはシェアされて土壇場で底を打つ。「短絡的な世界が転がり落ちていくように、／季節を変えて、いつかぼくは生まれてもいなかったことになるのだと、腑に落ちた、夜も朝も来たのにぼくはどちらにも溶けていかず、異物でしかない。」（「歯ときみ」冒頭）というネガティヴィティは「恋人たち」が共苦《コンパッション》において「光る」偶有性の契機以外ではない。

井戸川射子の『する、されるユートピア』（青土社）では、さらに、叙述の偶有性が亢進され、「わたしはもう、感動したがるのをやめる／いちばん近い言葉を選ぶ、すべて、驚異に満ちている／横の体は、自分と同じような／角度で曲がっている」（「大丈夫、中空で飛ぶ」冒頭）と書かれるように、場面の自然連続性《フラクタル》や統一性が無前提に返され、パズルの欠片のようにバラバラになる。「それぞれが橋だ、悲しいけど動的な／「愛は水ではない？」／そんなに色も持たず／重みで固まらないものかな、／と言い手を握った、／どちらも多い方が、／形を変えやすいし／中に何かもぐるかもしれない／と地面を指差す」（「テンダー」より）と切断された連辞には、しかし、息や水の任意性に目覚め続ける還元性の幾何学的意志の強度が通底する。「言葉はただのたとえだから、気にしなくていい／見てきた過程をなぞりながら／わたしたちは完成へと向かう」（表題作より）。

対照的に現代詩的な喩法のオーソドキシーに準じる渡辺めぐみの『昼の岸』（思潮社）の詩語においても、牧歌的自然の困難というトレンドは「そう、悲しいことは起きないように注意している」（井戸川）という情動へのデタッチメント、修辞による現実の引っ掻けなさを非の潜勢力として逆用するように作用して、「星条旗が／日の丸が／交互に揺れて／明日が育つだろう／「毒だけは飲むなよ」／肺いっぱいに／昼の水位が上がってゆく」（表題作末尾）という際どいスタンザ、「知らなくていいことこの世にたくさん／知って哀しいことばかり／だとしたら／何事もアンカーが強いよね／靭帯を切っても走らされている／アンカーが強いよね」（「青」より）というフリッパントな本音の声紋を呼び込む。

そう、詩語は本音へと追い撃たれる。（11月）

全体的な自然 ピュシスと「暗号」

瀬尾育生の『吉本隆明からはじまる』（思潮社）では、吉本隆明は、対象性としてではなく、瀬尾じしんの円環的時間がその思想のいくつかの「常数」へ遡行的かつ現存的に求心する存在、

「既に倫理的な実体である」存在として現れる。それは、既往の吉本論の系譜に配置困難なトータルな存在論的言語論と呼びうるものだ。まず、吉本の「縦深的な主題」を辿るかたちで、「不断に生成する直感の超越性」によって「人々」の存在に到達しようとする「探索の文体」が確認される。次に、吉本の世界思想における位置が、「否定に否定を重ねてきたアジアという規定」という位相で「二重の疎隔者性」を媒介者として「二度と戦争に巻き込まれたくない、という意志」をめぐり、憲法九条の不戦条項に「西欧近代の内在的敗北宣言」が見出される。

さて、エンテレケイアとは、ライプニッツが「モナド論」においてアリストテレスの世界発現の原理から捉えた「力」のかたまり＝「世界が自己表出する現場のこと」である。ヘーゲルの生命概念の形成《必然性》がギリシャ的な「全体としての自然」（フィジス＝ピュシス）の自由と偶然性へ遡行されることを踏まえ、エンテレケイアのもとで、「自己表出は生命の原理であり、同時に力の凝集が世界を形成する論理でもある」と再定義される。

『言語にとって美とはなにか』の中枢の概念《ターム》が疎外論（発生論）的解釈から画期的に刷新され、超越的な生気論へとキャリーされる。それは、「自然」が、古典近代に遡行したかたちで、「全体としての自然」の連続体《グラデーション》として再定義されることと同期する。「自己表出」は、「文字」の成立による言説秩序（法）の生成＝立法（の欲望）と違法の欲望＝詩的表現の分岐、あるいは、沈黙‐内面性‐文字（「外」化）以前の「世界の存在性」を奪還するだけではなく、普遍喩（宮沢賢治）やベンヤミン的な「翻訳」による普遍言語（物質言語‐純粋言語‐自国語内の異語形成）を包み込む大洋的な襞（母型）である。さらに、デモクリトス（思惟）とエピクロス（感性）、フッサールの超越論的主観性の「還元」とマルクスの自然哲学（存在論）の対位から、デカルト的二元論を超える「全体としての自然」＝ピュシスに呼応し（人間の）身体と世界を包摂する「存在交換」という考え方を絞り込んだ瀬尾は、「関係」の存在論的理解による「言語とは《関係の絶対性》として分節され構造化された存在の語りだしのことである」という包括に加え、「言語とは、類としてのヒトと全自然との間で生起する存在交換という出来事である」と重層化する。「マチウ書（新約マタイ伝）試論」をめぐって、「革命の課題」が「共同幻想を、個的幻想と対幻想のなかに解消すること」だという吉本の「マチウ書」読解を「宗教的共同性は個的な思考の「超越性」を限界まで徹底させることによって解体される」と換置した瀬尾は、反核、オウム真理教事件、原発事故をめぐる「言論空間の息苦しさ」の背後の否定性の連鎖を振り切り、「「もうひとつの夜」へ向かう風穴を開ける」。すなわち、技術や実証の問題に「範疇攪乱的」に介入する「世界倫理」（人間の倫理的共同性）の跋扈のなかピュシス《全体的な自然》の理法＝「自然史的な過程」をつらぬき、「大衆」の「自己直観」に同致しようとする。吉本思想の通底性の強度は、吉本の「はじまり」（初期）からはじまろうとする瀬尾育生の通底性によって反復されるが、繰り返すと、それは継承という当為を逸脱した、それじたいで現存の「戦い」に臨場する言語論的存在論である。二〇〇八年、吉本隆明は『日本語のゆくえ』で、「いまの若い人たちの詩は、「無」だ」、それは、「自然」がなくなったということだ、と繰り返し語ったが、ピュシス《全体的な自然》をめぐる問いの残響はさらに重いと言わねばならない。

さて、戦時中に北村太郎や石原吉郎も携わったという暗号解読の「暗号」にはたぶん二つの事実が張り合わされている。一つは、「二人《two parties》にしか通じない」という黙契であり、二つには「二人」以外の「敵」には通じてはならないという孤立性である。中島悦子の『暗号という』（思潮社）では、伝達されねばならない、だが、「敵」に漏れてはならない「暗号」の闘争性《現代批判》が、終末観の重厚な警句《エピグラム》のような三十篇の寓喩《アレゴリー》として現れる。「連れて行かれる所がどこかを知らない／冷たい河を渡ったから／確実にそこは死地／／繰り返し数字が告げられる／驢馬のように耳を澄ます／自分の番号だけを覚える／あとは知らない／数を隙間無く塗り込めて／面となるだけ／／今日も大地は揺れる／これは未来の亀裂／／手綱が切れたような人々の／口が動く有様を見た／滴り染みる黒い脂肪汁／履物が脱げて終わる／／どこから見ても　今　太陽は微小／／針ほどの穴の光に向かって／醜く仰ぐだけ」（「車輪」全行）。この非情な象徴度の描線による世界模型には毒が盛られている。だが、愚鈍である日常感性《われわれ》において、その毒に痺れてこそ、可視的になることがある。人間がマネキンだというのは常套的なイロニーだが、「いつか人間がいなくなったあとの／マネキン工場では／もはや着せる服がなくなり／裸のマネキンが／自動で作り続けられるだろう／あられもないポーズで／／おろかで巨大なはかりごとの代わりに／ばらばらにされても／喜びをかくさない」（「焦点」末尾）。つまり、マネキン以降の人間は、テクストに散布された『平家物語』のスタンザから割り出されるように、存在としての、「落人《おちうど》」ではないか。「パウダーのようになれれば／風が教えてくれるのだと思う」（「散骨」より）。傍受した「暗号」に隠されたものを見出した「敵」に幸いあれ。

「冬の日の朝に君にふりおろされた鈍器は、君にさよならといっている。もうずっと君は冬にあふれだす河だ。」（「水門へ」冒頭）と始まる望月遊馬の『もうあの森へはいかない』（思潮社）は、三つのパートに改行詩と非改行詩を配置し、季節の移動と戯れるアドレッセンスと死の予感をめぐるショットが、水門、河、沼、バス、駅、教室の光景などのイメージの統辞を攪乱しながら「暗号」のようにコラージュされ、「ホームズくん」と呼ぶ超越的な声も挿入されるが、読後には、説話的な触感《リアリティ》がじわじわと結ばれる。「きみは春の寸前を断ち切る／わたしとわたしのなかの春の水影が／ぶらんこのように手をつないでいる／木漏れ日のしたをゆく　君とわたしは／ならんで歩くと、かさならない　光がすべりだいを　こぼれおちていく」（「木漏れ日にぬれた手紙」冒頭）。季節が切断されるだけではなく関係性《家族の絆》も解体の縁にあるが、それらを抱懐する「はじまりのまなざし」の反復への抒情の飽和点以降の信憑が現れる。「夏駅と冬駅の間にはもうひとつ駅がある。わたしはその駅のことやその季節のことにいままで一度もふれたことがない。しずまりかえった鉢植には苗がひとりぼっちだ。地層。わたしは沼から遠ざかる。近視。生きることができない。「ホームズくん、そんなところで拗ねていちゃあ、へそで茶を沸かせもしないぜ」」（「水門へ」17より）。季節の中間にあるということは生死の中間にあり、「手を繋いで。手をつないで」、「なだらかな愛だけがあればいい」（「水門II」より）ということだ。

ならば、白鳥央堂の『想像星座群』（書肆子午線）は、やはりアドレッセンスを周回しながら、抒情の飽和点以前の非「暗号」的なむき出しの統辞の横溢と言えようか。だが、飽和点いや析出に飢えてなだれ込む詩語に伏在する「声」はモノローグ《テクストの極小のフォント》のように幽かな呟きである。「「わたしたちの星」と／海に浸した秒針で描いて／びょうしんの音へ融けこもうとする、ひとりひとりの終章を／水際で塞ぎ、流星の花火で繋いでいた／星を載せた筏は流れ／あなたから始まり、始祖へ連なる水溶性の言葉のひとつひとつに／嘘と実在の火が灯る　生まれなかった子供のうつくしさについては／なにもいえるはずがないとして／言葉を結び、終えるノートの、一行目は永遠に書き終えられない溝として／あなたの仮死を今日も苛みつづけている／耀く言葉になりたかった」（「ひまりの星々」より）。極私的な揺動は、「書き終えられな」さの反復と終止の終止によって差延される。「言いたいことはそれでおしまい／この夜にまぎれてきょうはおしまい」（「白夜のおわる日に」より）だが、「ああ！／いつでも／きのうに書かれ続ける／カラムの光に／アンブロークンの花を手渡しすることが創作だ／読めばわかる／行分けは雪解けの形式だ／いま書いているこころ／だから／世界は／こころにもない物語／満ち欠けの未知を／駈けてゆく、乾かない時砂でどろどろの道」（「wor ship（ママ）／こころにもない物語」より）。嘘つく、忘れる、一人であることが、書く《うたう》ことにおいて「手をつなぐ」。

高柳誠の『無垢なる夏を暗殺するために』（書肆山田）は、表題の詩句から書き起こされる三十篇から成り、三十の変化《へんげ》する記述主体と無頼な述懐から形而上的思弁に亘る連辞やイマジネール、ポエジーの形態を強靭に仮構することによって、「高柳誠」という詩作者は、「無垢なる夏」という対象性を偶有化するとともに、自らを多数性のなかに消去しようとする。だが、この記述主体のアクロバシーは、その多数性が唯一性＝ただ一人の高柳誠へと円環することによってのみ到達されるはずであり、その「声」の主調低音を聴き取るのは読者のチャレンジである。月評子の臆見を言えば、それは、「無垢なる夏を暗殺するために、わたしたちはまず手あたり次第ことばを痛めつけてやった。」と始まる「＊（ことばの崩壊」であり、その去就は、「今やことばの群れは、ばらばらに分裂したまま、ことばの荒野をとっくに行き過ぎ、世界の崩壊地点に近づいていた。すべてのことばは、ほとんど意味不明となり、あるいは単なるため息にまで堕し、己の本質をどんどん忘れていく。当然のこととして、いまさらことばの形だけでも整えようとしてもむだなことだった。今やことばは、自らが崩壊していく音をただただ空ろな胸の内に聞くことしかできなかった。」（末尾）という『百年の孤独』の結末《クライマックス》の光景にも重なる書記《エクリチュール》の再帰性じたいの懸崖である。

逆に、書記《エクリチュール》によって呼び出される主体の多数性をぎりぎりまで削ぎ落して、擬態された純粋主体＝超越論的主体が語り始めてもポエジーは残余するのか。「伝達を探る　紙片に付された　インクの／書跡は／先で　再びを　構えられなかった／打ちすてられたままだ　続けられる／往信を　失い／陽光でさえ　色あせる　歳月／差異がまとう　楼閣の外に　ま昼の／星の流砂に　足をとられる／陽の　額《ひたい》の　触に　在れということが／すさまじく　験《ため》される　その定めを」（「験」全行）。この還元的な詩行を収める鈴江栄治の『陽《ひ》の額《ひたい》』（思潮社）は、過去性も未来性も解除し、知覚される現象の自己‐触発の時空を喪の表情とともに放置する。「体液は　それを流すものを　弔い／（光はないが）光をうければ　輝く／形象を　用意して／地下深くに　沈んでゆく／（昼の騒音は　記されているか／（見分けられることを　要するか／よこたわる　背に　垂れる／雫から　はるかに／最後の　一滴に　名残を絶って／変容の　終わりに　展ける　広大な／宥恕　――　にも依らない」（「体液」全行）。異教的な身体風景は「世界内存在」の裂開であり、静かに抒情に対抗している。

松田太郎の『青い玩具』（ふたば工房）の詩語も還元的であり、分析（言語）哲学を希釈して音律に引き直したような小気味良い論理がある。「断片は／語り部の残していった「それぞれ」で／広大な——／「それぞれ」で／終わりは見えないが動いているよ空／ぼくは／何かをしているのだけれど／今は問い詰めないでほしい／ぼくが／問い詰めている時間は」（「断片を拾う」より）という主客の相互性が、「空き缶が／まぎれこんでいる／心の骨組みに肉を盛る／その形が美しいのかの知りようはなく／地軸をひたしていた満ち潮が／言葉を欲っしている気がして／おしゃべりは言葉から抜け出して／空き缶と／背景におさまっている」（「原色のたたずまい」より）と具象性を帯びるのは、この作者が画家でもあるからで、「輪郭をなぞっていくうちに／地下へと降りていくのです／いつものことなのです」（「月を下ると」冒頭）という知覚‐身体感覚に明快に連鎖する。

坂多瑩子の『さんぽさんぽ』（思潮社）の「わ（あ）たし」は「小さな子」であり「おばあさん」でもあり、単に過去や記憶に沿って時空が折りたたまれているのではなく、その学校や家や近所では生と死の境界が消されていて、みんな「すぐに見えなくなる」幽霊のように息を刻んでいる。「今朝の空気はつめたい／襟をたてなくちゃ／とうのむかしに捨てたバッグが／ころがっている／おかしいじゃないか／金具だけが／やけにひかって／ちがうな／あれは／おや　霜柱だ／／おばあさん／おばあさん／あぶないですよ／／あたしが呼ばれてるんだ」（表題作後半）。話者の転倒に加え、「どこまで／わたしはきたのか／つぎの朝が／またやってきているようだった」（「絵日記」末尾）という不定感と焦燥が、幼い夢からの覚醒を現在《いま・ここ》の抑揚《詩的転調》に委ねる。

「隣にいるこの見知らぬ月は予期せぬ方向から／母親を捏造している／かくれんぼの鬼とマッチ擦るその瞬間を／繰り返し繰り返し繰り返す／複雑な背骨に流れる歌は／明日に剽窃されてしまった／聞こえないでいてください／月たちの騒々しい狂乱が　散らばっていく／わたしと見知らぬ月は　手をつなぎ／声を忘れたまま　橋の上まで影を伸ばす／足裏の空白が届かない」（「月の背骨」後半）と「月」に女性性と存在の慰藉を探るヤリタミサコの『月の背中／向う見ず女のバラッド』（らんか社）は、女性性に加えられた蹂躙の堆積への憑くような視線を痛烈に録すが、エートスは未来に向かっている。「世界の果ての風の声を聞くよ／ほんとのことは　月と一緒に考える」（「月の破片とアメンボと」末尾）。

（10月）

「事後性」の蕊柱《コラム》、「構造」の析出

柳田國男が佐々木境石（喜善）からの聞書きをもとに編纂・刊行した一一九話から成る『遠野物語』には「この書を外国に在る人々に呈す」という献辞があり、前書きでは「願わくはこれを語りて平地人を戦慄せしめよ」と記される。また、その第一話では、「遠野郷の地大昔はすべて一円の湖水なりしに、その水猿ヶ石川となりて人界に流れ出でしより、自然にかくのごとき邑落《ゆうらく》をなせしなり」と地勢が描かれる。よく知られているように、吉本隆明は『遠野物語』を素材として家族、共同体、国家の「幻想領域」を『共同幻想論』で論じたが、そのメルクマールは、冒頭の「禁制論」で述べられた村落共同体の内的な規範が、村民の「入眠幻覚」における恐怖の感情によって「黙契」および「禁制」として形成されるくだりである。つまり、『遠野物語』の山人譚は、吉本において、恐怖感覚が権力や抑圧をつくり出す理路をサポートする資料言説に他ならず、今にいたるまで、その「禁制」の原理は柳田のテクスト解釈に拘束的に作用しているはずである。

三月一一日を奥付に刻む伊藤浩子の『たましずめ/夕波』(思潮社)は、冒険的かつ確信的な三層の構造を有するが、その中枢の層「たましずめ」では、『遠野物語』一一九話に一一九の幻想的かつ思念の曲線が濃厚にうねるヴァリアントが対置される。「父との黙契」、東北という外部、遠野の旅路、傷痕などの固有なモメンタムが、啓示的なピクチャレスクにおいて、さらに三つの審級に分岐し螺旋を織り成すはずだ。まず、「語らいの螺旋がいくつも立ち昇る。円環の隙を縫うようにして歩いて抜けると、そこにはやさしい死者と旋律とおびただしい沈黙とが織りなす海が鼎立していて、何も知ろうとしない知性の崇拝者を幻惑している。」(「一七」より)と記され主体の代理表象としてのシニフィアンが確認される。そして、「雪の白さをさびしさに見立て、語り明かした男たちのことばが、今朝も降り積もる。遺棄した姥が黙って手をとった野を訪ねてみようかと、兄弟は目を細めた。揃いの靴を準えたのは血のしるしだったか、遙かな和解《わげ》こそをと、出遅れた弟に兄は笑い掛け、祈念している。エスペラントで夢をみる。」（「五八」）と伝承を奪還する夢・眩暈の方法が詩語を駆動する。かくして「不在」へのエクリチュールが召喚される。「死児たちの僅かにすすり泣く声々がこだまする宵闇に、不在だけが織り成す大地の震え、叫びと亀裂。急がねばなるまい。しかし何処へ？・」（「二二」より）。「波に覆われた地母神の／辿った道もはるかに／月光にも病み／八年の／追いつけない空白よ」（「一〇二」）とうたわれるが、それは、八年前の三月一一日の出来事の固有化《［我有化］》の不可能性を裸出し、「対象の不在」をめぐる「喪の仕事」（双方向的喪失）＝死者と向き合うための「語り」として、一九一〇年の柳田にとっての「他者」＝「平地人」・「外国人」＝代表象《シニフィアン》において「一円の湖水」であった始源の水域、弟妹、兄弟、姉妹ら「小さき者」の原像が堆積する内在の光景を「わらべ歌ならいっしょに掌に乗せ温めてみたい。天狗岩の果てに揺らぐことのない今日を魂鎮めに笑いたい。（……）ほどけていく土地の名とやわらかに絡み合ったひとの名を数え上げたい。」（「七三」より）と慰藉する。二つ目の層、やや擬古的な「語り」のレシ「夕波」では、不分明に病む夫と山間の棚田のある村の三層造りの宿に泊まった妻が、二階の寝室で夫が寝静まった後、「ぴしゃん、ぴしゃん」という水音に誘われて女将に禁じられた三階に昇ると、そこは海原で、彼女は「鎮魂の唄」、「浪間を漂う死者たちの影」、あらゆるものを洗う女たちに出会い、「内側からわたくしの血管を切り、肉を削ぎ、皮膚を突き破るよう」な同致欲望を抱き、波音とともに寝床で目覚める。三日三晩の後、夫はみるみる恢復し、家路につく前に、その土地で大洪水を鎮めるため娘たちが「ひとばしら」として供犠されていた事実を聞く。このレシと一一九のピクチャレスクに三つ目の層であるナラティヴかつポリフォニックな註解が、ゆるやかなシンクロニシティを持続し、「平地人《外国に在る人》」による異語《外国語》＝「詩語」は、「禁制」の原理を官能性と脱‐固有化によって抱懐し、柳田國男への「応答」が裂開される。

　定型詩を軸足とする詩的キャリアを重ねた彦坂美喜子の『子実体日記』（思潮社）は、定常的な口語自由詩がその形態をどんなに多様にしてもなかなか離脱できない「自由」という桎梏を、定型‐韻律によって鍛えあげた心情吐露の回路を逆用して、突破して見せている。「子実体」は、「菌類の生殖体で、胞子を生ずる器官」と「あとがき」で説明されるが、重厚な三十篇の詩篇の大半は生殖のシーンをめぐるものだ。だが、それらはエロスや関係性から派生する抒情や葛藤を吹っ切っている。「ぞうりむしの接合みたいな夜でした　分裂増殖繰り返す」（「壊れ始めて」より）、「身体は途中から折れ交錯して絡み合うときこえをうむ」（「身体は途中から折れ」より）、「棲み付いてあなたを殺して生き延びる存在として器官がうごく」（「夜になると」より）、「結合しても形にならないまま壊れじぶんにならないいまま流れ」（「三億の月」より）、「相対的雌雄性もつきみとわれ、きょうは雌性にふるまうきみと／球形の配偶細胞ぎっしりとガラスの壺のなかにしあれば」（「ひなたのみずのなかの」より）といった発句的な切れ味の各行は、菌類的遊走性にだけ器官を集約することを繰り返し断言する。その即物性の強度はどんなアレゴリーも寄せ付けないふうに荒れ狂うが、詩語の背後は逆理のような構造に支えられている。すなわち、「一本の線」、「一本ののたうちまわる意志」、「ゼロの地点の腐生菌」、「無性生殖ばかりのわれら」、「胞子」にまで退行を擬態する描線の機序は、韻律の背後の構成意識を底板として、ツイッター詩にまで追い込まれている詩的エクリチュールに被覆された規範《自由》を異化するのである。

　テクストの末尾にかかるところで現れるバクテリア、アメーバは『月に吠える』の朔太郎を想起させずには置かないが、その喩法を『萩原朔太郎1914』で「存在喩」と呼んだ菅谷規矩雄は、「ここで〈存在〉は、原生感覚のごときもの——自然的生命（生物の存在）へのデカダンスとでもいったらいいような同致現象である。自己にたいする意識（意識の意識）を、そのようなアモルフな原感覚にまでおいつめた（同致せしめる）方法において、萩原朔太郎は、近代詩における〈口語的なるもの〉の領域を、ほとんど極限まで拡大してみせた」と述べた。彦坂のチャレンジは、朔太郎とは逆に「口語的なるもの」の果ての果てに闖入する定型‐韻律の地平に、生存という卵劇の困難、「きみの体液を吸い取って生きる／わたしたち」（「食い尽くし」冒頭）のエチカを打刻することにある。

　それとは逆に、深沢レナの『失われたものたちの国で』（書肆侃侃房）のいくつかの短いレシや番号を振られて序列され改行された言葉は、幻想と現実の臨界でアレゴリーへの誘惑を堰き止めながら、この世界の条理がいかに苛酷であるかを告知する。「夢追い人とハイエナたち、および地下の生活について」はこうだ。「昔、夢とは生きているときに見るもので」、「人間だけでなく動物や植物も互いに夢で会話」していたが、「やがて生き物が増加し」、「夢を共有することができなく」なり、「新しいコミュニケーションの手段として言葉が作り出された」。次第に「人は生きているときに夢を見なくなり、夢は死者だけのものとなった」。「深刻な夢不足になりハイエナたちの数が増え」、人間は地面の「大きな穴」に落ち、「漂白させられ」「地上の記憶」を消されて、地下の「巣穴」で「夢追い人」、すなわち、「地上で埋葬された死体の体から漏れ出す夢が土を濾過して雫となり地下の世界へ夢漏り」したものを収集して「マザー」に点滴して一生を終り、言葉を交わすことも眠ることもない。地上は、ぺちゃぺちゃ喋り「液状の憎悪や嫉妬を食べて生きる」狡猾な「ハイエナたちがのさばって」危険である。誰ひとり会ったことがない「マザー」は「夢を栄養にひたすら眠り続ける」。

透徹された筋道と神話作用《ダークファンタジー》は、幻獣獏だけではなく、村上春樹『世界の終りとハードボイルド・ワンダーランド』、クストリッツァ『アンダーグラウンド』も連想させるが、棚引いているのは、生者が異邦人であるような「死者の国」をめぐる「わたしは死んでいないが生きてもいない」既視的な喪失感である。「声の姉妹」では、声を持たない双子の姉が海に沈み、妹は「世界のざわめきを振り払おうと」「姉が沈んだ場所に辿り着き」、「無数の姉たち」は彼女を「海の底の静寂へと引きずり下ろした」。二人のベッドには「新しい二人の少女が深く眠っていた」。それは、反復の形象に尽きるのか、あるいは、恩寵の兆であるのか。

中村千代子の『タペストリー』（私家版）も三月一一日を奥付とし、簡明に番号だけが付された二十篇は、あの日の出来事の「事後性」を詩語において淡々と担う。出来事を「後から」うたうという奈落。ラカンの顰に倣うと、「現実界」に属することを「象徴界」にシフトし、事後＝視差＝差延を駆動して、ヘーゲル的な否定性を回帰と反復に置換し、出来事において「隠されていたもの」が見出される。不条理の告発では阻まれた「あたたかさ」（これは伊藤浩子の詩語でもある）が禁忌を解くように芽吹く。「がらんどうになった牛の地を／眼底の粘膜でおおいながら／石を積み　花を摘み　石を積み　花を摘み／気息を堪えて／石のくぼみに／ウシノヒタイという花を置く／一瞬　くゆりたつ姿／ゆっくりと満ちてくる胎生にひきあげられて／青草がゆれるあとずさりのない地へ／淀んだ日からそうであったかもしれない／滴りながら生きているものたちは／かすかなひかりに噎せ／ゆきのように結晶してゆく／治癒の空／草と草のあいだに杙をうち／牛の名を呼ぶ」（「5」末尾）。気息を堪えて名を呼ぶ。かつて抒情を制覇した自然観から隔される「事後性」の弔鐘、単なる時熟とは異なる主体の現前である。「濾過されない歳月から／おわりなく溢れつづけるものと／これから溢れてくるものと／おんおんとした暗流のなかを／素手にひと夜の伝言をにぎり／迷宮を曳いてゆく」（「12」より）。

エクリチュールは、つねにすでに、出来事に追いつけない。だからこそ、その不可能な到来にむき出しの肯定性として繋留される根拠がある。

ところで、現代詩は戦後詩を嚆矢とするという定見に準じるなら、それは、戦時体験の「事後性」の射程に在るはずだが、「アメリカの影」の濃厚な棚引きや「永続敗戦」という現況の下、戦後の時空の枠組みが画定困難であることは、そのまま、戦後詩を歴史化するベンチマーキング、現代詩を現在《いま・ここ》へと投企する契機がともに不透明である事態と不可分である。

その不透明性が集中的に受肉された詩的存在としての鮎川信夫を照射した田口麻奈の『〈空白〉の根底　鮎川信夫と日本戦後詩』（思潮社）は、既往とくに九〇年代以降の鮎川論、戦後詩論を横断的に検証しつつ、巨視的に「荒地」グループの共同性、同時代性に目配りを効かせながら、主要詩篇の総体的な「構造分析」を要として、鮎川をめぐる全現実を抽出し思想の原質に肉薄するワークロードを、アカデミシャンの相対化の方法認識でつらぬいた、メタ鮎川論とも称すべき画期的な論考である。ここでは序論と第Ⅰ部「鮎川信夫の戦後」のいくつかのポイントに触れ、第Ⅱ部「鮎川信夫の「荒地」」には次項で言及したい。まず、九〇年代以降の議論に関して、「死者の言葉ではなく死者の沈黙を守るべき遺言執行人たれ」という「戦後詩の倫理」のもとで田村隆一を評価した酒井直樹らの、鮎川が自己愛的で未来の時空への通路を排除したという批判論脈は、絓秀実による死者を内面化する「荒地」の「倫理主義」批判から『討議戦後詩』における「荒地」的隠喩機能による表象代行の近代性批判へと連綿し、それに対して北川透、瀬尾育生がモダニズム救済の構想の恣意性と「形式化されてラディカルになった左翼性」という点から反論したポレミックの再導入が唱導されるが、ゼロ年代以降の詩論の停滞は、それらが未総括である事態と無縁ではないと実感させる。次に、内地送還の体験をもとに一九五三年に書かれた〈病院船日誌〉の「顕著に構造化された時空モデル」の解読において、「船室は主体にとって逃れられない世界＝病んだ日本という身体性へと拡張され」、「国家そのものが我々にとって逃れがたい桎梏であり、また生存与件でもあるという」洞察から導かれた鮎川の「非同時代的」な原罪（存在）認識が、叙景における「主体が、自らの主体性から疎外されてゆく趣向」、「主体がより大きな状況に包摂された、主体化しきれない存在であること」、つまり、近代的（抵抗）主体の独在への懐疑とイロニーへと収束し、「無為無力」の〈遺言執行人〉や「アメリカ」／「どこかとおい国」を呼び込むモチーフが明らかにされる。

また、「橋上の人」の三つのヴァリアントが丹念に対照され、「水上から橋を見る視点」において橋梁＝日本近代の「無根拠性」を看取、〈決定稿〉に到って「あなた」＝認識者＝「星のきまっている者」が「完全に夜景の一部に組み込まれてゆく」「群像劇」を、当時の「詩劇待望論への応答」と捉えつつ、サルトル的な「現在」の実存認識が「エリオットの歴史認識」、宗教的超越性＝「日本という場所の無根拠＝根拠」に帰趨する姿が確認される。

さらに「補論」では、〈亡姉〉詩篇をめぐり、「鮎川が、言葉の表側の層にある意味連関の裏側に、詩の歴史に特化した批評的文脈を構築する詩人であった可能性」を示唆し、父・藤若との確執をめぐり「鮎川はナショナルな共同性を批判するばかりではなく、その現実的な不可避性を早くから捉えている」という「私見」が記される。詩篇の「構造分析」と適所に配置される「私見」《超越的批評性》との協奏において、鮎川信夫を「不透明」な存在から「両義性」の洞察者へと賦活する怜悧な考究《アルケオロジー》は、詩作者的批評言説《（反）表現論》への挑発を孕まずにはいない。

（5月）

「行分け」主体のエチカ

天皇が代替わりになった。この三十年の大凡三分の二をこの国以外で過ごした月評子は何もエラそうなことは言えないが、因んで、時局言説に半畳を入れてみる。まず、先の天皇明仁、皇后美智子による沖縄、日帝に侵略されたアジア諸国歴訪、被災地慰問、さらに護憲姿勢の喩唆は、皇室に伏流していたカトリシズムの普遍理念《超越的エチカ》としての裂開であり、天皇個人と象徴・天皇制《政治的擬制のフレームワーク》の不整合はもはや糊塗困難である。天皇制はメタ合意（合意の事実性、可能性への合意）として日本民主主義の仮構性《フィクション》と均衡してきたと大澤真幸は言うが、仮構性は責任主体去勢の機序《メカニズム》と表裏一体である。かつ、一木一草の恋闕を最終的に解消し合意主体を脱構築する権能《市民原理》の奪回はつねにすでに未遂なのだ。一方、グローバリズムを主導したアメリカ、配下の列島弧やヨーロッパがヘゲモニーを失い、中国が膨化するなか、資本＝ネーション＝国家のボロメオの輪の全ての臨界で分断が深まっている。この情勢における月評子の冀望を詩作の現存との連関に布置するなら、資本制－欲望の循環からの離脱、カント－デリダ的な「歓待の思考」の導入が「行分け」主体がお互いにその名を呼び合うシークェンスのエシカルな符牒とならんことを。

　さて、戦後詩はどこから来て、どう詩作の現存と接続するのか。いや、戦後というジャルゴンの「事後性」が画定困難であるように、出来事のリニアな機序のなかに戦後詩を配置したとたんに何かが見失われるということではないか。田口麻奈の『〈空白〉の根底　鮎川信夫と日本戦後詩』（思潮社）の第Ⅱ部「鮎川信夫の「荒地」」は、書名にある「空白」、基本的に戦中時代《アドレッセンス》の精神のブランクを「荒地」をめぐるグループ性／詩的共同性を介して見極めようとする。北村太郎が発議した「ぼくら」の多重性／不定性、「日本的現実からの遊離」におけるマチネ・ポエティックから「星菫派」との類同性、「暗い知的な懐疑の姿勢」＝「断片の共有と、相互批評」、五〇年代の戦後詩壇の活性や「荒地」と詩劇との親和性（抒情詩的一人称への否定性）に目配りして、田口は、「荒地」の去就を二つのポイントに絞り込む。一つは、鮎川の肝煎で創刊された「囲繞地」に関するくだりで「鮎川の言う〈囲繞地〉の周回とは、（……）空白としての根拠＝〈一つの中心〉を指し示す方途であり、それと同一の原理によって詩作することによってしか「我々の文学」はあり得ない、と言うための譬喩であった」、つまり、「荒地派」の共同性とはその固有名を超えた欠如への原理的求心性にあるというのだ。「荒地」は、鮎川信夫という第三項において脱「荒地」的であったという解釈が呼び込まれる。二つには、口語自由詩における「リズム」の問題である。ファクトとして、一九六〇年代前後からの「荒地」の詩的態度の失効、鮎川の朔太郎および日本浪漫派のイロニーへの不寛容、普遍原理としての「リズム」論の不全（本書では、菅谷規矩雄の『詩的リズム』への言及は無い）、田村隆一の朔太郎（私小説的詩人）批判、小野十三郎の「奴隷の韻律」／短歌的抒情否定が検証され、鮎川が詩劇の思想性を詩的「リズム」へ敷衍し、小野の制度的「歌」批判に対して「歌う」ことの生命原理を肯定し音数律を「主体の問題」と捉えた紆余が内在的に辿られる。

思想としての「リズム」。批評機能を担いうる〈詩＝戦後詩〉の立ち上げをミッションとした「荒地」の生命原理によって感傷／抒情を乗り越えるという試行は、鮎川の詩作品における「端正な行分け」（基本的リズムとしての七・五調）、自然な「任意のリズム」に収束した。このパラドクスについて田口が「しかし、詩がどのようなふるまいを見せても詩であるという自明性のない地平において、制度に対して真に革新的であるということはほんとうに可能なのだろうか」と問うアンビバレンスは、そのまま、鮎川信夫という存在の両義性に円環する。

そのように、「行分け」は、「歌」（天皇制的無思想！）の音韻の残余であるだけではなく、「リズム」をめぐる戦後詩の思想的格闘の残余でもある。明らかなのは、「行分け」は詩作行為において極度に再帰的な選択性として鋭角的に現れているということだ。高階杞一と松下育男との『共詩　空から帽子が降ってくる』（澪標）は、合作詩集で、作品毎に片方が書き出し、e-mailで交互に数行ずつ詩句を重ね、もう片方が締め括りタイトルを付ける。この形態《取り決め》で、二〇一〇年一月から翌年七月にかけて公表された九篇がまとめられている。「行分け」ライトヴァースの代表的作者二人による連句的な、戦後詩のヴァニシングポイントを描くかのような詩的実践《デモンストレーション》におけるシンクロニシティは、恐らく作品生成をめぐる揚力と重力の中間を揺動する「リズム」を織りなしたはずだ。表題作の冒頭二連と第四連を引く。「空から帽子が降ってくる／でかける用事があったのに／もう降り出してきたのかと／にわかに暗くなってきた空を／頬杖ついて見上げていた／／空から帽子が降ってくる／やまたか帽やベレー帽／どこに工場《こうば》があるだろう／母も姉も恋人もそこの女工だったけど／ぼくはまだ一度も行ったことがない／（……）／空から帽子が降ってくる／どんな治世の王様だったか／水の言葉は禁じられ／ロバは困る／ご主人が狂ったように笑うので」。この作品を含め、作品を「作品」として切り出す鍵語のイメージの反復と転調の任意性とがゆるやかに鬩ぎ合い次第にドライブがかかる。まず、「作品」への重力が、エクリチュールを構成へと拘束しようと作用し、非意味への揚力が「行分け」によってそれを振り解こうとする。だが、無署名の二人であるにもかかわらず、分裂と相乗のなかで主体が密かに確信されていることは、例えば、三月一一日の出来事直後の喪失感に貫かれた「川沿いの道」において、相聞の歩行の最中ふいに鼻緒が切れて「私も重荷ですか」と反芻する独我的ロマネスクがメロドラマ的な紐帯へと終息することから明らかではないか。「破れた靴下／古いタンスにしまい／空見るシロクマ　釣りする魚／いろんな夢がたたまれて／足裏ひんやり冬座敷／背中を向けた　そのうしろで／飾り取っ手の金具がひとつ　いつでもおいでと揺れていた」（「破れた靴下ながめていると」末尾）と紡がれた夢の折り目は、双子的な、もう一人の「リズム」にゆだねながら黙契のように日常の破片に着地する。

「行分け」と言えば、瀰漫する「動物の気配」が夢幻と生活世界の汚濁《アブジェクト》に絡まり合う黒田喜夫の散文的「行分け」が何故かくも律動的に「歌」から遠隔しえているかという伏在する戦慄が、「歌と身体」について強靭な思考を展開したこともある米村敏人の『暮色の葉脈』（澪標）の詩行を辿って、蘇ってきた。貧困をめぐるヒロイズムの修辞的な叙景でもイデオロギッシュな騙りでもない。サーカスの引割幕から楽屋のネタを見下ろして「いやキリンは青天井だ／眼を凝らすと人間もいた／ピエロ、空中ブランコの外人ダンサー／上半身裸の曲芸師／オートバイの兄ちゃんらが／屈伸運動をしたり／お互いの耳元で何か囁いたりしている／ここは取引される芸の裏側だ／幕がハラリと開いて／キリンが入場すると／その背丈分の幅に／むっと獣の臭いが立ちこめた」（「折紙の時間」より）とうたう「語り」のリアリズムは黒田喜夫の、ついでに寺山修司の正系ではないか。そして、実に、「新聞紙《がみ》三態」では「詩人の黒田喜夫を初めて訪ねたとき／氏はベッドに凭れかかり／傍らに積まれた十㎝角の新聞紙を／次々と手に取りながら／ひっきりなしに／そこに痰を吐いていた／病者特有の鋭角に走る視線と／尖った顎を見て／私は氏の様態を案じ／これは来ないほうがよかったかなと／一瞬後悔したが／〈ビールでも飲むかね〉／の一声で私は救われた」（部分）とナマ黒田も鮮やかに登場する。「掌」ではエビカニと蟬の脱皮と残酷な死を見送ったスタンザは、一葉の褐色の写真の若い母を「つるりとした病み上がりの母は／今しがた脱皮したばかりに見える」と描き出す。「地上に言葉、地下に沈黙。その間に一本の荒縄が降りて」（「あとがき」より）詩的超越がサルベージされる。

神泉薫の『白であるから』（七月堂）の「行分け」を貫く詩的超越性は、米村とは対照的な福音的なものだが、超越性の欠如によって損傷され不分明に「動物化」した詩人たちがあまねく「泥沼」を踏み迷う日本語の実勢のなか、捩れのない「リズム」の一義性は、自ら知らず泥に塗れた批評言語への挑戦を孕んで現れる。表題作はエクリチュールをめぐるマニフェストのように書き出される。「はるばると広がる雪原／見慣れない土地に住むものの目を威嚇する／白／／それは人々の暮らしにふと描かれた行間／天が下ろした冷たい筆／忙しなく吐く息の狭間に／ひとしずくの静寂を／／「白という色を産みだすために／ただそれだけのために／ぼくは詩を書く」と／雪の白さと拮抗する白い希求を／一人の詩人は　ペンに託した」（冒頭）。ブランショの背後に汎神論《ヘーゲル主義》との死闘が在ることは措いて、「白」が非在ではなく恩寵であるのは、セイレーン《落下する世界の物音》の歌ではなく、田村隆一がユトリロに同意したように、世界の調和が選択されたということだ。その選択性の強度は、コギト的な二元論として「牛とサソリ」あるいは「諍いと自由」を睥睨する視線において、摂理に伏在する攻撃性を帯びるようだ。だが、「いのち」をめぐる有限性と「循環」を引き受ける肯定性において、「わたしたちはみな／遺された人々／連綿と大地に／積み重ねられた息の堆積の上に／そっと　今日一日の　息を置く／許されることを／祈りとして」（「グラジオラス」より）とうたわれる静ひつな自己措定は、日本・語のよるべなき泥沼と無縁な超越性の稜線に届こうとしている。

ボードレールの研究者にして、この十年くらいだろうか、メディアの詩の読み手としてフェアかつ広いレンジで数多の詩集に目配りしバランスを維持する山田兼士の五番目の詩集『羽の音が告げたこと』(砂子屋書房)は、読み手としての寛容さがそのまま自らの詩語へと折り返されている。四つのパートは、それぞれ自称「詩論詩」、「芸術論詩」および「対話詩」(家族、自分自身)に腑分けされたコレクションである。あらゆる詩的現場の実態に優しく即応する山田自身の詩語もまた優しく希釈され、例えば、息子の誕生を回想して、そのひとときに聞こえた羽音をめぐる表題作は「きみの羽の音が告げたこと　それは/生まれたのはきみだけじゃないこと/ぼくたち自身でもあること/それが新生ということだった」と結ばれる。外連味のない爛漫な感性は「二十歳の自分とのコラボレーション」である「夢幻境」の片々まで遡ることができるはずだ。「狂気は失われ/虚ろな夢だけが/眼の裏に棲みついてしまった//突然の倦怠/一瞬の身震い//まのびした笑いは/天使の浮棺に/よく似ている」、「君が在るだけで/私は在りすぎてしまうのだ」。清廉なアドレッセンスの表情を前にして、泥に塗れた月評子は何度も手を拭わねばならない。

逆に、平野晴子の『花の散る里』(洪水企画)では、いきなり表題作が剣呑に現れる。「男が/女の/顔を一発殴った//老猫が/すばやく逃げる//ひとを殴りたくなるときは/顔にかぎる//もう一発を逃れ/軒下に丸まって/ドクダミ草を抜いている女/しろい花が萎れていく／薬の臭いを放ちながら／／おーいおーい／殴った顔を呼んでいる／振り向くなかれ／応えるなかれ／過ぎ行くまでは／／此処は花が咲き／花の散る里／炸裂したものは／花びらの形で散るだろう」(全行)。帯や「あとがき」から認知症の「夫との日々を最も深く共有した時間」の「妖夢の道行」を記した詩行であることが判る。だが、その苛酷に極私的な出来事の固有性に肉薄しながら、析出される詩語には、その迫真のリアリズムを裏返すかのような、男女あるいはむき出しの他者どうしが衝突し、慰撫を交える神話的な姿が打刻される。「断食の体は／十字架の形をして／蒸タオルで清められ／とめおかれている／(……)／ひときれの果片についた／永遠の歯形よ／／いちにちの匂いを脱いだ／寝巻きを抱え／自動ドアを抜ければ／霙降る街／／果汁よ／津津と歩道に降れ／喘ぐひとの喉に／疾く疾く沁みていけ」(「林檎」より)とうたい、世界苦の内在的な光景を慰藉する「リズム」に集約される詩の技法は、ほんとうは技法に限局されるべきではない。

それは、脱‐固有化の懸崖で「発喩」を支える抽象のエチカである。

『高柳誠詩集成Ⅲ』(書肆山田)は、二〇〇六年から二〇一七年にかけて刊行された六冊の詩集の全てが、発行順に収められた五百頁を超える大冊で、伐採されたばかりの原木のような重量と詩語の芳香を放っている。栞には、「反世界」、多面体的な「月の詩人」、「詩的演劇言語」、「架空世界への翻身」といった評言があるが、いくつかの所収「詩集」を通読し、いくつかの作品を拾い読みして、ここにはサルトルとバシュラールが争った「想像力の問題」、つまり、非現実性を完遂し夢をも捻じ曲げる腕力が保存され持続されていると実感した。高柳の詩歴に相当する大凡四十年のあいだに大半の詩人たちが、「想像力の問題」から撤退し、それぞれの片隅へと散って行った。『月の裏側に住む』は、省察的あるいは寓意的な散文詩を集めたものだが、「ふたごの月が澄明なひかりで白馬たちの全身をあおく染めぬいて、たちまちうすい氷の刃で切りつけていくのです。将棋倒しに転がりつづける真鍮の馬たちの体から、たちまちまっさおな血がながれだし、そのあおい血の海からつぎつぎにウミユリが咲きだしてきます。意識の底からなつかしいエーテルの匂いがあたり一面にただよい、あのさびしい人格がめざめてくるのです」（「ふたごの月」より）と躍動するイメージを構成し騙りつづける膂力もしくは肺活量こそ、詩の現在が賦活すべきなにかではないか。それは、詩的なリビドーの形象それ自体ではなく、荒れ狂うそれらが鞭打とうとする可能的かつ物質的な他者を、世界への異和、あるいは、傷痕とともに抱懐する意志の直接性のようなものだ。（6月）

廃墟としての政治性

つねにすでに政治と呼ばれていたものは、いまも政治でありうるのか。ボルシエヴィズム《多数派志向的組織主義》とイデオロギー《思想形態の一義性》のアマルガムの暴力的かつ反－カント定言命法的（意志の格率が普遍立法の原理となることの拒絶）な表象であったそれは、いまは遠くに去り、〈法的〉言語に〈詩的〉言語が、すなわち、〈法廷〉の空間に〈自己〉の内的時間がせめぎ合う契機が消失してついぞ久しい。アジテーションが〈違法性〉から経済的〈合法性〉の詭謀に回収されてしまったのは、その政治性が減衰したからではなく、本来は政治という甲殻のなかで流動していた経済が甲殻を破って湧出し、世界には経済という流体＝ボルシェヴィズムだけが波打ち、政治という甲殻《イデオロギー》は流体の底で僅かに揺らぎ傾ぐだけだからだ。〈違法性〉の崩落により、可能的な革命もまた未遂のままに放置され、〈詩的〉言語の仮構性を底支えしたはずの〈沈黙〉は〈法〉と和解し、比喩たちも「修辞的な現在」を通過して、遥かに遠くまで来た。かつて、淀川の彎曲部にある毛馬《けま》で〈水守り〉として〈執行猶予〉の彎曲的な時間を過ごしたことがある佐々木幹郎の『鏡の上を走りながら』（思潮社）は、しかし、東日本の震災を挟んで十六年のレンジの作品群を六つのパートにして、光を聴き、水を聴き、土地を聴き、沈黙を聴く詩的思想的聴力が配分されたその底で、「水のなかで／呼んでいるのは　わたしです／／ことばということばが／透き通るように　消えていくのは／／ことばが　わたしたちを見捨てたからだ／風が哀しみを奪ったからだ」（表題作より）とうたわれ、あの頃新淀川の水底に永久革命者・与謝蕪村の絶句を幻聴したような抵抗性のシンフォニアが年代記を紡ぐように持続する。最初のパートで「声の織物」連作は三月一一日の震災をめぐる聞き書きの言葉から、「聴こえたんです。／／助けてください、とかいう声と、ショックで頭が……、　年老いた方かな、／／唄うたってる声が聴こえてきましたよ。／／潰れた家の下から。／／でも、わたしはそっちのほう見ませんでした。／／見ませんでした。声だけ聴きながら。いま思えば、それは民謡じゃなかったかな、と思ったんですよ。」（「声たち」より）、「津波が引いて行ったとき、モノが出て行かないで、水だけが出て行くんです。//そのときに、海の底がみんな見えたんですね。引き潮で。そのとき、ほんとに地獄の底を見たという感じでした。」（「防波堤」より）とどんな詩語も太刀打ち出来ない場面《「純粋言語」》が録される。「六月の悪意」では、アカギツネが鉄砲玉を眉間に撃ち込まれるが「生きものの本能は/死んでいながら立ちあがったのだった/逃げるために　土のなかの巣穴にもぐり込み/平原の真ん中で　神隠しのように/消えた//ことばも　生きものも　そんなふうに消えるのか/ここにあること　そのままで/雨の音も焚き火の炎も/六月の新緑の樹木の間をゆっくりと上昇していく/無数のタンポポの綿毛たち/そんなふうに　ことばも　生きものも」（部分）。たぶん、佐々木のアナロジカルで説話的な喩法は、あの〈法〉の円環性を、〈表現〉（黙秘）の敗北の原初性において繰り返し破ろうとするのだ。「女であるわたしは　わたしではない/男であるあなたは　あなたではない//わたしたちは生まれてから/ブランコに乗りながら考えてきた/天に向かって漕ぎ　地に向かって漕ぎ/わたしは　わたしではない/空気を悲鳴のように引き裂きながら/静寂を爆発させて/つかまっている二本の紐を振りちぎって/身体が飛んで行く方向を探していた」（「異神」より）とこの地上に「在る」もの、「身体という幻」は、性差・生死の彼岸で倫理的な審級に達し、「この世の底で」問い、抱懐し、慈しむ。

　さて、詩作における消音《ミュート》が瀰漫している現在、呼びかけ、問いかけ、命じるという詩語の形態は、仮構的なあるいは非在の二人称を踏み堪える危地に主体を追い撃つことじたいで反時代的であるが、「春夏」、「秋冬」に二分された三井喬子の『山野さやさや』（思潮社）では、「一本の樹」、「山野」、「爪」、「黒いカラス」、「金色キツネ」、「カメムシ」など生きものと全自然を擬人化を突破した位相に抽象しながら、呼びかけられ命じられた反世界が全現実に応酬するシーンが書き留められている。「ヒレを持つ者」では金魚が土砂降りの午後に空を飛ぶが、「しかし、だ／オーライ、オーライ、何のこれしき／おれ様は空と水を往来する傑物である、／伏してあがめよ／世界は雨である、／ただ雨である。／と言って　金魚は落ちた／どこか　何か　知らない硬いものの上に。／そう、／おれ様が救われるなどということは　あり得ない。／生まれたのは／捨てられた卵から、だ。／そうなのだ、／母など　いない！」と、救済を拒むまでの自己肯定において、傷痕が傷痕のまま放置される無頼においてファザーシップが演じられているのではないか。「際限ない議論と薄くなった酸素の下で／世界は激しく過熱した。」と始まる「熾火は発火せよ」では、「夏の密度」に落ちるカラスを「解剖したい欲情」が記され、「そちらは火事か、／こちらも火事だ。／燃える森の／燃える樹幹を断ち割るが、／ああ　何もない。」という野太い詠嘆が上がり、「熾火も発火せよ、／外延のコロナ　その最も熱いところに、／事を、／曝せ！／過熱する夏よ、／消尽してなお／そこに保たれる記憶　とは何か。／量とは何か、／質とは何か、／黒いカラス／大声で答えよ！」と問い命じる声は、その激情の拡声において男性原理を擬態し、自然にも寓話にも回帰困難なテオリアの線分を描く。

「秋冬」のパートでややモデレートになる。「全てを賭けても帰らぬ人、／わたくしは　あなたのもう一つの現れであり、／もう一つの哀しみ、／鏡像であった筈である。／見えつつ触れ得ない　との／聖なる約束によってなされた邂逅の／印、／汚穢の　蒼い花、」（「老いたる女神」

より）と「光る人」に呼びかけ、見送る。

『HAPAX』（思潮社）という聞き覚えのない表題は辞書では用例が一つしかない「孤立語」と説明されたが、長篇詩である表題作を辿ると作者の岩切正一郎が「……顔に唇ができるまえ……／……顔のなかを切り裂いていた……出口をもとめ……／……もとめていた……／／HAPAX《アパックス》／叫びを一片の美しい金属に変える者／／あれはぼくの好きなひとが座った椅子……暗がりのなかにひっそりと／……あそこにぼくの心臓を置こう……」とうたうスタンザが現れる。アパックスという無音のH《アッシュ》を頭文字とする意味を除去された言葉の孕む寓意に詩作そのものの寓意を重ねるかたちで、マニエリスムの線描を辿るような詩語のリズムは「忘却でびしょ濡れの妹」、「忘却でずぶぬれの母」を配置しながら、あなたとわたしのゆるやかな官能、現実を引っ掻けない雅語の恍惚を小刻みに散種する。もう一つの長篇詩「歌う犬」は、「ノイズのなかへ降りてゆく／まわりにあるものは奥からひろがっている」と書き起こされ、エッシャーの騙し絵のような攪乱的な詩語の遠近法を捏造するごとく、イメージの持ち札の断片が矢継ぎ早に切られながら、もつれかけた論理が薄く解かれてゆく。つまり、イメージという小さな「さやぎ」と一緒に生きるという話者は「人形のように……／……手足をはずしたり嵌めこんだりできる／人のかたちをした……愛や苦しみが渦巻いている／奇妙な海のなかを……」と記し、非現実性に支援されて、「人生は無意味」にも、「政治とエコノミー」にもノー・ガードで臨む静ひつな劇に自らを委ねるのである。

「事後性」においてこそ見出されうることがある。中村稔の『高村光太郎の戦後』（青土社）は、

「高村光太郎独居七年」、「高村光太郎『典型』と斎藤茂吉『白き山』」および「上京後の高村光太郎」の三章から成る四八〇頁の大冊だが、本月評では、二一〇頁までの冒頭の章、敗戦を契機とする高村の戦争詩以後の岩手県花巻山間部の山小屋における「自己流謫」七年の実態を光太郎自身の日記と書簡をもとに克明に辿った記述にフォーカスする。四つのポイントがある。まず、山小屋での独居自炊は、東京での罹災、アトリエ焼失という現実と生来の離群性によるもので、それじたいが戦時下の詩作への反省を反映はしないが、一九四六年作の「わが詩をよみて人死に就けり」を「暗愚小傳」から抹消したこと、一九五〇年の「今日も愚直な雪がふり／小屋はつんぼのやうに黙りこむ。／小屋にゐるのは一つの典型、／一つの愚劣の典型だ。」で書き出される「典型」をめぐり、「戦争責任」の痛切な自省、「深沈として痛切な声調と想念」を中村稔は認め、既往の自説を翻している。次に山小屋の設営から一九五二年の十和田湖畔の智恵子像準備に亘り高村光太郎は、堅固に社会化した生活者かつリアリストであり、自らの健康管理に怠りなく、太田村の共同体に根を下ろし、村長や中学校長らと信頼関係をつくり上げ、新聞、出版社、詩人たちを含む頻繁な来訪にも厭うことなくしっかり付き合っている。金銭の管理も十全かつ極めて律儀で、親しい版元には、中村稔がときに慨嘆を漏らすほどに寛容、「寄付」や用立てを惜しまない。三つには、戦後の物資不足のなか高村は共同体の贈与あるいはポトラッチのお蔭で花巻出身の宮沢賢治とは対極的な豊かな食生活を過ごし、戦後復興に準じ、十分な印税を得てタクシーを常用するなど、中村の反感は順当だが、社交性と享楽、消費感覚が亢進する姿が活写され面白い。最後に、参照書簡の七割が当時二十代の椛澤ふみ子宛であり、高村は健康状態をはじめ公私の詳細を「報告」している。二人は「清潔な交際だった」というが、智恵子との生活から「脱欲」志向の表明まで高村の他者意識とエロスには謎が残される。問題《アポリア》が戦意昂揚詩との連関に在るとするなら、その「事後性」のとば口には辿り着いたことになる。四季派やモダニストとは異なる強靭な責任意識や国家《社稷》感覚、ナショナリズムに張り合わされた表現意識とは何か。「暗愚」という猛省が現実に繋留されたまま「超越」には届かないなら、依然として「無限休暇」（瀬尾育生）が続くということか。この国の再ファシズムのバイアスが濃い現在、政治性の廃墟のなかで踏み堪えるべき内在的な暗渠は残余する。

山田隆昭の十五年ぶりの第五詩集『伝令』（砂子屋書房）は、生命体と環界をめぐる主客の関係を水分（海水）感覚を軸にして惑乱しながら「不気味なもの」を旋回する詩語が転調する。心象叙景の切り返しにおいて水際立つスタンザは、例えば、熱風のなかを電車の駅へ移動する「ぼく」の体感を描いた「炎天」では、「体が裂けたか／風が割れたか」、「体から海が絞り出される」という瞬発的話法、あるいは、浅瀬の「星形のひとで」を描く「進化」では、「移動するたびに／ざり　ざり／地球を貪欲に舐めている／夜も昼もなく／（ひとでに視覚はないだろう）／触れるものだけがたより／ひらべったく生きていたって／逞しければそれでよい」というユーモアを繰り込む。「白日」は、「コートの背中が割れた　カブトムシになるのだと思った」話者は甲虫の生態《ディテール》を怜悧に騙り、「変身なんていう重々しいものじゃない　やり直してもいいから　もう一度幼虫になりたい　あたたかい土の感触　鼻から脳に抜けてゆくあの懐かしい香りにまみれていたい」と呟く。五感的恍惚が構成するミステリーは、日常がカフカ的に盤石の条理であることを告知し、存在感覚に循環する。
『The inland sea』(archaeopteryx) でタケイ・リエは「離着岸を思い懐く場所」である瀬戸内海の十一の島々と二つの港での滞在の様子をひたすら写生しているふうだが、それぞれの場所が固有名のそこ以外ではない地勢や来歴《トピック》をリファレンスも付記して押さえながら、詩行には二つの時間が滞留し交差している。ひとつは、内海、島々の静寂の背後にある説話の時間であり、もうひとつは、「わたし」のいま・ここである。「女木島 Megijima」の末尾では「休校中の学校に/湾曲した木の根と草木があふれ/ジャングルのなかで/ブイがひとりで立っている/ブイは夜ごと点滅灯を光らせ/空に向かって生きる女の顔になってゆく/群れることからはずれても/だれかと響きあえたら/わたしだって生きていける」という投影も現れる。一方、「伊吹島 Ibukijima」には「イワシ漁で栄える家に生まれたら/魚網や浮きなどの漁の道具に囲まれる/日々は魚群のようにすぎてゆく/瓦屋根と長いひさしの下で営みはつづく」という説話的叙述があるが、それ自体が「わたし」の息吹であり、時空の堆積が現在《いま・ここ》へとデリバリーされるのである。

　災害救援に因む本で野田正彰は、阪神大震災をめぐり発言した研究者は「専門離人症の傾向があった」と述べた。詩人は現実体験においてさらに脆弱、いやデタッチメントのまま役立たずだから詩人という月桂冠があると付会したい気分になったが、そんなことはない。多田陽一の『きみちゃんの湖』(書肆子午線) は、感傷から遠く、障がいと向き合う子どもたちと淡々と向き合うというメタ・リアリズムの地平で、「この一瞬を生きぬく/静かな微笑みに/わたしが微笑みかえすとき／ひとつの宇宙を抱えたきみの／地球がまわる」（「序詩」末尾）という黙示のような対話が始まり、子どもたちの存在のポエジーと交差しようとする。影絵を見る授業で、「きみは力を閉じこめた迷い人／両手を泳がせ／笛のように鳴る喉の暗がりに／母音のひびきをそっと置く／世界を抱きしめようとする／産声にも似て／きみのうっすらと色づいた唇が／ことばの葉脈に／口づけをする／／静かによせてくる／きみからのひとすじの径《みち》が／ほのかに光りだす」（「うっすらと色づいた唇が」末尾）。子どもたちは天使である。天使たちの姿に同一化する場所、それとも、その不可能性を抱懐する抽象《アルキメデス》の支点が「呼びかけ／呼びかけられて」「星のかけら」になった身体の何処かにある。「ころがる鼓動を／陽の光に差しだすきみの／瞳に宿る影法師／いのちの谷をいく／その姿が揺れている」（「瞳に宿る影法師」より）と「昏い発作」の「たっくん」に寄り添う。詩人も捨てたものではない。（9月）

抒情主体の審級、トポフィリア

「絶対抒情主体」。中尾太一は、第一詩集『数式に物語を代入しながら何も言わなくなったFに、掲げる詩集』の「あとがきにかえて」で、「手渡す－受け取る」という力線において、「どうしても伝えたい」という幼い覚醒、生死をめぐるあえかな希求に直截に関係する声に向かう

「全身」をこう名付けた。しかし、抒情の強度を託された「物語」が数式に代入される、抒情が形式に追い込まれ、「何も言わなくなる」主体へと収束する、その主体に語りかけるという自己言及の循環、ゲーデルのように言えば、任意の再帰的で無矛盾《絶対的》な論理式＝抒情の叙述《「物語」》の無《絶》矛盾性《対性》はその抒情・形式においては証明されないというアポリア《不完全性》は、どういう事態であり、どうそれは乗り越えられるのか。さらに、抒情・主体が「絶対」的＝根源的であるというなら、息子イサクに死を与えるアブラハムが神に「ウィ、ウィ」と二度肯いたように、それは、世界の関係の総体をめぐり、法あるいは責任を担わねばならないということか。

岸田将幸の論集『詩の地面　詩の空』（五柳書院）は、中尾のこの詩集について「愛した者への沈黙が何かをきっかけに饒舌へと反転する、あの決壊の瞬間に似ている。それは、愛が終わった後の少しの荒廃と奇妙な晴れやかさの時に不意に訪れる、抱え切れない情動のせり上がりだ。」と書き起こし、「絶対抒情主体」を、詩作過程における「抒情が表現する表現（詩作品）の表現（著者像の提示）」という「供儀《ママ》の者」のような抒情への多重的な遅延の代償性、「抒情と著者とを死なせないためのライン（目印）を引く」ことに見出す。主体は「絶対的」に著者＝「僕」ただ一人であるが、「複数から成る過去の同意が同意の立体として現在に表現された「僕」」＝「君」《二人称》にも終ることなく循環する。災厄を旋回する吉増剛造の詩集をめぐり、岸田は、吉増自身の自己言及以上の評価の困難を踏まえ、「この世の空白化の意志」の詩形式が「災厄＝空白化という怪物の接近」において「ごろごろ／ごろごろ」という「不吉な音」を伝え、ついに「災厄に晒された残骸」としての『怪物君』において「どんなにこの世が破壊されても、破壊の痕跡は陸前高田の砂山のように、具体的な膨らみを伴ってこの世に残存し、それが胞衣となって、新しい別の生命の胎動を準備する」姿を画定するだけではない。「ごろごろ」という「空洞」の韻律に、「イエスの墓を塞いでいた大きな石の転がる音」、吉増の「信仰告白」を聴こうとするのである。もう一人の「絶対抒情主体」による、至近距離で太刀が振り下ろされるような殺気をも秘めた批評の覚悟性によって、石牟礼道子における「百姓の感受にある者」の「おもかさま」＝祖母との同化力、「生態系の原理」を骨肉化した「醒めた目」が、吉本隆明の「固有時との対話」の散文脈が、「存在の終着点「空洞」へのまなざし」が、「沈黙の総量」を「決壊」した発語の「時間」の接続形態であることが、エシカルに刷新される。

直接的でときに情動を打刻する岸田のエクリチュールは、農業に移るてん末と心情に触れたⅣ章、Ⅴ章の「農業日記」に至っても緩む気配はなく、叙事と叙景を繰り込んで体験を内在化するポエジーが持続する。とくに、「農業日記」は、黒田喜夫の日録やシモーヌ・ヴェイユの「工場日記」を彷彿させ、「今日も虫を殺す。ためらいなく踏みつぶしている。草を見れば根元をすり潰し蹴って歩く。ようやく一人前の「人間」になれたようだ。人間は決して滅びない。さらに下卑たかたちで生き延びるだろう。」という6月14日付けの地の塩に身を挺した述懐だけでも巷のレトリシャンたちを戦慄させるはずだ。

「すくなくとも〈身体の詩〉という表現内容は、〈詩の身体〉という表現形式と不可分であるわけだ。そこにポエジーがある」（『萩原朔太郎』）と、『月に吠える』の朔太郎をめぐり分裂し統合する「身体のヴィジョン」を強調した野村喜和夫の『薄明のサウダージ』（書肆山田）は、ともに十二篇からなる冒頭の表題連作と、その「異文状片」の連作を末尾に配し、月夜あるいは有明における朔太郎の〈詩の身体〉を「眼底から眼底へと」運ばれる「薄明」のもとで徹底的に現在の時空に引き直し異化し尽して〈身体の詩〉を形成する「相対抒情主体」の実践である。二つの連作の他、同じく十二篇の断片的な連作「夜の臍」、「閾をひらく」、エロチックな夢のスペクタクルが重層する連作十二篇「跳ね月クロニクル」と説話的な「轍の私に沿って」があり、テクストのシンメトリカルな構成の中心に「眼多リリック」の一篇が置かれる。駄洒落のようなタイトルのとおり、一冊の〈詩の身体〉をつらぬいているのは、表題連作の第一番に掲げられた（薄明を遊びつくせ）というコンセプトである。「相対抒情主体」は、「眼多リリック」から言葉を拾うと、抒情の「夜なき夜」に、「憂鬱の黒い太陽」、「夢に囚われ、をさまよう、われわれ」に「逃れることはできないのだ、せめてその場で跳べ、痙攣であれ、／囚われの言語、跳べ、痙攣であれ、おまえたち、／前後幾重にもふえ、どれが本体であり、残像であるのか、／おまえたち、われわれ、予兆と、現在と、痕跡と、／そのすべてとなって、跳べ、／痙攣であれ、」と呼びかけ、「ふいに生が深まる、／ほうへ、」詩語を導く。再帰的に析出された詩句の縦横無尽なファルスには「やがて全き夜が、あるいは昼が、私にだけ重力についてのありきたりな真理をもたらすとしても、それまでは私よ、薄明を遊びつくせ。だがそれは、遊びを薄明しつくせ、と言っても同じことだ。遊びも薄明も、その外はもたないのであるから」（「薄明のサウダージ異文状片」第一番の末尾）という呟きが伏流するはずである。

「絶対抒情主体」が生の一回性において「外」を包摂しているのに対して、「相対抒情主体」

の〈詩の身体〉は、「外」を遮断し、地上の掟を振り切り、マルドロールのように何度も死んでみせるのである。

　石田瑞穂の『Asian Dream』（思潮社）は、CDジャケットのような正方形の瀟洒なデザインだが、表題作をはじめ二十一篇の作品は、タイトルも内容も、すべて、一九九〇年夏にサンフランシスコ対岸のオークランドに降り立った当時高校生だった作者が演奏し聴き馴染んだ「ジャズナンバーとインタープレイ（対話）するよう希われ書かれている」。「暗視カメラのなかの砂漠国では／ミサイルの慈雨が降りそそぐ」父ブッシュによる第一次湾岸戦争のアメリカ、ジャズ、アジアン・ゲットーに犇めく移民の来歴。楽曲をトレースせずに書くしかないが、「外《アメリカ》」の「外《一九九一年》」の「外《外国語》」からエクリチュールの現在に呼び戻されるのは、「カウチで居眠りしてしまった／ぼくの顔のうえを／テレビのサンドノイズが漂い／秒針の幽霊みたく／夜が色を洗い流した皮膚をちくちく刺す」（「Asian Dream」より）という昨日の出来事のような「異化」の余地もないくらいに鮮明な体感の痕跡であり、それらは、日本語に裏返されただけで乾いた音韻《ビート》を刻み始める。「よお　アジアンガールの英語名は／なんだって　みんな花なんだ／世界樹から泥池に散華しようとするんだ／カリフォルニア名物スモッグ色の夕陽はスラングだ／（……）／おなじ韻を踏みつづけたら／街中から詩が消えて／なくなるんじゃないか／記憶とはいえ心配になる」（「Slang」より）。音韻《ビート》を駆動するのがジャズであれラップであれ、世界権力や日米関係とは別のコンテクストで、「ちいさな鏡のついた暗黒アートの／仮面をかぶり　汗みずくになりながら／あらゆるものを焼きつくす大人に／ぼくらは　秘密を問いかける／あんたは世界を壊しているのか／いいや　そいつは逆だよ／おれらはまさに世界を創っているのさ」（「Mirror, Mirror」末尾）と応答するアメリカという神話素、自然過程に人間を飲み込んでしまう「自由」の威力、記憶を血流にして物質化する網状体は畏怖されるべきである。Asian DreamとはAmerican Dreamへの切ない投影であるのか、あるいは、「夢の黎明」の「いつまでも続く待機状態」のことか。

祖国リトアニアで一九四二年から反ナチの地下新聞の編集に従事、四四年以降、ドイツの収容所を転々とし、四九年にニューヨークに移住したジョナス・メカスの代表作四本を納めたDVDセットを、月評子はパリ滞在時代、サンマルタン運河近くの専門店ポテムキンでゲットし見呆けたことがあるが、『ジョナス・メカス詩集』（村田郁夫訳、書肆山田）所収の、一九四八年の「セメニシュケイの牧歌」二十六篇と、一九六七年作という「森の中で」八篇を読むと、メカスの映像が極度に詩的なのと同じくらいメカスの詩は掛け値なしに映像的だ。映像的であるというのは、メカスの「見る」人としての自己確信が、故郷の四季のめくるめく光彩だけではなく、驚くべき聴覚、嗅覚、触覚を結集した愛惜の視線で風景を彫刻し、詩語が現れるのである。彼は女たちを見る。「子供のころ、長い秋のあいだ、また、十二月の夕べ、／私は、女たちを見つめていたり、／女たちの紡ぎ車のうなる音を聴いていた、／そうしたとき、彼女たちは、みんな、一様に、／身をかがめ、指に唾をつけ、紡ぎ車を踏んでいた、――／ランプの光りに照らし出される／彼女たちのかがみこんだ頭は／おそらく、女たちの夢にひたっていたであろう、――」（「牧歌13　私の幼年時代の女たち」より）。メカスの追憶はセメニシュケイを音、匂い、歌に満ちた宇宙《トポス》として構成する。だが、アメリカ移住直前の「牧歌」と「そして／私も／人生の／道のりの／なかばを／過ぎて、／／暗い／森の中へ／入って／行った、」とリトアニア語で書き起こされた六七年の「森の中で」との形態の落差は何なのか。当て推量になるが、あれだけ故郷に愛着したメカスにとって、ニューヨークとは、「今日の／時代／いっさいの／ものが／崩壊してしまった、」（「6」冒頭）煉獄であり、その煉獄において、メカスの詩神は、その強度のまま、言葉から十六ミリカメラに乗り移ったのではないか。「森の中で」において、メカスはトポフィリアの懸崖に在ったのだ。

川上明日夫の『無人駅』（思潮社）は、彼岸と此岸をわたる翳が風のなかで佇み、その和えかな呟きがつぶやかれる「魂」のトポフィリアだけが緩やかに許諾する抒情と叙景の文法が、連辞を脱臼し、概念を擬人化し、雨《水分》を求め、「白骨草」、「呼霊《こだま》」や「命の栞」、「死の仄かな改札」など有限性と戯れる話者の時空を密やかに貯水している。「雨が降っている／鶸が鳴いている／いつのまにか　魂が　終《や》んでいる／雨上がりの／空の途を／今なにかが　ひっそり　傘をさし／還っていった／読みさしの机の上の私のせせらぎ／書籍の水辺にも／ほそい秋の虹が架かっていて／その橋をわたって／もう　だあれも還ってこない」（「雨、鶸が鳴いている」冒頭）。喪失でも慄きでも諦念でもなく、さびしさにも悲しさにも距離が置かれている。未完了で進行している気配は何か。「海、ターナー展で」で、「テレメール号」をめぐり、「人がみえないものとはなんだろうか／みえないものみようとする精神とは／この沖の／空の窓辺の　きもちのいい海原には／さっき　ひろげた／小波《さざなみ》の思案が　ひっそり／あなたを　浮かべて／そんなみ

えない　風の掌で／夢みここちの／ながめのいい沈黙を　すこし騒いで／いる」（部分）とうたわれる心象《スケッチ》は「こころの喫水線」に等しい。

さて、稀代の編集者にしてベテランの詩作者が、面識があり物故した六十九人の現代詩仙たちをあいうえお順で列挙し、折句Acrosticの形態で呼びかけるという試行が現れた。八木忠栄の『やあ、詩人たち』（思潮社）である。詩仙たちへの極私的な親近と代表的詩句との交響がクリシェをどう超えるかに作者じしんの詩的冒険が紡ぎ出される。辻征夫《つじゆきお》に対しては「つい隅田川までひとり歩いた。／ジャックナイフをポケットにしのばせ／遊覧船をぼんやり眺めていると／きみの吐く息を吸いたくなってくる。／おれの夜には、星よおまえも……」。翻って、西《にし》脇順三郎《わきじゅんざぶろう》には、「西日が　川べりに／しゃがむ女たちを照らし出す。／われもわれもとバスケットにしのばせてきた／きんぴらごぼうと／じゅんさいをさっさと食べてから／座敷へ急いでひき返したまえ。／ぶじに帰りついたら／廊下で神々のわいだんを盗聴しましょう。」

言葉がツボに当たると、彼らの生身の姿が詩語を回り込むふうにくっきり現れる。

やまもとあつこの『つきに　うたって』（空とぶキリン社）は認知症が次第に進行する母とのやりとりを、犬のぬいぐるみの「みっちゃん」も加えて、静かに時間を流しながらスナップショットを重ねる。描写に徹しながら、抑えられていた感情が時折小さく溢れて転調をつくり出す。「二人で歩くとき」では「それでも／手をつなごうとはしない」、「だれでしょう」では「母は／わたしのことを／「わたしのだいじなひと」／と／呼んだ」。やがて、「笑うことが少なくなった母も／あくびのあとは／なぜか／笑顔になっていた／（……）／でも／今は／笑顔にたどりつかない」(「あくび」より)。母娘の絆は言葉であり、言葉ではない。その中間に二人が漂うという時空が抱懐され、川岸で母を見送る。

中嶋康雄の初めての詩集『うそっぱちかもしれないが』(澪標)は、三部構成でⅡの散文詩一篇を除いて話者は加速的なイメージの乱調のなかに身を潜めるようだが、詩的論理をいくら壊しても世界の条理が肯定されている。「空中をクラゲが乱舞する/ブワブワするゼラチン状の傘をかき分けて/ボクたちは通勤するふりをしたり/愛のことを考えるふりをしたりする/空から/通勤する義務や愛を考える義務が/降り注ぐからしかたない/義務だと思えばただのクラゲだったり/ただのクラゲだと思えば義務だったり/生まれたときから/クラゲをかきわけているから/クラゲがいないと窒息しそうな気になる」(「九丁目」前半)。シニシズムから遠く、「ボクたち」はクラゲと共生し、「うそっぱちかもしれないが」ほんとうは、ぜんぜん、「うそっぱち」とは思っていないのである。

(8月)

詩的論理に隠されたもの

加藤典洋が亡くなった。いくら惜しんでも足りない。「戦後」をめぐって考えに考え抜く現在進行形の重厚な影を刻んだまま、この国屈指の言論人が突然にこの世を去ったことに暗然とし、日々が経過している。護憲のロマン主義的自己欺瞞にもイデオロジックな改憲の牽制にも与しなかった加藤は、文芸批評のアナロジカルな柔軟性と抽象力を保存しながら、反原発の言説を貫く実証的な態度が示したように徹底したリアリストだったと言いうる。「現代詩手帖」二〇一九年二月、三月、四月号でその加藤典洋の「僕の一〇〇〇と一つの夜」と題された詩作品が短期集中連載されたときには、余興のようなものかと訝りもしたが、いまでは、それが切迫的な最後の言葉として書きつけられたことが判る。詩作品「たんぽぽ」は、「私たちはみな／死んでいる／生きているというのは／間違いなのだ／私たちは／みな／死んだ人の／夢なのだから／／そう／たんぽぽ／／死んだ人が死ななかったら／私たちはいなかった／私たちと死んだ人たちのあいだには／超えることのできない壁と／秘密の回廊がある」と書き起こされる。生と死とがすれ違う回廊のドアが閉じられ、私を脱ぎ捨てた私から取り残された「私」は、たんぽぽのワタゲのように飛ぶ。詩的主体の俯瞰視線は「私」の生死の時空臨界を抱懐している。彼じしんの末期の眼以外ではないが、このような時空間の包摂と転倒は、三月一一日の出来事以降、この国の「私」の底の底で消去されない傷痕の表象でもあるのだろう。

渡辺玄英が東日本の震災以降の詩作をまとめた『星の（半減期）』（思潮社）の作品群は、いっかんして「明日」（未来）の喪失における現在の脆弱な偶有性を、星の光や夜空や虹を交叉させながら重層的に描き出している。「まだ起きていますか。未来が死んだところです。」と書き出される表題作は、「（スイッチを入れて／耳を澄ますと／（夜のソラに／明日の朝のトリの囀りが消えていく／一月後の街の喧騒が消えていく／一年後のきみの声が消えていく／（あたりはしんとしているのに／たくさんの未来の声が（さいげんなく／きえていく（きらきらと／ほしのようだ（ほしのようだ／（……）／だからここには（いないはずの（ぼくらわたしらが／次々とセカイから消滅していく／~~（死んだ未来のぼくらわたしらが、~~／いっせいにいいね／って反響している（いるね」と続く。「夜空を見上げているぼく」という主体は「ぬけがらのぼくの残響」として消失する。淡々としたリズムで語られる詩語が、宇宙に臨んだパスカル的な畏怖をセカイ＝日常の可能的な終りに引き直してみせるだけではない。「宇宙に突き出している／断崖」としての「ちきう」で「はためく風景のはためき（笑えよ、風景のように／未来のわたくしは将来これを見る／ことになる（なるに違いなく（なるかもしれず（なるだろう／鳴るのは何？／鐘の音？（ちがうよ、遠く／遠くで空が割れる音／未来はくるくるまわりながら」（「ひかりの分布図」より）と時間の転倒を記すところまで追い込まれた極度な論理性は、「空が割れる」あるいは洪水などの災厄に連関するセカイの「分岐」を担うエチカとして現れるのである。吉本隆明は、第一次戦後派の小説群に戦争体験を原基とする「時間意識の崩壊」を認めたが、「ぼくは知らないが知っているなぜならこの時間は／ないはずの時間だから／いないはずのあなたにぼくはふれる」（「空の（針」より）という呟きの背後で、セカイはつねにすでに廃墟だったという啓示が回帰している。

　詩的論理のエッジに啓示が回帰するという思考のフレームに入沢康夫が二〇一三年に自ら選択し構成したというライトヴァース集『キラキラヒカル』（書肆山田）を配置してみる。ライトヴァース、志向的な口語性の抑揚に都市的な情感や不定感をのせて構築性を壊すようにスタンザを短く繰り出す。「根の国・底の国」を徘徊しながら、「偽記憶」を騙る入れ子的な言説構造における「私」＝入沢康夫によって構築された「擬物語」（全現実と詩作の接続の終りなきはぐらかし）とは、真逆ではないか。だが、入沢自身によって（どこまで演戯的か不明だが）「ライトヴァース」として選択・定義された作品におけるライトヴァース「もどき」＝パロディ性は、異化効果だけではなく、例えば、「ことば・ことば」末尾の「ありとあらゆることば　その向う側に／いったい何があるか　知りたいかい／／きみにだけ　教へてあげよう　内緒だよ／地霊《グノーム》みたいな黒いこびとが一人／悲しい顔して　しやがみこんでゐるのさ」という啓蒙をぎりぎりのところでかわすイマジナブルなエクリチュールの再帰性を確認することが出来る。

また、「現代詩手帖」二月号の追悼特集で佐々木幹郎が入沢の「要するに僕の詩は、ある面では音の詩なんですよね。意味がわからなくても、音を聞いてくれれば成り立つようなところがありますから」という談話を切り出しているが、入沢作品が起源の不在を多層的な寓喩に落とし込むテクストでありながら「説教節の語り口」を骨肉化したような朗誦性において、「豚をつれて街を遠望する野道を歩く。／ぼくは言つた。／「何もかも相対化しながら、／奇妙な秩序が固定して来てゐる。／みな口を開けば／正義も真実も踏みにじられてるつて言ふが、／いづれは一切が正義、一切が真実と／いふことになるのだらうぜ。」／豚が答へた。／「爺さん、繰りごとはよせ。／もうお前たち人間の時代は終るのだ。」」（「春の散歩」より）という警句のリズムにしても、「この親しきが上にも親しき友どちの中にゐて／親しきが上にも親しき友どちの中にゐてさへが／なほ／「ひとり　異郷にありて異客」たる思ひは／そも何？」（「江上夜宴歌」より）という詠嘆にしても、吟行の原初の超越が現れるのである。
ライトヴァースは、形式の問題ではなく、エチカの問題であるという「本音」の伏在じたい、パロディではなく、パラドックスの実践だと言ってみたい。

秋川久紫による『フラグメント　奇貨から群夢まで』（港の人）は、「身代の移転もしくは奇貨の認定を巡るエスキス」から「ヨハン・セバスチャン・バッハと超獣群夢を巡るエスキス」まで、主にビジネスや会計用語が駆使された二十三篇の「エスキス」から成り、それぞれ、一つのタームに関する五つの断片と連関的な四つのタームについての断片で構成されている。断片群は換喩的かつ提喩的である。「あとがき」で「詩語としては明らかに〈異物〉の様相を呈しているものの、（……）現代詩がこれまで無視して來た経済上のシステムを見据えつつ、その荒波に対する個の内面からの抵抗の姿勢を示したかった」という意図が示される。「きみのものがある／きみのものはない」と始まる飯島耕一の「私有制にかんするエスキス」の抵抗は抽象‐暗喩で遂行されたが、秋川は「いいか。キャッシュフローを改善する方法は三つしかないんだ。一つは収穫の時期が印字された暦を刷り直すこと。一つは寒暖を司る座標軸を反転させること。そして最後の手段が魂を啄む赤い鴉の〈流浪の軌跡〉に従うことなんだ。」（「プライマリーバランスと糖質制限を巡るエスキス」より）と機能言語に暗喩を接続し、全体として換喩（連辞‐置き換え）の様態で抵抗性を画定しようとする。「貴方が殺めようとしているのは、どうせ柑橘類なんでしょ？　その程度の苦渋しかないから、善意の演算すら解けないのよ。斬るのなら、猛禽類に挑んでみなさいよ」（「刺客試剣と賜金圭角を巡るエスキス」より）。隠語《ジャルゴン》的な擬論理が日常へ隣接する威力が詩語として逆用され、不意打ちのようなプロポジションとして現れる。

詩的行為の実験性において対照的だが、辻和人の『ガバッと起きた』（七月堂）は、三五〇頁以上の小ぶりな電話帳のような冊子で、二〇一一年末、祐天寺の一人暮らしのアパートで「よし、結婚してみるかな／布団はねのけガバッと起きた」ところから、ネット婚活でミヤコさんと知り合い、数か月の交際を経て、一四一頁（九月下旬）で求婚、転居して同棲、結婚準備、二〇一三年三月に挙式、二年後には家を建て、その一一月の終りにミヤコさん＝ミヤミヤの同僚の娘たちを自宅に招き、「ガバッと起きてから3年目／生身で／来た／来たぞ／やって来た」と締め括られるまでのてん末が、ねじめ正一と往年の椎名誠を混ぜたような諧謔的かつ加速的な文体で、擬態音を鳴らしながら活写される。

「うーん、うーん／いやー、いやー／とゆーか、とゆーか／で避けてきた「ぼくの知らなかった世界」が／どんどん近くなってくる／どころか、押し寄せてくる」（「たたたんたん」より）というふうに。随所に祐天寺から同居してきたノラ猫のファミとレドや話者の分身のような「光線君」が現れ、語りが多数化する。「あとがき」で、「妻となった女性の気に入らないことは一切書かない」、詩作では妻の容赦ない「検閲」＝「添削」を楽しみ作品化したという普通の詩人たちの意表を突くような作者の態度表明がある。これは、ロベルト・ムージルが自分には伝達欲求が足りないと言ったのとは逆の事態だが、伝達すべき他者が痛烈に抱えられることで、言葉たちがその他者の視線を浴びて改稿されることで、詩語は密室的な自由を失うのではなく、超越的な主体性に均衡する契機を得るのだと考えられる。何故なら、作者は、いっかんして

「生身」であることに躓いているからである。プチ家出した猫に「「おはよう」を言ったりハグした後に現われる／弱い草が薄い陽光になぶられるような／しなる薄暗い空間に／ひゅっと入り込んで／密かに体育座り／なんてことは「夫」になってからも何度かやったよ」（「あるサボタージュのお話」より）とささやくポエジーは、「生身ってすごいなあ」という実存的な驚きを詩語へと不断にキャリーした肯定性の親和感と張り合わされている。

さて、このところコンスタントに詩集をまとめている細田傳造の『みちゆき』（書肆山田）は、冒頭の表題作では、山道のすがら、「アルケルカ」という音声に「もう歩けない」と答えた話者は落葉に埋まってゆく。「実家」をつくったら、孫や息子の嫁は早々と帰り、つれない。「鍵」では「童女はわたしをキライだと言った／おしゃべりだからキライだと言った／だから近所の無口のおじいさんになった」と受け身で始まる。童女が少女になって「おしゃべり」は許されるが、何時になく、懐旧的で弱気ではないか。そう思って作品を辿っていくと、次第に、記憶と現在に幻想が乱入し、民話的エロスを醸し出す細田節にドライブがかかって来る。「恋《ラヴ》に就いて」の後半は「地の果てよ散って散って精兵／ゴールイン……／ご褒美はミドリの消耗の隅とグリコのおまけ／プラスチックのちっこいヘリコプター／ソ連製だよ／裸のお腹からお腹へ飛ばしっこして遊ぶ／もう七時間も遊んだ／レディー李よ朴もう飽きちゃった／火急に空腹覚ゆる事にして／外に出よう！　ケジャン食いにゆこう／図らずも湖畔の宿にて／イムジンガンで採れた蟹を噛んだら／こっちの歯が「北《チチ》」と鳴った／李スニのあそこが「南《ハハ》」と笑った／何か盗漁している気分だ／放精していない時はいつも異邦人」と危うく疾駆した詩的論理がラスト二行で団円する。落葉の「みちゆき」から剣呑な「間道」へ。

だが、細田ダダイズムの底にある批評性には年季が入り、元手もかかっていると言わねばならない。それは、来歴の蓄積ということではなく、体験の伝達欲求を沈黙に帰していくような土俗感覚、民衆感覚が「発喩」の寸前で喫水したということである。

本項の表題に「隠されたもの」と記したが、例えば、震災に因むフィルムに準えるなら、大地の揺らぎは『希望の国』（園子温）の主題的悲劇《ロマン》から『彼女の人生は間違いじゃない』（廣木隆一）の「事後性」における非主題的日常《アポリア》へと、苛酷に潜在化《複数化》し、被覆《象徴化》を強いられているということだ。佐藤美樹の第三詩集『階《きざはし》』（砂子屋書房）も、夫の闘病と津波が交差する「死の砂時計」の時間感覚が、旅や祭りや追憶の風景や日常の静ひつな気配に瀰漫している。場面場面について幾何学的とも形容しうる選択性の強度があり、通底する喪失感によって心象風景の輪郭が水際だつ。「落下」という作品では、話者は階段から落ちて打撲するが、そこで、「止まりたくても逆らえない自分への重力を知る」という中動態的な知覚のまま「時軸の歪《ひず》みに入り」こみ、場面は発掘中の古墳に移る。「時を越えた問いかけは／進みながら後ずさりし／心の深層へおりてゆく／止まったかと思えた地への落下は／未来・現在・過去の対辺を捩じる帯となり／ひと続きの環の曲線をつくりだす」。捩れた時間が縒り合わされ、慰藉の声に円環する。

表題作では、梯子を一段ずつ上るという行為は、光、暗闇、「深い和音」を呼び込み、「開かれた扉の向こう側で／青い天《そら》が雲を抱き／雲を割る幾本もの真っすぐな光の列が／地上に射しこむ／／小さな梯子をつなぎあわせ／瑠璃色の／言葉の深遠を探し求める」と結ばれる。

象徴主義《サンボリズム》に通じる縮合のオーソドキシーには、やがて体験の固有性を非主題化して、未来へ再帰する萌しがある。

内田範子の十年振りの第二詩集『カーブミラーの中の道』（オリオン舎）の表題作で、話者はクルマを運転している。今更ながら、たいがいの詩人が歩いてばかりいるなか、クルマ走行の身体感覚を詩作に持ち込むというのは存外ユニークではないか。「道という字」の「死人の枯骨を以て標識と為す」という字義に慄いた話者の「ミラーの中の道に立つと／道の困難さ果てしなさに／私は余りにも小さい／どこを向いても自分ばかり／他人が見えなくなって／自分の進むべき道も分からなくなる」という我執への躓きは「最近私の手が水のにおいを発している／沢山の経験をしてだんだんに薄くなり／水に近づいてきたせいだろうか／私の中を水があふれ出す」（「水のにおい」第一連）に連なる。

けだし、現実界《出来事》の不気味なもの、分節不能な不安は、その固有性の本質《非-固有性》のみ象徴界《詩-作》へデリバリーされうる。固有性は、ついに隠されたものの残余であるほかはないはずだ。（7月）

ランボー的卵劇、あるいは発喩する抒情機械

帷子耀は、一九六八年に十三歳で「現代詩手帖」新人作品欄に投稿を始めた。一九七三年、

十九歳で詩を書くのをやめたトリガーは、小冊子『スタジアムのために』が驚くほど売れなかったことと、「ユリイカ」にフラれたことだと語られる。さらに、「わからんと言われるのに飽きてしまった」、「あまり読む人もいないようだし、うーん……という感じで静かに下がっていった」（「現代詩手帖」二〇一八年一〇月号所収の鼎談）と補足説明されるが、他者承認のこの程度の不全感は今や大半の詩人の作品行為の前提であるはずで、藤原安紀子は、それは道化ではないかと的確にリアクションした。何かが、偶発的に相関する出来事の塊のようなものが隠されているのだ。その大凡百年前の一八七一年、マルクスの第一インターナショナルの理論に触発された パリ・コミューンの土壇場にパリにやってきたランボーは、自らを「見者」たらしめた狂乱の心象を「私とは一つの他者なのです」とドメニーに書き送った。ヴェルレーヌとの恋愛、破局、ヴェルレーヌの発砲を経て、一八七五年、ランボーは『地獄の季節』を最後に筆を断ち、砂漠の商人となって、もう一つの「詩」の歳月を生きた。ドゥルーズはランボーに「調和し得ない諸力の束」を見出したが、『帷子耀習作集成』（思潮社）のむき出しの喩の連鎖を辿るとき、帷子耀における詩の終りの、その背後にある他者承認の挫折に集約しえない何かを追走する誘惑には、なかなか抗しがたいものだ。本文は、詩作品と散文について、未発表作品と前記の小冊子以外は、それぞれ発表順に並べられている。一九六九年五月発表の六百行を超える詩篇「夢曜日のへりで」から「仮死の横顔おおっぴらに気ばらした／胸つかむ母を志向して／踏み迷う草深い非常線にひれ伏し／喝采かみ殺す船長の義手も苦く水葬を待って垂れていくだろう未来に／死産する少女かこむ密航船の魔術ほのみえる／夢巨鯨の液状眼球えぐりとれ！」、「豊飽な死児の周辺に不安な隙間は／真新しい仮構の夜気みひらいて／西部劇の黙示に／血便ふりはらったさ」、そして「熄《や》むことのない単語の不在を発音する聖灰の誘惑に負け負けて生い茂る陣地の根こそぎ／周囲の語尾変化は同心円に言いかける」。六八年の革命と十三歳が差し違えている。村瀬学は『13歳論』で、初潮＝「子を産む」という生命体の摂理を性差を抽象するかたちで、この年齢で「観念の受肉」が果たされると述べた。さらに、六八年は、性、政治、暴力、望郷／土着が身体性に凝集され、吹き荒れ、未遂の夢が叛乱した。詩の一行で世界を打倒できるのか？　つまり、それぐらいに、世界は言葉であるのか、というふうに。一行一字から始まり二十字で折り返して一字で終わるカリグラムの作品が表題を付されないまま連続し、「身重なプラトン冒頭を告げる無謀を／あくまで没とし　某と血忌に没頭する／なき首の高さに蛾の粉舞う匕首をあてた／叛半馬！此こそわが骨の骨わが肉の肉なれ」というスタンザが記された。この一回的な卵劇は件《くだん》の小冊子におけるカリグラムの作品「(望郷)」の最終部「むかひには遅れて實る／風の裂果　掌短かに／まひなたに連弾の／あはれにさはれ／たけなはの青／不肖の草と／エレナと／惨たり／底に／靴」で終りの気配を見せ、「波はひとつである。波と波はひとつである。波とあらゆるものはひとつである」という「後記」のエピグラムが記される。パリ・コミューンが七十二日で壊滅したように六八年の革命も必敗を反復したが、発生の本質が現存をつらぬくのと同じくらいの強度で、詩の終りのシークェンスが詩の始まりに円環すると考えるなら、黙契のように歳月を通過した帷子耀の卵劇が、まっさらなテクストとして出現する「いま・ここ」は、帷子の他者性の挫折に伏在する何かが調和しない諸力へとリセットされる、帷子自身と読者への挑発の時空以外ではないだろう。

ならば、「詩作者」を名乗る阿部嘉昭の『日に数分だけ』（響文社）は、帷子とは対極的な、しかし、「いま・ここ」に通底する挑発、詩の終りが行きつくのは、詩の始まりではなく、詩の終り以降であるという確信に足場が置かれる。どういうことか。他者性がつねにすでに挫折しているのなら、なおかつ、牧歌的な「像」が剝奪されて奪回が困難なら、資本制社会の消費が差延された生産であるように、「詩作」から詩的情動の聖性を消去して、「発喩」と詩語を、デリバリーする主体ではなくデリバリーされる非在の他者において駆動するのである。テクニカルには、詩的効果（交換価値）から「発喩」が逆算される。非在の他者は削除された主体の鏡像であり、「発喩」された詩語は、「排中律」に自らを追い込み、騙りの非決定性を漂う。「日のあふれるつながりのうち／いくつかをちいさくおもいおこし／単語をしるすひとはさいわいだ／なにも帳面にはかかないまま／あるくかたわらのへきめんなどに／であったことがらやすがたを／すくなくのこすひとがうつくしい」（「日記人」冒頭部分）。ひらがなの還元力、和語のメーロスに委ねられるのは、「詩作者」のエクリチュールへの再帰性である。

「さんぶんでない日本の詩ならば／ひやくする俳句のかんけつをゆめみ／なおもうたでなさけののびる不如意を／かきものがあゆまねばならないが／傘でかおをかくしくらやみをゆくと／日本の詩がいよいよほそくなって／きれいなおんなになりかわる気がする／ましてや傘をさしたままあいしあう」（「よさめ」部分）。

帷子耀が詩作から撤退してほどなく、いまは「現代詩作家」と自称する荒川洋治が『水駅』

で導入した官能と抒情とを固有名と地勢に置き換えてうたう技法が示した、感覚体験と世界認識に対する「発喩」操作からの怜悧な等距離性は、人知れず凶暴でもありうる情感や固有な出来事が限りなく稀釈された啓示的音律へと均一に翻訳されるところまで縮退した。しかし、その抒情配列の除菌された人工性は、そもそも（「万葉」を排除した）歌こそが、花鳥風月こそが、全自然を人間の条理に回収する格率以外ではなかったことを思い知らせる。「むだにからだがうごかされて／えるのもたがいのからだだという／そのトートロジーこそわらえた／それでもひかりをながめるように／おもいもよらぬちいさな表情を／どんよくに記憶しようとする」（「かつて」部分）。語られるはずの明らかなことが語られないために、シニフィアンとシニフィエがオフセットされるような取引が隠されている。ひらがな－音－（意味と像の）多数性の系列において、詩の終り以降の詩もまた、否応なく、官能と抒情に投機しているのである。

ところが、田中庸介が十年ぶりにまとめた『モン・サン・ミシェルに行きたいな』（思潮社）では、詩は始まりの始まりに召喚される。終りが優勢な詩的行為の趨勢に抗うように、始まりが強行されるのだ。天真爛漫に投げ出されるようでありながら、その詩語の抑揚がエシカルに向日的で、しかも読むほどに物深いのは、田中が世界レベルの細胞生物学研究者であること、つまり、詩作という自己免疫不全の症候からリモートであることと恐らく不可分である。

かつて、帷子耀が吉増剛造の直立性、「垂直線性」を断言した顰に倣うなら、田中庸介は、陽性の物質的生命観によって、直接的かつ極私的な「水平線性」の場面をつくり出し、動態的なイメージを繰り出し疾走して見せる。「娘一歳は地蔵に似ている」、そして、「夜中に気に入らないことがあると／夜更けに不安なことがあると／娘一歳はけんめいに地蔵に訴える／延命、延命、延命、延命、／と、娘一歳は訴える／延命、延命、延命、延命、／と、熱い涙をぽろぽろぽろぽろこぼしながら／娘一歳は言うのである」（「杉の根、延命、グランドデザイン」部分）。娘一歳がグランドデザインと屹立する加速的イロニーである。さらに、百五十行の「リバー、詩、ブル　あるいは都市の仮面」では、地勢の凹凸、高低におけるリビドーの滞留を振り切って、水と言葉が「地獄の三丁目」にあふれ出し、「内水氾濫として」、「都市の去勢」に抗い、「おお、おお、／道をよそおって／星の死者をよそおって／どこまでも青く澄んでいく水、／昔の地図の隙間にだけ／ぎざぎざに／青く、染まる／暗渠／それは今の、／今のおれたちを装う／リビドーの隙間、／ふと／忘れ去られた都市の／仮面である」とドライブがかかる。抒情への覚悟性が「発喩」をホールドしないのである。

小池昌代の『赤牛と質量』（思潮社）は、ここで小池論という俯瞰的な立ち位置は採らないが、この列島弧の惨憺たる現況が、食べものにおいて、大事な突起物がある「わたしたち」が服を脱ぐセックス／エロスにおいて、家族において、群れや質量の生成から「裸になって家を出る」ことにおいて、生命と言葉との相克において、宇宙を考えることにおいて、詩神に感染し、「発喩」を内在的なメランコリアに追い込んでいるという共苦《コンパッション》を呼び込む。

詩的リアリズム（物語る力）の強度、叙述の転換／構成、殺し文句の配置、地上性への親和力をめぐる小池節は盤石であるが、何時になくそれらの整序を崩しながら、存在の暗部への視線にバイアスがかかる。「釣りをした一日」では、文字通り釣りをめぐる静寂な時間に、「川へ／

釣ったばかりのフナを流す／ざざざ　と水があき／無表情なフナたちが／なされるがままに川へ帰った／目を開けたままの／魚の横顔をわたしは見ていた／（……）／進歩もなく／退行もなく／世界が不思議な足踏みをしていたあの日」という凍り付く瞬間が介入する。「ここにはない」では、「パリへ向かう飛行機」で隣席したダイヤモンドのネックレスをした漆黒の女性がリプトンのティーバッグを求めて遂に賄われないいきさつは、「そこには　ある／が　ここには　ない／あなたが静かに求めてやまないもの／それをわたしも／ええ／必要としている／熱く／だがそれとは何？／何なのか／わたしたちにはわからない／だから何度でも／確かめずにはいられないのだわ／あらかじめ無いとわかっているものの際立つ輪郭を／たったひとつの商品名によせて」という戯画へと苛酷に収斂する。「浦を伝って」では、「日本の詩の川底の泥のなかに、うなぎのように横たわる女、うら」は、朔太郎が呼びかけた浦、心なき身、空しい身、ムンクがメランコリーで描いた妹のラウラ、「どうみたって「穴」」「窓の向こうに、ベロベロと横たわる雲。風景は、内臓のように窓からはみだしている」。語りは重層し、移動し、「発喩」は繁栄と裏腹な「葦の地方」を彷徨し、風景の抑圧からの脱出を幻視する。

さらに、状況感覚の残余において、詩的冒険は抒情機械の函数に自らを擬態する。ランボーや帷子に君臨した「瞬間の王」以降の詩の時空を脱領域的に生き延びるための擬態である。

永方佑樹も『不在都市』（思潮社）で、東京という場所を風景の抑圧から連れ出そうとする。目次と各作品の表題には、昭和初期の東西南北を天地左右とする東京の地図を逆さにした図像が使用され、国会議事堂の住所を表題とする作品は四頁の白紙であり、書名の表題作では多言語のカリグラムが螺旋のかたちで縺れる。白紙の頁が露出する詩の「不在」も「不在」としての都市というアプローチも、その方法自体は既に損耗したものだ。しかし、「言動がやさしさにむしられる／ひとしさのなかで／わたしは今なりで在りようもなく／循環の単調をたしかめる語気のいさみを／としごとただ／はるの雨で燃やし／いくつもの創始をゆき過ぎ／ラングの改行にながされるまま／故事にうすまらなかったものがなかったように／誰もがなにひとつ見届けられず／ゆたかになる最中／死ぬのだろうことを／在ることでうすまりながら／ひとりでいい、とつぶやく」（「記号論——春とコバルト」部分）という一節では、濃厚な酸性雨に打たれる都市の地平で闘争や平等が「うすれた岸辺」に立つ「わたしたち」の姿が慰藉されようとする。中動態的抑揚で、浅草雷門のあたりをかつての凌雲閣、木馬館の幻影を縫って徘徊し、昭和六年の啄木、金田一、朔太郎、乱歩との邂逅を果たす「塔と浅草木馬」のアレゴリーからは、現在の東京を制覇する無菌状態を多数的に異化しようとする試行が展開される。

今鹿仙の『永遠にあかない缶詰として棚に並ぶ』（金雀枝舎）は、書名が示す世界の条理への異和の平叙的イメージが、一頁十行のカフカ的な叙述に遊動してゆくが、摂理の視線と地上的イロニーが目まぐるしく転換し、セメイオチケ（意味論）を誘惑する。だが、常套の解釈や包括は予め撃退されるはずだ。「剛力（祈り）」では、「傷つけないという／人生はすばらしい／傷をつけるというのもまあ／パンの耳に従う、という感じで／よく言い当てている／人のみにて生くるものに非ずと／輸送を始めるのだ／どこかへ行ってしまいそうな／センゴを追いかけて」と冒頭から猛毒の罠が張られる。「おまえ」を全行引く。「（お前を）放すにあたり／（もののけとして）言っておく／お前もだれかの家の／水道となって／月にいちど検針を待つのだ／地中にもぐることは人の世の／役に立つことだ／力をもって　やがて歌を歌っても／星のようにに歩けるそんざいになる／腹がすくことがあるとだけ言っておくが／それもネリマーにしておくこと／グンマーでは遠くて堅い／それこそもっと力や罰がいるだろう／飢えてはいけない　幸せになるために／味という味を覚えて／真理はくえないが／往還を考えるのだ　往還」。

さて、月評子は、一九八九年の「現代詩手帖」詩誌月評以来、三十年ぶりの登板となる。その年初、下血の果て昭和天皇裕仁の崩御と改元、六月には天安門事件、年末にはベルリンの壁が崩壊した。その後、「歴史の終り」なる妄言が横行。巷では、日経ダウが史上最高値、バブル経済崩壊の寸前にあった。二〇一九年、今上天皇明仁の無血の退位と改元が予定され、巷は、失われた三十年、現政権の対米従属、格差社会が亢進する。誰しも「いやな感じ」のなかで出来事の兆候を感覚している。波瀾は到来する。詩語は波瀾のそこに配置される。

（1月）

「発喩」という煉獄

入沢康夫が亡くなった。詩は表現ではないという警句《エピグラム》を繰り出しただけではなく、ネルヴァル研究者として翻訳する人であり、『わが出雲・わが鎮魂』において注解《自註》の人だった。この詩集は、「さみなしにあわれ」をめぐって、吉田文憲が、あらかじめの空洞性をあおりたて、呪《もど》き文においてのみ接近しうる国家的な起源譚＝「偽史」の構造＝「私たちの場所、物語」を見出したように、六八年のラディカリズムをゼロ度＝無窮の状況性において担ったに違いない。

岡井隆＋関口涼子の『注解するもの、翻訳するもの』（思潮社）は、日本語圏最強の韻律の人と翻訳する者＝「詩の彼岸にいる者」との詩の臨界をめぐるセッションである。関口の五冊の詩集への岡井の注解に、関口は六十二の注解を対置し、自分の作品に「（また）入る」道行き＝TRANS-NOTATIONという交叉配列で絡み、詩と注釈（注水／溶解）の円環を抜けて、「わたしは、もう詩の世界、韻律に属する者ではないのです」と告白し、「（二〇〇五年以降）詩人でなくなってしまった者の側から、どうやって、詩がわたしたちを棄てることがあるのか、について、出来る限り真摯に語ること」＝「死者との対話」の変奏に共同詩の根拠を見出そうとする。「詩とは何か」と問う権限が自問される。それは、「言葉が言葉のために新しい生を生みだす」という詩の領土への信頼の表明でもあるが、「息をするように歌を詠む」岡井は、関口が触れたニューカレドニアの日系人ヨランダさんが「コノシロ、知っているでしょう」と言う非詩的な場面に「詩の所在を言ひ当てた」ことを反芻し、「しかし、さうした〈持続する書きもの〉は、本当に、関口さんの言ふ「詩」から無限遠のところに在るのだらうか。地球を一周すると同じ場所に戻るやうに、実は無限に近接した存在だつたりするのではないか」と応答し、定型詩の背後にある日本語の「風習」の摂理を示唆する。絶えず「小刻み」に世界を移動しながら記す関口は、やりとりの最終段階で、他者のテクストなしには成立しない「注解」と「翻訳」

の間テクスト性（ベンヤミンのように言えば、言語の複数性から純粋言語の象徴作用を解放すること）に「詩」／「現代詩」が回帰する可能性を認めながら、もう「結晶のような美しさ」を持つことはなく、散文こそが「必然」であると言う。それでも「詩とは何か」と問うのは「問いは、答えを求めることが目的なのではなく、問うことそのものが目的である場合があるから（……）、詩は、問いそのもの、／／言葉そのものであるがゆえに、答えではなく、問うこと、そのものだからです」。詩から追放されたと騙る関口の思弁が、説話を張り巡らせて歌うように応答する岡井に導かれて「詩とは全て」である場所に導かれるクライマックスである。岡井がペソアに触れたことに因み、関口は「詩との別れ」をめぐり、「一つの道が、また道というよりは蛍が描く線のようなもの」が見えたと記すが、闇を縫い、闇に消える線分、関口のエシカルな彷徨は、入沢康夫のあの警句《エピグラム》の喫水域のあたりを旋回するはずだ。

　手塚敦史の『球体と落ち葉』（書肆子午線）では、風景を窃視するような眼差しに「生体は星の磁場へ到達している」姿が映され、「結晶のような美しさ」が析出されるのかもしれないが、実は、そう記される牧歌的な主客の秩序はとっくに解消され、お互いを跨ぎ合うような詩行が偶有的に縒り合わされてゆく時間に伏在する地上の災厄の「事後性」は、説話や物語のゲシュタルトに静かに抵抗し、読む者は未遂のコミットメントの残像を追走することを要求される。「（わたし自身にはどうしてもそれが見当たらないのです）／草の地面に触れ土の湿りをみつけて相手に伝える／（文字を書きつける紙から、／言外の配列へといまにわたしをとけ込ませてゆくのです）」（「芳しいと思う」より）、つまり、対象性の危地は明らかだが、「何か／それについて」うたわれるという信憑が解かれた果てに、出来事の束が出現するのである。「ほしはきの／とうらい、打ち上げられて／忘れ去られる／あるいは、いない――／いずれにしても／何かになれるものならなるといい／わたしにはならないことでしか、なれないものがあった／この時代の、最後に／人々の／ほしとりから／とおのく音を聞く」（「どこにでもいる人」末尾）。「この時代」、「いらいらとする戦後の暑さ」、「世代の比喩の、その後」、「球体と落ち葉のうちへ／ぼやける／七十数年前の戦跡と」、「かわたれ時にはいつも／血液のけむりが、／たちのぼり、人のかたちを成してから／空の一点で破裂していった」（「ハタエダ」より）など全現実に直通するスタンザが配置されながら、詩というものがプネウマをプネウマのままに表象する契機へと言葉が揺動する。「歩いて行ってしまった人のうちで／いつまでも／草むらを歩いた一人になれない／誰も静寂の現前する場を知らなかったがゆえに、孤独にすらなれない／（シーベルト…）」（「水溶性アポカリ」より）。

　災厄からの疎隔感覚に喩的遠心力が拮抗する。「一人になれない」ことをめぐる内在的な格闘において、神的暴力を受動する非在の「一人」がむき出しになる。

　和合亮一は、震災と原発事故以降、至近距離で直接的かつ濃厚に災厄をめぐる類的な情態に自我の痕跡を同一化するふうにコミットして来たが、こんどの『QQQ』（思潮社）では、告発／審問の文体、怒りの表出、報告者のポジションから、Q＝Question／問いかける「発喩」主体へと大きく転回しているように見える。あのとき、マジョリティであることに担保《バックアップ》されたオートマティスムは、手塚とは対照的な「事後性」の階梯で、連辞から隠喩の連打へとシフトする。「二人」の「発喩」主体が現れ、意外にも、テントウムシ、蟻、蛾、アライグマ、蟹、すずめ蜂など夥しい生きものたちの条理が活写される。百五十行の「百足」では、「生きるという事実に打ち震えるようにして足の生えた虹が虹を脱出している　断言の気球が次から次へと遅刻していくだろう　ああ啄木鳥の羽根が落ちているね」とうたわれ、「三本足の犬」、「三本足の力士」など放射能による奇形への畏怖は、「舌足らずのイメージが追いかけてくる／遠ざかる一億もの足音に／靴を履かせるのだ／（……）俺たちは死の百足／日本列島」と結ばれる。生きものが、そこに在るという煉獄に「発喩」の標的が絞られている。表題作では、やせた牛の歩行について、「足を耳から出してまた尻から出してまた二の腕から出す？」、「足を出してから出してまた出してから出してから出す？」とたたみ掛ける錯乱的な問いのリズム、今や「平凡な草のうえを歩く」ことが不可能であると凌辱された大地が騙られて、「発喩」自体がひとつの煉獄になる。福島の出来事がその局地性に繋留される。

福島という局地＝（生きものたちの）「不条理」を画定して、世界という煉獄に届きうるか。「発喩」は、地の群れたちを煉獄の果ての兆候へと透過することはなく、つねにすでに「貧しい地上」の汚染された泥沼を見渡すことしか出来ない。

ところで、換喩を、通時態－結合－隣接性－連辞－置き換えという系列に落とし込み、隠喩を、共時態－選択－相似性－範列－圧縮という系列に集約したラカンは、とくに結合と選択、連辞と範列の対照性に注目して、「欲望は換喩である」、「隠喩は代入する」と謎をかけた。

毛毛脩一の最初の詩集『青のあわだつ』（書肆山田）でも、土地や生きものの固有名と物質感覚が氾濫し、隠喩が猛威を振るう。

五百行に及ぶ「濊（wai）」における「おお　濊（wai）　おれの淵で生まれる〈妖精〉のふれあいを／つめたい水に散らばるはなびらの形がささえよ／ぼくのねじれた脚から葦の手順をもつ世界が生まれ／あおい暗渠で溺れる〈(嬰児の叫び)〉があたしをはなれて／わたしの陽ざしの水浴をバラの翳りが覆い／％〈数〉％の苦役にひらかれたわれわれの四肢が／｛地上の事物の空洞を浚渫することを　今日もそしてこれからも｝」という粗いリフレインには、「代入」を持続しようとする無垢な情動が懐かしく残存している。格助詞の反復、詩的論理の空転やイメージの惑乱を抱えながら疾走する反時代的ポテンツの在処は、隠喩の水準原点に通底している。「発喩」という煉獄における「代入」あるいは隠れた範列は、ベテラン田中勲の十五冊目の詩集『幻影の街』（書肆山住）によって手堅く駆使される。田中はいわゆる路上派のなかでは兄貴分の世代だが、自立思想のヒロイックな縮小均衡のあげく自らを沈黙に追い込むこともなく、生活の片々の情感を軽度に抽象する隠喩的なライトヴァースをコンスタントに生み出している。岡井隆の「息をするように歌を詠む」エクリチュールに近いバランスが維持されるのである。今回の詩集では、「影」がキーワードになっている。「影は、／内面から沸き起こる命あるものの本質的な怒りに狂おうと／光りに変わることは決してない／それが唯一の望みなのだ／影の、／ぼくには見えない／影の存在が／たとえ古代の密書を手にいれようと／怒りの葡萄のひとふさを口に含む歓びにはおよばない／地球空洞説に耳を傾けながらも／この地上のぬくもりという大声の／欺瞞に目をそむけるように／満月に隠れる」（「影の悲劇」より）。意味のバラストが外され、「影」にも「怒り」にも浮力が企図される。「幸と不幸の間には／その美しい声がきこえるかどうかではなく／その美しい声になれるかどうかだったりでもなく／ただ、耳を澄ます」（「水声」より）。ついでに、知らず知らず、主体からの脱出が図られていたりするのだ。

詩作に悟達など無用だが、「瞬間の王」が不死でありうることが自明であるなら、時熟した言葉をその姿のままで受け止めるという作法に批評を挺してみることもありえよう。

こたきこなみの『そして溶暗』（思潮社）は、母の晩年と死、娘をめぐる追憶、父（あの人）の想い出、の三つのパートで構成されている。家族の歳月の情景がルック・バックされ、母の人生の知られざる一面、娘が巣立つまでの時間、出ていったままのあの人と話者とが交差しえない宿運が淡々と叙述される。「薔薇のいれずみ」で、赤ん坊の頃、胸に鮮やかな紅色の痣があった娘の襟元に誰かからプレゼントされたルビー色のペンダントを「血は劇中劇がよい／発生の密室から密室へ／封ぜられて連綿と永久に守られつづけ」とうたう視線は、そのまま、「闇鍋の日々を来て」では、出張先の孤島で「終には幸福な死体だった」父を突き放すように、「人は無我に生まれさせられ／身の抜け殻の始末は免責となる／不用意に始まり不始末で終わる天の恵み」という非人情の境地を紡ぎ出す。

青山雨子の『冷麺』（書肆山田）は、大半が食べることをめぐる軽快で短い平叙的な詩行から成るが、その行間に陽性のエスプリが現れる。グルメ、すなわち、リアリストが何かを言い切ろうとして寸止めしている。一義的には、詩的効果に還元されるにせよ、それをエクリチュールに跳ね返すのに、相応の度量、削除が決行されるための選択を通過している。

「指先でつくった／糸の輪は／布に吸い込まれて／裏に／小さな糸目ができる／女たちの刺繡／／女ってみんな／乳をつけているわね（……）／男と女たちは／足を投げ出し／干した魚の／筋肉を嚙みながら／漁の休みを／決めるそうだ」（「半島」より）。

このエロスは伝わるだろうか。靴から何かが転がり出て、「ああ／山椒よ／時が／時が／こんなに／降ってくる」（「山椒」より）。小粒で辛いスタンザに解釈など不要だろう。

しかし、食べることだけがエロスの互換的実践ではない。家族論という言説のジャンルは大凡廃れたが、エンゲルスを参照せずとも、家族‐するというエロスの寓意的な時空はしぶとく賦活されていい。石川厚志の『山の向こうに家はある』（思潮社）は「ファミリー・シネマ」というキャッチから血飛沫あがる惨劇を期待したところ、その期待は外れたが、長いあいだ単身赴任などで夫が妻子と離れて暮らし、娘と息子はノンシャランだが、そのうち妻はご飯を出さなくなっている家族のいくつかの場面が、極私的ペーソスを含んで切れ味良く描かれる。震災と原発事故への「がいこつ」戯画の風刺も嫌味がない。「パパへの贈り物」では、「会う男《ひと》すべてをパパって呼んでた」幼児の息子は、一年ぶりに帰宅した父と姉と三人で入浴して、緊張のあまり湯船でうんちが出てしまう。「僕のうんちが、ぷかぷか浮いてたよ。パパ、これ僕からの贈り物だよ。飛行機をもらったお返しのさ――。僕、遂にパパの乗ってる飛行機撃ち落としたよ。お家の海に、浮かせたよ」（末尾）。

実は、期待通り、幼児に父が憑依して、惨劇が果たされているのだ。

惨劇と言えば、松村信人の『似たような話』（思潮社）は、ふつう世間知に疎いことをウリとする詩人たちの裏をかくように、世上の道理と不条理を、昭和の匂いが芬々する新地や天満のあこぎなビジネスの盛衰、いや転落必須の去就を反復して見せ、痛快である。松村の繰り出す説話に登場するハセガワもタカハシもヤマイもリュウも、関係性の外部、社交の場面に不意に現れ、いかがわしく繁盛し、一気に倒産して行方をくらまし、数十年を経て、たいがいは人知れず死んでいるか、還暦を過ぎた無残な姿で現れる。彼ら惨劇の神話的ヒーローは「またたく間に富を築いた。それからは、不動産業、飲食業、金融業とあらゆる業種に手をひろげ、倒産もあり、裁判沙汰もあり、仕事の数だけ揉め事も経験した。還暦を過ぎ、気がつけば何も残っていなかったと嘆く」（「蔓人参」より）。虚業は必ず報復《オフセット》される。その機敏な時間性の圧縮、転換、省略の巧緻の背後の生活感性は詩人たちによって大いに学習されていい。

　喰らふべき麦酒《ビール》、喰らふべき詩。詩作は、つねにさらに、食っていけるか、という地上の摂理との類的均衡をめぐる世界不安に曝されている。つまり、「発喩」という煉獄に在ることは、「倖せ　それとも不倖せ」という寺山修司《カルメン・マキ》、もとい、入沢康夫の問いは、「いま・ここ」に切迫し、終息しえないことが、改めて確認される。

（2月）

まったき「現在」とコンポジション

状《情》況論とは「現在」論である。「現在」論が成立するには、ジジェクのように言えば、現在を括弧で括る認識の布置が象徴界で優勢にならねばならない。ところが、文学批評言説の無視できないポーションを占めていた状《情》況論というカテゴリーは、加速的に縮退している。宗教論や歴史哲学を包摂する社会学や、例えばツェランやハイデガーを繰り込むポスト構造主義言説のダウン・ストリームにおいて、状《情》況性や抵抗への契機はカバーされているではないかと達観するのは簡単だが、文学表現に地上的《いま・ここ》に交差するリアルタイムの状《情》況性（素朴に下部構造と言い換えてもいい）をきちんとピックアップする「現在」論の弱体化は、地上的現在《惨憺たる列島弧》の容認《アパシー》にとどまらず、時間意識の解体に転移し、作品行為の独在という自己免疫不全を誘発するはずである。

　文学批評が文学作品と「現在」を媒介にして至近距離で対峙するイニシアティヴを取りえないというメタ－状況に張り合わされた抑圧によって、詩作の時空《モメンタム》も知らず規範的な自己模倣に追い込まれよう。添田馨が詩文学の論集としては三十年ぶりにまとめた『クリティカル＝ライン　詩論・批評・超＝批評』（思潮社）は、そのまま、状《情》況論が困難を極める三十年の凝縮されたエビデンスである。月評子がアメリカやヨーロッパでうつつを抜かしていた間、添田は、こんなにも闘っていたのだ。六〇年代詩的ラディカリズムをアクチュアルに保存し、「詩がポエジーを核に持つ」ように「詩論は思想を核に持つ」ことで、「文学領域の拡大」を図るというスタンスは一貫している。三つのポレミークがある。まずは、二〇一一年三月一一日の出来事を「存在災害」と捉え、象徴表現の高度化の代償として空虚という隘路に踏み込んだ「詩の言葉はそれら外部からくる意味放射を遮断しきれず、いわば液状化現象を引き起こして、みずからの空虚さの内部を本来は異物であるそれら別な意味の流れによって侵入される結果になった」と「被災」の内在的な光景を描く。さらに、原発事故をめぐり「それ以前の生活世界をおおった〈戦後〉後の時空間とまったく異質な別の時空間」、すなわち「被災」の深部で複層的に分岐した言葉の様相、吉本隆明の「脱・原発」異論と加藤典洋の反駁、瀬尾育生による「純粋言語」論におけるユダヤ的言語論と「沈黙の有意味性」（吉本）の輻輳、そして、和合亮一、藤井貞和、築山登美夫らに感受された自然必然性の位相に視線を挺して見せる。

　次に、ゼロ年代詩との遭遇である。添田は、キキダダママキキ（吃音的固有名としての岸田将幸以前）、手塚敦史と小笠原鳥類の作品に接し、解読を拒絶した「暗号のための暗号」、感覚的要素に解体された存在痕跡の配置に「危機的な事態」を見出す。だが、その事態は、その前段で導入された素数理論から「リーマン仮説」での素数認識（N＋1）における臨界線（クリティカル・ライン）＝「1／2」ライン＝「言葉の本源的な挙動状態を多彩に現出させる界面（インターフェイス）」の函数と相互連関している。この界面の思考は、「暗号化の手法」が、吉本隆明が一九八四年の『マス・イメージ論』で描いた「現在」が、「いまもまったき「現在」のまま、より深度をまして普遍化している」事態の鏡像であることを見出し、瀬尾育生の『アンユナイテッド・ネイションズ』の詩語にある「私の正午」に張り合わされた〝増殖性文字原理〟の「盲目的な力」へと抜け出て、やがて、中尾太一と岸田将幸という「正統的な快物」（〈死者の方法〉と七〇年代言語ラディカリズムの継承者）と再会する。三つめは、「戦後詩」の脱歴史化、敗戦体験の〝白紙化〟への異論である。詩の歴史を「根の沈黙として掘り起こされるべき何物かである」と考える添田は、城戸朱理と野村喜和夫と各回のゲストによる鼎談集『討議戦後詩』が呈した「詩のルネッサンス」の背後の「別様の時間軸」へ「ずらす」という歴史認識の仮構において、「戦後詩」が総体的な表現概念から「批評概念」あるいは「詩作原理」へすり替わっていること、「詩の〈季節〉の移ろいの相」に尽きていることを指摘する。添田のモチーフは、阿部嘉昭の『換喩詩学』をめぐり、「「私をほぐせ」という命法が権力的に作動する」という暗喩批判の教条的な一義性（そもそも、自発的去勢こそ、「権力」の目論むところではないか）に論駁するところまで敷衍展開する。つまり、「戦後」を存在性において引き受けるか操作概念として相対化するか、「権力」に対して自己権力《署名＝抵抗》を含む再帰的な認識を包括するかどうかという分水線が現れる。この分水線は「非常時」に鳴らされる銅鑼の音響と批評行為の相互性、状《情》況論の不可能性の始源、この地上では誰一人無傷ではないという統覚を切り分けるものだ。

　三十年のエビデンスといえば、松浦寿輝の『秘苑にて』（書肆山田）は、「美の憂鬱／数学の淫蕩／厳密きわまりない秘苑の論理／林と芝生は鏡像対称性に配置され／小道と水路は瀟洒な対数螺旋を描く／めまいをもよおすほどの正確さで／組み立てられた血と肉と骨の形式／わたしの庭はそんな苛烈な象徴秩序に／収まっていなければならない」（「もう一つの池」冒頭）と述懐された自らの「詩法」が遡行的《三十年間》に召喚した官能的な気圏に織り成された説話的な伽藍、あるいは、松浦的エクリチュールによる「庵室から庵室へめぐってゆく冷たい月光」、かつて石川淳が『紫苑物語』で描いた迷路のような「禽苑」の、そして、松浦自身による『花腐し』以降に堆積する「部屋の地図」＝世界模型の鉄壁なジオラマ＝「この世に在ってすでに／薄い血を流しつづける幽霊」（「密なる蜜」より）である。それは、「秘苑」と呼ばれねばならない。何故なら、そこでは、「前夜」の「刑場」を振り切るように追いつ追われつ、「おののきながらいくたびも射精し」、「いつのまにかわたしは一人になり／時間を逆向きに歩いている／ささくれだった心に応じるように」（「密猟」より）、「月は言う――「死の意味をわたしに問うな／わたしはただ／哀しみの光となって地に降りそそぎ／きみの膚をいよいよ冷たく輝かせたいだけ」／水は答える――「生の意味を私は知らない／わたしはただ／たおやかな夢の乳房の曲線をたどり／きみの欠けた半身を取り戻そうとしているだけ」」（「光の庭」より）という貴族的な問答も、「わたしはたちまちよりわけてしまうのだった／だからわたしの人生にはもちろん何も起こらなかった」（「糸」より）というロゴスの挫折に追い撃たれるからだ。「そのとき　きみの肉と魂の穢れは浄化され／孤絶への透明な意志となり　殺意となり／速度となって他者の軀に蘇るだろう／言葉はまた走り出す／薄紫色の薄明がいつまでも続く／怖ろしい白夜の空の下／狼は走る　狼が走る」（「詩法のためのノート」より）と記され、狼＝ポエジーは「いや　この庭こそ宇宙そのものであること／（……）／わたしの秘苑は完成された」（「井戸」より）と三島由紀夫のように団円されるが、実は、出口（門／歳月・乱数表）こそが入口というべきだ。松浦は、「秘苑＝書物」＝エクリチュールの対象a《中心としての非在》をめぐる終りなき円環の形象化を自らに告知するのである。

　森雄治の『蒼い陰画』（ふらんす堂）は、一九九五年に三十一歳で病歿した著者が、八〇年代初め、十七歳から二十歳にかけて書いた作品を、画家である兄の信夫氏が著者の未遂の構想を自らの挿画とともに体現した一冊である。巻頭に配された「意識」に「希薄な硝煙のさざなみが表面を擦っている／そのしみいるような静かさに怯える幾千万の粒子の氾濫／薄明の夢の濃縮が／遠い叢林の狂乱をあおって青く染まる」という濃厚な心象イメージが現れ、夢の軋みとでも呼ぶべき連辞破壊的な詩語の運動は、「擬音の波動」、不意に割れくだける「蒼い中空」、「断崖から聖書が燃えながら落ちてきた」、「太陽に炙られた海」、「裂けた青空の残忍な切り口」、「薔薇たちは花びらを大きく開いたり閉じたりして咀嚼し凶暴に餓えている」とマルドロールのように暴走する。「ユリイカ」に投稿され入沢康夫に選ばれて、唯一生前に公表された「指紋」の「屈曲した流れの行方を追うとのびた爪のあたりでカーヴを描きぐるりと一周している　そしてまた痙攣を起こしたみたいなくねり方でくねっている　ぼくは不健康だ　こんな得体のしれない微細な運動にとらわれていること自体がこのようなみにくい指紋を刻みつけたのかもしれない」という過剰《アドレッセンスの》な自傷性、あるいは、「無人の空に／駅があるということが／そしてそこに一両も電車のとまらないということが／日々くりかえし通過するわたしのどこかを／狂わせていく」（「駅」より）というスタンザには、叛乱する夢魔に張り合わされた森のエシカルな危地、八〇年代以降の世界不安の基底が見出される。

さて、添田馨が述べたように、八〇年代には、記述主体であった「現在」は、状況論の文脈では依然として、まったき「現在」であるが、状況論の縮退というメタ - 状況において、その括弧が外され、現在は二重の無分節、終りなき泥沼が棚引いている。まず、井筒俊彦によれば、ヘレニズム・ヘブライズムにおいて分節化は人格神（超越性）の原理であり、根源的現象が意味へと布置されるには、無分節の乗り越えが不断に果たされねばならない。次に、無分節において、歴史認識は自然時間のなかへ解消し、世界は終りなき日常の煉獄となる。

小縞山いぅの『リリ毛』（思潮社）では、日本（語）といぅ煉獄において、産毛、唇、鎖骨、「襞だ」、「砂な」、瘡蓋、「尻り」、「夜る」、「朝さ」、ベロ、指板、「細い脚し」などに切り刻まれた人体のようなものが叙景的必然のゼロ度において流体のように蠢く姿が、定型詩的韻律と等時拍に含まれる無音の《変則送り仮名》拍を駆使して描き出されようとする。「ひらいたくちびるの奥くへと／音ともなく巻きつく刻遍のこれは／／いくつかのわたしは指びで月きを象り／わたしが描いた砂なのあなたと／／交じれるからだと苦がい砂なのつぶ／重なりあぅ境界線のふちをなぞる／／縺れ崩れ去るかたちのそれは／いずれは朽ちれてしまぅとしても」（「苔」より）。

二行一連の場合、最初の行のフォントが卜書きのように小さい。官能的であるが、「わたし」と「あなた」の身体は任意の線分のように縺れ、交り合い、つまり、人体の有機的なイメージを受け止めるトポスが不在であることは明らかである。「伸びすぎた爪めの指びのさきで／暗く深い真空管に潜んでいた夜明けを／／灰白く消えかけた月きを／抉りだす指板に反射してひかる」（「排卵《シューゲイザー》」より）といぅ微細を極めた硝子玉的宇宙の光彩は、「「雨め」「それは」／「意識がね、流れるところ」／このまま喉どを落ちて、／あなたの内側を伝い、「空らへと」／しなやかに茹だる夜半の空らへと／身を委ねた／「喉奥と傷口と夜空は唇で繋がっている」／舌たのさきで静かにたどる／／「雨めつぶが、とても／きれい」／「でも、ぜんぶ砕け散る」」（「夜るの瘡蓋」より）といぅ解剖図のような人体模型との相互性に張り合わされている。つまり、すでに砕け散ったものの残余として、体液から尖筆への管のような動線が騙られる。松浦寿輝が見出した幽かなるものの符牒としての「秘苑」に、いまや、「かすれた詩篇の跡を濡ることで／くろいよだれのインキにまみれ／／そのたび交わる濁いことばの水域から／堆積する語彙の反転と滲む縦書きの密か」（「萌芽」より）とうたわれる、ついに身体の断片と言葉のトポフィリアがともに崩落する懸崖が現れ、詩語は架空に水際だつ。

カニエ・ナハによる『なりたての寡婦』（私家版）は、五十頁に満たない冊子だが、その第一部「フランス式の窓」（第二部は空白――このままなのか）では、右頁には、蝶々、雨、雲、電話、蛍、青い火、母などが跳梁し、死の輪郭を点描する。「電話の声は死後に似ていておもいだすとき声はいつでも鳥に似ていて」、「「にんげんのこころが虫にはわかるのね。」雨と雨との合間　うなずく」、「母が雨になり雨が姉になり私はひとりではないとおもった」といった冴えた一行詩が配置される。左頁では、小縞山のトポフィリアの崩落とは対照的な、しかし、跛行的に採取されたプロットが、ベケット的反復とアリス（キャロル）的幾何学の中間あたりで、意味形態化のゼロ・グラヴィティを遊泳する。ある左頁の「今がもう過去に。過去がもう今に。この点からこの点へと。コーヒーをいれて待っている。心臓に声がある。操作する手が森になる。（……）時間には声だけがあり、話すとき、感情を表現する光が、綿のように光を放つ。無意識のうちにすべて伝わっていると感じる。時間には窓がないので空という概念がない。」を含め、詩的論理の恣意性は極小であり、企図性の強度が「現在」という分節に抗う。

コンポジションとは、表現世界では、構成という本来的な意味のアンチノミー、すなわち、対象喪失において構成行為のピュリティ＝構成への反逆が析出することである。

夏野雨の『明け方の狙撃手』（思潮社）は、小縞山よりも、カニエよりも、コンポジションの抽象度をぎりぎりまで上げて、一気に地上的な情動をむき出す抑揚へと折り返している。平叙的な詩語の背後の憂鬱《メランコリー》は浅くない。「月食 Eclips」は、「さみしかった。たったひとりで、落ちてゆく星なのだとおもった。」という危うい直喩《情感》から「さまざまの年代の光をいっさんに受けながら、わたしたちのからだのところどころが、さまざまに応答している。太陽と月は鏡になって、ひとつに混じろうとしている。肌に触れない、暴風を耳にかかえたまま、わたしたちは電話をかけつづける。ひとつの夜に。そして、同じ朝に。欠けた部分をおくりかえす。さみしさの呼び声。ふりそそぐ重さのなかで、未記銘の信号が、耳のおくに点滅していく。」と結ばれる。風景の統合を解くからこそ、類のなかに在る主体はもういちど鏡像段階を通過できる。詩作とは、もういちどに投機する意志であり、「じゃあここで　フェルマータ　ね　夕日の国できょうがはじまる」（「音楽 Musica」末尾）と「えいえん」を休符する処方でもある。　（3月）

詩人とその分身

詩作と「分身」。フーコーの『言葉と物』のクライマックスにあたる第九章に準えるが、そこでフーコーは、人間の根源的有限性、分散性という与件において、近代的思考が「他者」「遠いもの」こそが最も近い「同一者」であることの解明を目指すなか、「分身」が、同一性における疎隔、「わずかだが克服しえぬあの偏差」の中心に出現したと述べた。フーコーに憑依したドゥルーズは、「分身は決して内部の投影ではなく、逆に外の内部化である。それは、〈一つ〉を二分することではなく、〈他者〉を重複することなのだ。〈同一のもの〉を再生産することではなく、〈異なるもの〉の反復なのだ」（宇野邦一訳）とパラフレーズして見せたが、これを詩作主体の問題に付会させてみると、連句から発句（俳句）への移行において、まず同一性の偏差から出現した「分身」が、「他者」を多重的に反復し、やがて発句（俳句）における（禅的）（脱）主体が形成されたと考えられないか。

大岡信を送るという主題を含め、岡野弘彦、三浦雅士、長谷川櫂（捌き）を軸に、谷川俊太郎、三角みづ紀、蜂飼耳、小島ゆかりを迎えて巻かれた『歌仙　永遠の一瞬』（思潮社）は、歌仙（三十六句）七巻を収める。巻頭、谷川から三浦へ「神無月／何も無い日を／有難う」「小春の空を／ほうと眺める」と起こされ、「火の恋の巻」では三角から岡野へ「火の恋し／今朝はポストに／投函し」「出水の鶴の／声すみとほる」、岡野から三角へ「月光に／生命線を／かざし見て」「露を宿した／葉の／儚さよ」と渡される。「花見舟空に――大岡信を送る」では、岡野から長谷川へ「かぎろひに／憂ひの瞳／けぶらせて」「鬼の詞《ことば》のひらく／深淵」と展開する。

一九九一年刊の『連詩の愉しみ』で、連歌における「うつし＝移し／写し」という観念に関し大岡は「連句や連詩がその基本の条件として、「他者との関係」を詩的契機の最重要の要因として持つ」と記し、言葉をその「発生状態」でやりとりする連詩は「詩句の付合《つけあい》を通じて、他者との、いや自分自身とさえもの付合《つきあい》を刷新する機縁となる」、「メンバー相互の間の個性の差異が、発想方法そのものにまでさかのぼって明らかに見えてくる」と爛漫に効能を列挙したが、連句・連詩において、「文学空間」のテクスチュアリティが、連座・連衆という場の設定によって矢庭に到達される。克服しえぬ差異の中心に出現する「分身」が「異なるもの」を反復し、反復という「遊び」の本質が実践されるのだ。長谷川、岡野から小島へ「起床ラッパが／頓狂に鳴る」「明星に／願ひをかける／初年兵」「秋風さむき／ピノキオの　鼻」。「付合」は、多重的に交叉する他者の連関において、遊戯的にテクストを繋ぎ、解《ほど》く。

もうひとつ。三浦雅士が丹念な跋文で、谷川俊太郎と大岡信の連句・連詩に対するポジションの採り方の違いについて的確に指摘しているが、それは谷川と大岡の個性の対照性《コントラスト》に留まらず、すべて詩作者の現在に通底する「私」の両価性に敷衍されうる。三浦は、本歌仙の谷川の句と一九七四年掲載の歌仙における大岡の句をそれぞれ摘出して、谷川俊太郎という「私」の存在の「確固一貫」が発句的に現れ、大岡信の「私」は連句的演戯性においてその必然性が消去されていると述べる。さらに三浦は「言語の本質も、芸術の本質も、他と入れ替わること——人の身になること——である。他と入れ替わる能力がなければ言語も芸術も成立しない」、その能力つまり対自俯瞰的な「第三の眼」において「無限の入れ子構造を成す」「私」はそのまま「言語現象の焦点」として表象されると記す。

谷川の離群性、デタッチメントはよく知られているが、「私」が「私」であることをトートロジックかつエシカルにつらぬくその（脱）主体的な表情が、「付合」という日本語的伝統によって駆動する連句のシーンを背景に改めて浮き彫りになる。

だが、「異なるもの」を反復する「分身」が跳梁する「文学空間」では、連句が演じる「発生状態」の戯れだけではなく、エミリー・ディキンスンなどの名訳がある新倉俊一の『ウナジョルナータ』（思潮社）の次のような作品で、「遠いもの」をめぐる翻訳者の越境性に加え、諸言語の複数性が告知する「私」の志向的な同一性が析出するはずだ。

「華やかな秋の仮装が／終わると自然は本来の／簡素な存在へ戻る／「冬の午後には斜めの／光りがある」／枯れた木立のあいだに／不意にあらわれる／絶望の相を感じて／エミリは思わず息を潜める／だが一瞬のうちに／不安の影は消え去り／深い安堵を覚える／詩は自然の模倣でなく／「薔薇のエキスを奪う／ネジまわし」だ／真実ほど書くのに／相応しいものはない／「つねに真実を／語りなさい／しかも斜めに――」」（「斜めの光り」全行）。

瞬間的な抒情の暴発という自然性に静かに抵抗するエミリーの警句的詩語が、連句ならば「付合」の水平的な他者性として流露するところを、垂直的な、「悲哀の感情」を「「オイモイ」と嘆いた」西脇順三郎、「これからは歌によって／世を治められるように／と願った」（「秘話」より）西行、さらに「古いギリシャの時代から／ずっと求められてきた／内面のアルカディア」（「牧歌」末尾）にまで遡行するテクスチュアリティとして語りだされる。

それは、日本語で詩作しながら、果たして記されているのは日本語であるのか、外国語ではないと誰が明証出来るのかという自問に伏在する詩作の異語性に符合する。

目黒裕佳子の『左手《ひだりて》』（思潮社）は、古事記に描かれたような個と類とが同一化した神話的身体の蠢き、大地のうねりと光と闇の光彩、物質化した観念と生きものたちが交錯するイメージが太古の時空を召喚しようとする。「ああ無時間へと進む／沈黙は太古の谺となってはしり／すべての夜をその光源に向かって遡るだらう」（「手」より）。真昼と夜の霧のような諧調を渉る詩語の官能性は、自然への親和力と相聞的エロスを紡ぎ出す。

「ねむり」では、童の囁きと惑星の影を往還する鮮烈な夜が現れる。「雨にぬれた石段をおおふ／水の袈裟《ヴェール》／したしたと心が滑り落ちてく／（ねむいよ）／電話線につまってる声たち／夜を吸ふカーテンのふくらみ／たくらみ根の国へと越える／谷をわたる低空飛行／（ないしょだよ）／ちひさな足の裏をそろへてソラに向け／煙突かほる夜風にのる／（おどらう）／世界はこの星の影にはひり／太陽はねむりの谷底に迷ふ／／洞窟に描かれた牛たちは　恍惚にしらみ　密やかに蜂起している」（全行）。連作「心象」や巻末の二百五十行に及ぶ「十一箇月」では、「ただここがあそこ　あそこがここ　それが無限に　無作為に　繰り返す」ような惑乱的詩語が破天荒に打ち込まれ、極私性の冒険が物象と時間をばらばらにするようだ。

だが、「すべてはしぜんに／信じることはそれが命がけであったから／そのとほりになった／（……）／ずっとむかし／／〈すべてのいきはひとつ〉」（「いき」より）という始源の光り《プラズマ》の反復は、訪れる「そのひと」・「あなた」をめぐり、「夜のまぶたは／ふるへ／わたしはなぜかそのひとがくちびるから零した太陽の欠片を拾ひあつめた」（「旅人」より）、「あなたのつめたい左手をつかんで　光る／あなたのぬくもりが血管をびゆうびゆうと流星のごとく駆ける　駆ける」（「あしおと」より）という「やさしさ」への確信としてテクストをつらぬく。

その反復の強度は、詩語に要請される形態化への抵抗の強度の符牒である。詩作もまた、連辞やイメージを交響しようとする限り、形態化の磁力線の内部にある。いや、散文よりも苛酷に形態化の抑圧に曝されているとさえ言いうる。だから、始源の反復においては、反詩のモメンタムに詩的情動を布置するという捩じれが踏み堪えられねばならない。

奥間埜乃の第一詩集『さよなら、ほう、アウルわたしの水』（書肆山田）は、あらゆる擬態を振り切って、詩的情動の始源を詩的形態から「遠いもの」へと言葉の遠心力に全身を挺して反復しようと試行している。この一冊に堆積されたのは、詩人の「分身《エクリチュール》」が、ぬめり滲みしたたりの果てで自らの影を消し去る（寸前）までのインキよりも粘液的な逃走線である。夥しい読点とシンタクスの断裂のために統合的なイメージやましてや音韻やメーロスへの線形志向は立ちどころに打ち砕かれるが、イメージの破片の果てに内臓言語とも呼ぶべき多重的な「わたし」の声が残響するはずである。「「わたし」の内臓は許されて、複数に分裂　つまり　ぺんの先端に、ぽた、滴るインキ、ぽた、そこかしこ、黴　あっても、襞の　思わせぶりな貼り紙かたっぱし　まっ黒にして　それでいい、と思って　といってきたのも嘘八百で　なんてことを書いていいてね」（「書いてみることはうつくしい」より）。言葉を象徴的秩序以前の未抽象なイメージ＝「私」自体として受胎した山本陽子という危地が想起される。「さあ、「わたし」しかいない」と言い切り、漢字（の音《オン》）に憑依して「潴《みずたまり》」を連打する奥間の水棲的な体質は、山本陽子の自己否定的壊乱《言葉＝「外界」＝死》との親近性を否定出来ない。だが、クライマックスを成す「痕跡」における

「同じ生きとし生けるものとして空気をわけるこの深遠な海原に満ちるのはフェイクと定める命《めい》を打ち破る熱気、暗くて見えない、でも確実にいる、隠れているものたちへ、届くよう開かれる喉」、さらに「追う手をかわし、すり抜け、主語の力闘の軌跡を血管隅々に通した胎内は温かく、「わたし」という者の生き抜いた文字、散りぢりに這っていく文字、外界へはみ出し、自力で這いつくばり、そして進む、なにもかも受け容れる「わたし」の身体、膨張、脈動、あらゆるものを凌駕、静謐」というスタンザで「外界」への逸脱が劇化される。

体液的自己肯定が、「ゼロベース」の「わたしの水」を生き抜く。

小池昌代の『影を歩く』（方丈社）は、四章立てで、各章のアタマに平叙的な行分け詩が置かれ、まえがきとあとがきをカウントして十五本の掌篇小説で構成されている。いわゆる短いレシ、家族のことなどに材を採り抽象を抑えながら「影」＝「分身」、「もうひとりの自分」、「底がある限り、まだ生に、皮一枚でつながっている。底という場所は、あたたかい」、「面影とは、そこに兆すもの」などのエシカルなシェマを旋回して、物語りは意味性の起承転結《バラスト》を振り払い、「落ち」を見せる。小池の掌篇を辿り、「落ち」を詩法に引き直すなら転調であると教えられる。

そこで咄《はなし》が完結するのではない。言葉の律動的な時間は中断され、宙吊りにされるが、綱は遙か向こうまで張り渡されている。

「あみゆるよちきも」では話者＝ミサは幼馴染のやすゆきと同窓会で再会し、「同じ根っこ」を直感して「一年期限の同棲」をはじめたが、ある日、やすゆきの手首に男からもらった金のブレスレットがあり、次第にヤクザチックになる。ほどなく彼のロールモデルである藤原という男が訪ねてきて、やすゆきにマッサージを始める。婚約期間終了を見計らって突然に来た母はやすゆきを探すが「そこには茶色い液状のものが薄く広がっていた」。藤原が腰窓から外へ出たあと、「虫が鳴いている。／秋が来ていた」。やすゆきが「人がたをほどき、敷布のうえに、平たい水液として広がっている」のは幻想的寓意としての「落ち」、いや、世界の条理が転調において織り成す必然の形象である。

この条理が全現実の果てまで線形的に持続することはフロイディズムの攪拌以降、夢が記述《「他者」》され《を抱く》るという象徴界の公理である。不気味なもの（現実界《モノそれ自体》）は、語られた夢において象徴界に折り込まれ、全現実の条理に加担する。

一九三三年生れの吉田博哉は『残夢録』（砂子屋書房）の「あとがきに代えて」で「一個の砂時計である私は一日の夢を生きるために、自分をひっくり返し続ける。（……）なぜなら私はほんとうに死がこわいのだ」と述懐するが、収められた奇譚の全篇は、現世と常世とが激しく入り交じりバロウズの『裸のランチ』に張り合うほど濃厚で鮮度の高い非条理の活劇である。「精神分析」の条理を拘束する普遍主義を寄せ付けない夢、風土と原生的な自然を吹き荒れる神的暴力のなかを彷徨する人間の塑像が練り上げられる。作品中に「死」への怖れは現れない。「石人記」は「男は机の上に椰子の実大の石を置いている　大小の穴が洞窟のようにあいて穴の奥には奇岩をつらねた峰が聳えている　覗いていると雲がわき起った」と始まる。その日、経文を唱えながら剣が峰にさしかかる刻、火口からの噴煙、噴石で周囲の人たちは「灰色の五百羅漢のような姿」と化す。転がり込んだ山小屋で「目の見えないわらう女から」男は、「むかし二人で登り結界を破って山神の怒りにふれ　妻の頭に落ちた石」を手渡され、「妻のさなぎ」だと知る。「陽はあらゆる物を裸にしくるくる　遠くまわっていく　雲がわき起って突然　季節が傾いた」と騙りは円環する。現世と常世との結界を辿りながら、非条理に揺るがない話者＝騙り部は、ボルヘスに準えるなら「不死の人」である。

対照的に二〇一八年二月に傘寿（八十歳）を迎えたライトヴァースの始祖のひとり清水哲男が十四年ぶりに編んだ『換気扇の下の小さな椅子で』（書肆山田）は、「老い」と「死」を地上的に低徊する。往時、石原吉郎から清水昶という ヒロイックな衰弱の美学の系譜も至近にあったはずだが、「平成」の橋が落ちようとするいま、詩人は表題の場所でビールを呑み、タバコを喫い、悟りも寂滅も不安も消去して、つまり、詩的仮構をゼロにして「死んだ友だち」を呼び出し、少年期の「私」と「タンクタンクローの夢」を見る傘寿の「私」を渇ききった「死」と共に叙景のどん詰まりに放置する。

ただ、「去れよ　感傷／去れよ　憂愁／／秋はまっすぐに我らを見つめ／いままっすぐに近づいてくる。」と結ばれる「秋へ」では、かつて二十三歳の詩人が待った「なんでもない朝／目覚めたら見知らぬ部屋に転がっていて／滝のような激しい落差でどんどん年がとれる／朝よ　来い！」（「待たれている朝」末尾）の檸檬のような激情が、歳月を慰藉するふうに、ひととき、賦活する。

（４月）

Ⅲ

Interlude——クリティークの快楽／レヴューの束

銀河的、舞踏的、アンチ・ロゴス——吉増剛造展

吉増剛造の公開的な場所への露出《ヴイジヴイリテイ》は、必ずしも二〇一一年三月一一日の出来事に因む時の折り目を俟つまでもなく、詩人というラベリングを破り散らすふうにして、マルチプルな表現者のアクティヴィティとして類例を見出し難いものだ。とくに、二〇一六年四月の『我が詩的自伝』（講談社）の公刊、足立正生のフィルム『断食芸人』への出演、同年六月からの東京国立近代美術館における「声ノマ　全身詩人、吉増剛造展」、一七年一一月からの足利市立美術館、一八年四月からの沖縄県立博物館・美術館、さらに同年八月からの渋谷区立松濤美術館における「涯《ハ》テノ詩聲《ウタゴエ》　詩人　吉増剛造展」が、列島弧・琉球弧の時空を螺旋的に包み込んで遊動し、それに伴うギャラリー・トーク、吉本隆明の「日時計篇」筆写へのインクの滴りを聴くパフォーマンス、折口信夫についての講義、数多の書店イベントやシンポジウムへのコミットメントなど、ぐんぐんドライブがかかる。批評は、その摂理《なりわい》において、おのず、吉増剛造の「現在」を騙ることが期待されるはずだが、このサブジェクトについて、過去・現在・未来と

いうギリシャ・キリスト教的カイロスから逸脱し、ユダヤ・オリエント的クロノスの円環に準じるように、疾走し、歩行し、大地の銀河を旋回し、「芭蕉さん」「西行さん」「親鸞さん」と呼びかけ座ることもある吉増剛造の姿は、時間の線型性を抹消し、すべてが「現在」／永遠の槌音として滴りとして表象されるのだと言い放つ他はない。つまり、吉増剛造に符合する批評／有限性に依存する叙述《アナロジー》の函数は措定不可能なのである。

『火の刺繡』（響文社、二〇一八年五月）は、その団円にごろんと置かれた千年樹の原木のようなテクストだ。2008 - 2017と付記されるが、これは、扉から奥付まで一二四四ページ、ちゃんと頁を捲ってその年輪に隈なく視線を行き渡らせることによってのみ「現在」に追いつけるというリコメンデーションである。

どの項目も面白いが、いくつか、クライマックスがある。ひとつは、冒頭の大手拓次をめぐるもの。吉増は拓次の聴覚に驚き、エミリー・ディキンソンを呼び込み、「稀有の隠れた詩人」における読者の目に汚されていないベンヤミン的な「純粋言語」の生成を見出す。

次に、三月一一日や柳田國男らを機縁とする自分語り。「何回も気が狂う——言語が枯れるという状態を経験して。詩を書くというのはそうですからね。言語を枯らさなきゃ」、「どうしてぼくらがケルトにひかれるか、……それは深い忘れられた「隅っこ性」みたいなものが働いていてね、……それはウタキみたいな、泉みたいなもの、（……）」。

さらに、ついに、佐々木中との間の奇蹟のようなアンチ・ロゴスのスパーク。佐々木が批判的に描くハイデガーのアレーテイア、存在はロゴスであるという杣道の終局にあるギリシャ的な「時間の時間性」の臨界に、吉増の「言語における言語の裂断」による「永遠のスローモーション」、つまり、均質的な支配言語のただなかに言語の初源《未だ来ぬ未来》を反復する「文字の歴乱」が対置される。「イメージと言語のあいだに決定的な切断、断絶を見いだし、その切断をもう一回自分の手で結び直し、折り返し、創り直す」。

舞踏する吉増剛造はハイデガーより偉い。

何よりも、この大著を逍遥した読者は、いったん本を閉じ、外に出て歩きはじめると、大地の僅かな起伏やうねり、風の薫りや陽光の音づれへ感応する自らの身体に遭遇するはずだ。メルロ＝ポンティがセザンヌをめぐって、画家は世界に身を挺することによって世界を絵に変えると記した、その心身の合一、器官を削除された身体が風や光の揺動にそよぎながら歩行する処方がゆるやかに現前するのである。

それは、定常的な自然観を惑乱し、もしかすると、ちょうど十年前に吉本隆明が若い詩人たちの詩は「無」だと断定した際にタグを付けた「自然」認識をめぐる応答をも孕むのかもしれない。詩人が自然をうたうのではなく、自然にうたわれた詩人が優しく踊る。そのように詩人が召還されるシークェンスを、若き吉増剛造は身体を張って反復して見せている。

（「現代詩手帖」二〇一八年八月号）

童女たちの叛乱——多和田葉子「複数の私 vol.2」with 高瀬アキ

開演前のロビーでアフタートークの司会をする鵜飼哲さんと立ち話をしていて、彼が「展開が読めないので緊張しています」と言うので、へぇ鵜飼さんでも緊張することがあるのかと思っていたら、開演してすぐに合点した。これは、批評子が予想していた朗読という大概は大人しいパフォーマンスとは別のものだ。ベルリンから来た童女ふたりが、音と声と言葉で、この国に張り巡らされた非自発的同意の走査線を攪乱するかのように、小気味よくかつ挑発的に荒れ狂うのである。

多和田葉子と高瀬アキのコラボレーションは、ドイツと日本を往還しつつ、十年以上に及び、今回の公演は、そのベストセレクションだという。まず、二人は客席に向から形で並んで座り、おちゃらかほい的な手拍子と机を打ちながらチェーホフの「カモメ」をアレンジした物語を掛け合いでうたい、ニナコ（ニーナ）の「翼があるから破滅に向かって飛んでゆく」姿が描かれる。続いて、多和田文体《スタイル》の要でもある掛詞《かけことば》を駆使して動詞「かける」の多義性がざわめき、「そうだ」では、ダダ的加速感で「である、なのだ、だだ、なり」が連打され、「ドロドロ、キラキラ、ツルツル、プリプリ、じたばた、ぞくぞく、はればれ、ほかほか」といった擬音語（オノマトペ）で「北斎」の人生が表現されようとする。

ハイライトは、政治批評を孕むいくつかだろう。「魚説教」では「ウナギられた心の傷につける薬はサザエしかない」、「イクラ戦争でスッポン儲けようなんて、そんな、スケソウダラなやり方はうんざりだ」とうたって笑わせる。短いインターミッションを挟んで、キース・ジャレットのケルンコンサートを彷彿させる高瀬アキの全身的打鍵による"Cherry"独奏に続いて、主題は猫にシフト。ソーラン節をもじった「ニャンころ節」では、「騒乱《ソーラン》が起こったぞ!」、「猫でさえ鰹節を否定してハンガーストライキに入る。……今が、潮時です」と結ばれ、最後の「（時代に遅れた）なかそ猫」では、凡そ三十年前の首相（白髪の子ども）による単一民族優位、原発と核武装、アジア侵略をめぐる傲慢と保身に満ちた発言が、「猫なで声、猫をかぶる、甘えてる」と痛撃される。

多言語的な即興と思考のコラージュが、この国ではすっかり沙汰止んでしまった風刺を賦活する。アフタートークで鵜飼哲さんが、「ウナギられる」その生々しい語感に慄いて見せたところ、多和田さんは、ほんのちょっと間違って話す、僅かにずれた瞬間に「人間が言葉を使う」体験が現れる、と応答した。音と言葉の動物的な律動によって、「迷惑」などというタコツボ民主主義の公準をパロディ化するレジスタンスの活劇が果たされるのである。

（二〇一七年一一月一二日、於：くにたち市民芸術小ホール、「現代詩手帖」二〇一八年一月号）

「生の拡充」のままならぬ行方——高見順『いやな感じ』

主人公であり話者である加柴四郎のキャラと一人称（俺）の隠語《スラング》が氾濫する語り口は、セリーヌの『夜の果てへの旅』を追想させるが、この国の近代小説の系譜では類例を見出し難いものだ。「気分」が内省に対して優勢であるために、関係をめぐる葛藤や懊悩や情緒的な揺らぎが滅多に現れないのである。

この「気分」＝情動は、概ね他者や環界に対する攻撃性、すなわち、目まぐるしいエロスとタナトスのアマルガムとして加柴の生きている時間とともに流動している。くだいて言えば、陽性で行動／衝動的であり、キレ易いということだ。

加柴は「現実派」アナーキストであり、物語の初めから「ボル派」（ボルシェヴィキ）への敵意が頻繁に示される。確かに、ボルシェヴィズムとは、組織して多数派を形成し、社会運動から権力への階梯を禁欲的に踏んでいくが、アナーキズムは単独的（「自由聯合主義」）、無政府主義的で「生の拡充」（大杉栄）を是とする。両者とも社会変革を目指しながら、アプローチは真逆で、さらに、時間意識がぜんぜん違う。加柴が「アナ派」であるのは、そのキャラからして当然であり、その一「魔窟の女」から物語のベースラインとなる花柳の巷を闊歩する情景と、北一輝がモデルだという斎田慷堂や二・二六事件を主導した北槻大尉らとのマッチョな蹶起論議は、彼のリビドー（「生の拡充」＝生命の躍動）展開において、同一的である。ただ、それは、蹶起やテロリズムの前夜に欲動に身を任せて、リビドーも行動の機序も消尽してしまうという滑稽な失態とも不可分であると言わねばならない。

ところで、「いやな感じ」とは、どんな多弁にも負けない身体的な反感表明を繰り込んだ絶妙なネーミングである。加えて、現在の列島弧に蔓延するヘイト、分断、対米屈従、再ファシズムの情勢にドンピシャの生理感覚である。情感とは違って「気分」であることにおいて、加柴のようにとは言わないが、抵抗の契機を含んでいる。

だが、この小説で「いやな感じ」と書かれるのは、見た限り、三度だけである。一度目は、クララから染《うつ》された淋病の治療で薬物を男根《ヨシコ》に注入される場面であり、二度目は、尾垣大将暗殺の目的で東京を去って京城に向かうすがらの「生からゆっくりと立ちのいて行く」、俺の命が「ブルジョアの私利私欲のために献げ」られる空虚な心境であり、三度目は、物語のクライマックス、中国の前線で中国人の首を軍刀で切り落とす寸前、「このとき、奇怪な恍惚感を伴った戦慄が俺の肉体を貫いた。俺は射精をしていた。／（いやな感じ！）」と記されるシーンである。いずれも、加柴は自らの攻撃性あるいは暴力性を裏返すかたちで傷ついている。

「いやな感じ」は再帰的な「気分」なのである。書評子の語感とは明らかにギャップがあるが、それは、現在の列島弧において能動性が抑圧された状態の鏡だと言えようか。

物語は、数日の京城滞在を含む関東大震災後の東京での女と酒と政治の彷徨から、凡そ五年の北海道根室での生活を経て、父の死に因んで帰京、二・二六の蹶起、その一年後の去就（斎田慷堂の処刑）を見た後、年明けに渡航した上海での旧知の同志たちとの再会、偶発的な殺人、前線に転じて前記のシーンにいたる加柴四郎の二十二歳からの十年間の境涯である。

一九六〇年初から三年半「文學界」に連載された本作は、リニアな語りの時間のなかに、三つのシークェンスが混線する反復的な構造を作っている。

一つは、魔窟で出会った蠱惑的な猪沢照子（クララ）の官能性への執着と直後の彼女のクラ替えから十年後の上海での再会と、京城で出会った気風のいい波子との純愛と北海道で愛娘志奈子を得て加柴が「平凡な生活の平凡な喜びが今こそ俺に分かった。俺は初めて自分から脱出した」と記したこととの対照的な反復性である。照子と波子に因み、加柴は淋病と結核を患ったこと、彼女たちがピストルに絡んで加柴を助けたという相同もある。

二つには、これがドラマツルギーの軸になるが、東京時代に福井大将狙撃の未遂以降、斎田慷堂に私淑するふうに腐敗したブルジョワ政治の転覆を目指し、ボル派、アナーキスト、皇国派将校たちがせめぎ合うなか、同志たち、中学以来の付き合いでもともと支那浪人を志向した砂馬、殺人の前科がある矢萩、旋盤工出身の丸万、ダダ詩人玉塚、加柴を北海道へ逃がした百成《アビル》、寒中放牧を加柴に見せた金原らとの協調や軋轢があったが、「阿鼻叫喚の修羅場」上海には、彼らに加えて猪沢照子も団円を成すように蝟集していた。

そこに加柴が闖入することで「関係」の悲劇的な反復がやってくる。彼らは、支那事変以降の混乱に乗じて「シナさんを食い物にして」ひたすら金儲けに身をやつしていた。かつての革命へのエネルギーが、むき出しの「悪のエネルギー」に転じる確執のなか、到着して間もない加柴は咄嗟の殺意で矢萩ともう一人を射殺し、砂馬も殺そうとするが身重の彼の妻を見て断念し、前線に移り、そこで、志奈子と百成の死、丸万の自殺を知る。

三つ目は、十年間における満州事変、三月事件、十月事件や軍部の政争、慰安所などのファクトの記述に加え、ゲルシュニ、マリア・スピリドーノワ、ジナイーダ、ヴェーラなどロシアのテロリストの過酷な生涯の系譜が素描される。縦横に逸れる加柴の饒舌な騙りは要所要所で大文字の歴史に繋留される。

尚、今回の復刊（共和国版）では、高見順のエッセイ「「いやな感じ」を終って」、「革命的エネルギー――アナーキズムへの過小評価」と「大魔王観音――北一輝」が併載され、栗原康が「いい感じ」と題し、まさにアナーキーな文体で「ニヒルをこじらせるな」と解説を寄せ、下平尾直（共和国）の的確な解題もあって、この長い小説全体のより立体的な把握をサポートしてくれる。

だが、切り詰まった時間意識や衝動があるにせよ、加柴四郎はなぜ人を殺すのか。先にタナトスと書いたが、「死にぞこないのおもい」、「自分のうちに死人を感じていた俺」は、凡そテロリズムの周縁で空転していた。ところが、上海への途上で激戦地の凄惨に破壊された風景を見て加柴は、「超倫理的な昂奮」、「不思議な解放感」を覚え、「日本の民衆の抑圧されたエネルギー」の爆発という確信に逢着する。

たぶん、そこから「凶暴な無目的な殺意」の実行までは一歩であり、加柴は、矢萩殺しのエクスタシーのまま、照子や砂馬を殺し、「俺は俺自身を殺すのだ。俺自身に対して俺はテロリストたろうとする」と息巻く。

テロリズム《アナーキズム》の単独《底板》性を支えていたタナトスの倫理《エチカ》が「戦争」のルツボにおいて融け去る光景以外ではない。

（「図書新聞」第三四一八号、二〇一九年一〇月一二日）

非在の怪物は不伏蔵性《アレーテイア》の鏡である――四方田犬彦『神聖なる怪物』

著者は一九八七年にコロンビア大学の研究員として渡米して以来、同校で教鞭をとっていたエドワード・W・サイードを師として仰ぎ、敬するがゆえにサイードを安易に引用することは慎んでいると最近のシンポジウムで公言していたが、本書（七月堂、二〇一八年六月）では、引用を含めて数か所、サイードの名が現れる。この十年間の海外芸術批評の集成という一見ランダムな成り立ちでありながら、サイードの名に付会させるかたちで、読んでみると、本書に通底するポスト・コロニアル、亡命性、考古学的アプローチという横糸が現れるはずである。

サッフォー（ギリシャ）、ブロンズィーノ（伊）、ブルトン（仏）、アドニス（シリア）、マフムード・ダルウィーシュ（パレスチナ）、ポール・ボウルズ（米）、イルダ・イルスト（ブラジル）、アリシア・アロンソ（キューバ）、アナ・メンディエータ（キューバ）、シオラン（ルーマニア）、ボブ・ディラン（米）、宋澤莱（台湾）、ハイナ・ミュラー（独）、クローデル（仏）、エイゼンシュテイン（露）、パラジャーノフ（露）、マノエル・ド・オリヴェイラ（ポルトガル）、デュラス（仏）などの作者たち（国名を付してみたが、多くの作者も国境を越えて行動したことが確認される）のトピックをナラティヴかつ重層的に掘り下げた二十九篇に包括的な書き下ろしの一篇「怪物の孤独について」を加えて構成されている。

これらの固有名のうち、批評子を含む大概の読者にとって、聞き覚えのある名前は両手に満たないだろう。さらに、どういうジャンルかと問われれば、片手で指を折るほどになる。そのこと自体、殆ど英米独仏に限局され統整されてきた近代的教養の枠組みへの挑発と問いかけを孕むと言いうる。ジャンルに関しても、文学（詩、小説、演劇）から、写真・音楽・舞踏・能・映画へと本書はゆるやかに移動するとともに、ジャンル相互の横断性が随所に確認されよう。これらの作者たちに向かって、著者は、ブッキッシュに撚糸を辿るというよりも、多くの場合、遊歩人《フラヌール》のように偶有的な現場に出かける。

例えば、シリアからレバノン、パリ、米国へと移動し、アラビア語と仏語で詩作し、「わたしの国は未完成、わたしの魂は遠くにある、わたしには何ものもない」と記すアドニスと台湾で公開対談した著者は、次のようなアドニスの挿話を伝える。すなわち、兄カドモスが妹エウロペを追跡するギリシャ神話の道程で「ヨーロッパ」が生成しただけではなく、大地の審級において「他者」が「われ」と同次元になる契機になったが、現在のヨーロッパの普遍主義は一元的な他者論で東洋を制覇することにより、「われ」と「他者」という二つの地獄、二重の追放をもたらしている。優れて内在的な近代批判・植民地主義批判ではないか。

翻って、二〇一四年の秋、リオ・デ・ジャネイロの大学で日本文化の教鞭を執っていた著者は、バタイユのように瀆神的かつ死へのエロティックな欲望をあらわにした実験的な作風をもつイルダ・イルストという作家を知り、リオの書店で彼女の作品集を見出し、日本における最初の読者の一人として、ベケットの『モロイ』のようなテクストの肌触り、カフカの『審判』以上に黒い諧謔に満ちた不条理の作品群にのめり込む。統合失調症の父の死後、太陽の館、月の館という二つの邸宅を立て、そこで、親しい芸術家や文学者と共同生活し、百匹余りの犬をはべらせて書き続け、ゲイの青年たちに囲まれて自作を朗読し、詩作から小説執筆へと転じて、論理の果てに狂気が恩寵のように注がれる物語を生み出し、もし自分が英語で書いたならジョイスになってしまうと公言したと素描されるイルダの境涯は、著者にその称号を付与されるまでもなく、まさに怪物的である。

もう一人、既に九十歳を超えて東京を来訪した際、講演の合間に控室を訪れた著者に「お若いの、一言だけ申し上げておく。神は確かに実在いたしますぞ」と力強く語った巨匠オリヴェイラの存在も特記に値する。

では、「神聖なる怪物」とはなにか。いや、その問いは、神聖であることも、怪物であることも、ニーチェによって洞察されたそれらの両極性にのみ懐胎しうる「反時代的」かつ聡明なる「孤独」が不可能である現在、つまり、怪物たちが消滅した現在において、夜空(無意識)で星座を形作る怪物たちの地上的な「高貴なる零落をめぐる賦を認《したた》める」ための希いに置き換えられねばならない。ここで、国家・国語・表象のジャンルをめぐる越境性、亡命性、そしてアルケオロジーが呼び出されるはずである。

この一冊の奇譚の堆積に伏在する壮大な系譜学の逃走線が静かに姿を見せる。それは、ボブ・ディランがシャブタイ・ツィメルマンという自らのヘブライ名に揺動しつつ果たすブレヒトの残響から、サイードが、『最後の空の下で』（邦題『パレスチナとは何か』）で、「世界の果てに辿り着いたとき、われわれはどこへ行けばいいのか」という悲痛な詩行を引用し「さまよえる亡命者」と呼んだパレスチナの詩人ダルウィーシュが、「わたしはある日、なりたいものとなる」、「わたしはわたしのものではない」とうたう煉獄のアンビバレントな表情へと循環する。怪物は、サッフォーが「ゴンギュラ」と記した「神秘的な音の連なり」のように、美と恐怖の集合的記憶《古代的感情》を誘惑する不伏蔵性《アレーティア》そのものである。

つまり、発掘されるべき美と恐怖の喫水線において、非在の怪物は、抑圧されたそれらが出現する可能性の鏡なのだ。サイードの徒を自称してやまない著者のフィールドワークを証す快著である。

（「図書新聞」第三三六八号、二〇一八年九月二二日）

エロくて、ためになるファンタジー——野村喜和夫『まぜまぜ』

著者ほどの詩人なら教科書に採り上げられることもあるだろうと過日の席で言ったら、いやそれはあり得ないのだとすぐに本人がリアクションした。確かに、現代詩がこと此処に在るシークェンスへ濃厚かつ広範に寄与している著者には『閏秒のなかで、ふたりで』というとてもエロくて楽しい自選詩集もあり、著者のエクリチュールのスタンスは確信的にエロく、実に教育上よろしくないのである。だが、著者はその選詩集の「あとがき」で、編集について、「われわれの性が個を超え時空を超えてひろがってゆくような流れが、なんとなくですけど、感じられるようにしました」と述べ、「私の詩において、エロスの言葉は言葉のエロスと分かちがたく結びついています。性的興奮プラス詩的興奮。したがってこの選詩集は、生真面目な方々にも十分楽しんでいただけるはずです」と、それらは本当は教育上もよろしいのだと反駁するかのように、方法認識を披瀝することに怠りない。

長い前口上になったが、その「あとがき」は、精緻な構築性を有する散文作品である本書

（河出書房新社、二〇一八年一〇月）について、そのまま流用可能なはずである。要約すると、本書は、ぜんたい、性的インターコースにおいて放出された「小さき者たち」＝擬人化された二人の精子が卵管を通って「地母」＝卵子のもとへ到達する生殖のプロセスを、わりと俗悪で湿っぽく踏ん切りのつかないカップルがトトロの森に迷い込む昼メロ（なんて今もあるのだろうか）の膠着的な成り行きと交叉しながら、大きな暗喩のループにおいて「天国と地獄の中間」＝煉獄の旅路として描いたダーク・ファンタジーである。

こう書くと、いきなりネタバレで本書を手に取る気が失せるかもしれないが、これくらいのストーリーラインを知り置いても、本書のダイナミックなプロットを辿る「性的興奮プラス詩的興奮」は揺るがないだろう。

物語の話者は人文系学者肌のプフィで、あるときジムで知り合ったプファと二人、「貞子さんの海」の浜辺に漂着して目がさめる場面からはじまる。第一部では、そこに至る経緯がルック・バックされる。彼らの「主」（精子たちと一心同体の男性であるが、一神教のニュアンスを含む）は、ロック野郎のなれの果てのようなレザーパンツを纏う無名のジャズフルート奏者である。プフィやプファ、それに詩人の友人プフォらは身体を鍛えながら来るべき「ストーム」（「主」の射精）を待機している。その待機のひととき、プフォは「性交は民衆の抒情」であり、「子宮内回帰の欲望」であると説き、「大待機が、うるみあふれ」、「灰であり、灰のみえない運び手」などの謎めいたスタンザをうたう。脳腫瘍で余命一年を宣告され頭痛に悩まされている「主」

は、公園で見かけた肉感的な井上貞子に激しい情欲を抱き、亭主が出張中の家に忍び込んで、「強姦は速度への愛である」とか思い巡りながら、貞子をレイプしてしまう。

かくして、「ストーム」が始まり、精子たち（無数の同類）は、「ブルックリンの橋」の上を犇めきあって、大半が母なる酸性の襞の藻屑と消えようとも、「貞子さんの海」に向かって行進する。「気がついたらそこはもう貞子さんの内部だった。一瞬の出エジプト」。その途上、プファはマクロファージ（辞書には、白血球の一種とある）という蝙蝠のような怪物に食い殺される。

十分に荒唐無稽だが、生殖科学のリアリティが混然とつらぬかれる。間奏の章《インテルメッツォ》では、回想的に、「待機祭」におけるプフォによるオペラ台本「肉頭オペラ」をめぐって、「人間中心主義批判」や「待機と猶予。解放と追放」の議論、精子について「壮大な任務、高貴な自己犠牲。いや、それらを通した存在の存在自身による軽やかな費消というべきだ。これ以上の純粋な陶酔、いや狂気があるだろうか」とクロソウスキーばりの命題も現れる。

第二部では、冒頭の「貞子さんの海」の浜辺のシーンに戻り、二人は、賢治の『銀河鉄道の夜』のジョバンニとカムパネルラの隠された確執、「主」のレイプと「地母との融合」のエシカルな相克、「われわれの不死のプログラム」遂行の意志と責任を問いかけながら、絨毛の大森林に踏み込み、「レイプと恩寵」を考え、貞子の主人の精子との「精子戦争」を経て、「地母の波動」に導かれ、メタセコイヤのような絨毛の巨木を往き、地母の降臨に遭遇する。

「私たちの人生の核心はここにしかなく、しかもその核心で私たちの人生は意味のないものとなり、未知なるものに向かって蒸発してゆくのだ」。

酸味の効いた物語の結末《フエードアウト》と、交叉的に展開した昼メロ風の沙汰の次第はここでは保留するが、本書に「知的興奮」も追加されるべきこと、論を俟たない。

まず、「みんな水になったら、まぜまぜで楽しいのに」。過去と未来、世界のあちらとこちら、永遠と瞬間の交錯における「人生の核心」というエチカとエロチカのアナーキーな戯れ。「まぜまぜ」によって倫理も権力も解消され、崇高＝超越の地上的な兆しが現れる。次に、その背後に迂回され滞留された時空の暗喩的な構成。イマジナブルな罠が張り巡らされた本書の冒険の途上、処女の泉（ベルイマン）、灰／灰（ツェラン）を擦過しながら、摂理の感覚も鍛られよう。多数的な読解が誘発されていい。

最後に、レイプや森林にもつれ込む男女を描き出し、物質的恍惚（精子の宿運）が可能的な欲望の力線を消す活劇の果てで「男根主義」が問われるはずだ。

いや、微妙に違う。著者が志向する物質的恍惚＝「まぜまぜ」が、「男根主義」も何もかもオフセットするのである。

その態勢こそが著者の「詩の原理」に他ならない。

（「図書新聞」第三三八二号、二〇一九年一月一二日）

ニンゲン固有の光景を動物が問う——松浦寿輝『人外』

主人公は人外《にんがい》という動物である。しかし、「わたし」が保存された擬人的な低徊により常套的な寓意が行使されたり、透明な主体がシニフィアンを演じ切るということはない。逆である。晩年のデリダが「形而上学＝人間主義的ないっさいの人間中心主義の彼方におもむくこと」と記した「主体の転倒」が人間世界の臨界で試行されるのである。

アラカシの幹を樹液とともに上昇し、その身じろぎによって地面に落下し、意識とコトバが現れ、歩きはじめた「わたしたち」は、母がなく、もはやヒトではない。むごく、つめたいひとでなし。すなわち人外は、猫のような顔とかわうそのような水かきを持つ長い胴体で、水陸を移動、世界の外へ絶えずはみ出してよるべなく生きるさびしさをかかえる。未来から湧出する時間（ベンヤミンの「歴史の天使」の逆である）の中で響き、におい、色合いを予知・予感し、過去という記憶の貯水池に五感で感応する動物的コギトと野性と肉食の法悦があり、たえず「かれ」に追いつくために出発し、前に進む焦燥に憑かれている。

本作（講談社、二〇一九年三月）のメインボディは、この人外の移動といくつかのヒトとの出会いをめぐる冒険をイマジナブルに描くが、それを横糸《よこいと》とすれば、著者独特の迷宮構築性の強度において、数多くの経糸《たていと》や啓示的な洞察が緊密に張り巡らされ、また、人外の移動についても、水平的な場所の動きにエレベータや階段などの垂直方向の動きがからみ、さらに、対数らせん的な求心性と遠心性が交錯する感覚が反芻される。

生れ落ちた人外は、川岸を下流へと歩き、中洲で子どもの死骸に出会い、それを川の流れへと押しやり、対岸のらせんの石段を上ったところの小屋で見張り番だという老人に出会う。夜明けに、こと切れた彼を残して石段を下る途中の横道から海岸に出て、左目に眼帯をした女のタクシー運転手に出会って、人外は「町に行きたいな」と言う。トンネルの手前で車が故障し、人外はトンネルから横穴に逸れて、月のない夜、小さな駅舎に停車していた車輌に乗り込むと、動き出した列車には外傷のない死者たちと饒舌な偽哲学者がいて、やがて町の地下の駅にすべり込む。

ホームにいた白いマスクの一団から逃げた人外は、階段を下り地下街を抜けてカジノに迷い込み、無表情なクルピエのルーレットの「赤の9」に人々が殺到するなか、らせん階段とエレベータで地上に出ると虚構と作為しかない。出会ったチンパンジーについて図書館司書の小屋に行くが、平面の空気には毒がゆきわたっている。「かれ」に追いつこうと彷徨う人外は、運河沿いの病院の迷路の奥のダムウェーターで下降して機械室に辿り着く。

「ああ、踊りたいな」とよれよれの白衣の元病院長がつぶやき、ステップを踏んで一回転してみせた姿を後に、運河に架かる石橋から流れを遡るゴンドラに飛び移り、機能を停止した遊園地で猫をさがす女の子に手招きされて観覧車のゴンドラに乗り込む。

円運動の終着地点だろうという期待を裏切られた人外は女の子を追って回転扉から入った水族館で彼女とはぐれ、らせん階段を下りたところ、直方体の水槽からの泡つぶのかすかな音と水の光が「過去と現在と未来のかけら」となって蝟集し凝集し、「いとまきえいの幼体」のような姿となり、「もうひとりの人外」として「かれ」をさがす旅に出る。人外に未来、現在、過去への思念が過り、猫を抱く女の子が現れる。

そこからのクライマックスは読者のために保留するが、人外の目まぐるしく水平的かつ垂直的な移動のラフなアウトラインからだけでも構造分析への誘惑がやって来るはずだ。

ここではそれを措き、テクストの経糸《たていと》というべき反復的な端緒をたぐると、まず、世界のすべてはつながりあいながらうつろっていく。定常的な悟達でも諦念でもなく、それは「出発」を駆動している。次に、世界は偶然と必然の二重らせんのように絡みあっている。人外は絶えず横道に逸れ、列車もエレベータもゴンドラも乗り込んだとたんに動きはじめる。

これは物語だからそうなのではなく、偶有性こそが全現実の必然を構成するというべきだ。そして、未来、現在、過去、あるいは、終りとはじまり、上昇と下降、川下へ川上へ、出来事はらせんのように円環する。

ロマネスクの恩寵を振り切って再帰性をとぎすませた十二章から成る物語は、人外の視線によって、放射能の毒が漂い、騒乱は鎮圧され、未来を食いつぶし、脱力し、衰微するニンゲンの姿がただ人間だけに残された光景に他ならないことを非主題的に問い直す。いや、「動物は人間である」というカフカの述懐の果てで、デリダのように、「動物を追う、ゆえに、わたし‐たちは、動物、である」と応答するのだ。

（「図書新聞」第三三九九号、二〇一九年五月一八日）

「日本」・「文」・「法」・「体系」をめぐって——藤井貞和『日本文法体系』（＊1）

藤井貞和さんの『日本文法体系』を読んで、このテクストを読む前に考えたことと、読みながら想起されたことを書こうと誘惑されているが、現実的に読み終ってからこれを書き始めている以上、この書き方は、読む前、読みながらという時間のフレームを予め攪乱しているはずである。しかし、この誘惑は、「文・法」という「体系」性を前提とするジャルゴンが、ほんとうはそれ自体、「体系」性を攪乱するようにして存在していることが、少しずつ現れることによって、どこかで折り合いを見いだすのかもしれない。

つまり、「文・法」も、それをバックアップする「体系」も、スタティックなものではなく、言葉の現在において、構築途上のダイナミズムのなかにあるということである。

と、ぼくは読む前に考えていた。柄谷行人は、文法というものは、本来的に国語それ自体には存在せず、ひとが外国語を習う場合、外国語が修得されるために存在するとどこかで書いていた。だから、彼は、自分の集中力や抽象力が本調子ではないとき、ひたすら「文・法」に準じて進捗のベンチマーキングを採りやすい外国語の学習に専ら力を注いだらしい。『日本文法体系』は、日本語の文法をめぐるテクストだが、それは「古文」を愉しく読むというはっきりした目的があり、外国語の習得という柄谷の考え方と通じるところがある。ただ、古文／外国語を読み解くための「文・法」は揺れ動いていていてはならない。それは、「法」として、古語／外国語を現在の日本語へと翻訳するというミッションを担う。

ところで、「法」や規範は、言葉が同じ国語のなかで通じていく枠組みであるとともに、言葉による表現に対して、超自我のように抑圧を加えるものでもある。

カフカの短篇『掟の門』で、門番は「今は入ってはいけない」と彼を阻み続ける。何年も待ち続けたあげく、彼がこと切れる寸前に、門番は「この掟の門は、掟を定めるお前だけのために在る」という。彼は暗黙に「掟」に阻まれるかたちで待ち続けた。しかし、実は、その「掟」を自ら択んでいたのは彼自身であったことが最後に明らかになる。

そのように、「掟」によって拘束されるということは、実は「掟」を択ぶということと、交差しない。主体性において交差しないのである。同じように、「文・法」を学ぶという場合、学ぼうとする者は、「文・法」という「掟の門」の前に立つのである。そこで、主体が消されているという認識においてのみ、主体の可能性が残余することになる。

つまり、日本語である、古文である、「文・法」である。それらが選択されているということの偶有性を認めることによってのみ、「文・法」的な主体が生き残る。

どういうことか。「文・法」を択ぶとは、日本語のエクリチュールという千年を超える堆積に関与するための「掟の門」の前に、いま・ここで立つということである。と、ぼくは、読みながら考えていた。古語は、外国語ではないが、現代日本語とは違ったものだ。それは、異語である。現代日本語と異語との間にある時間の堆積は、「文・法」において、深層の古代のアルケオロジーにシフトする。時間が構造にシフトするのである。

例えば、「痛い」という形容詞がある。心身の痛覚を表示するものだが、最近、何かが度を越して堪えがたい場合に「イタイ」と表現されて意味は通じていく。古語で「いたし」は「精神的な甚だしさ」（＊1：119）を表す。いま・ここの日本語が古語を復元しているのだ。

現代日本語において、古語は時間的な懸隔としてではなく、構造的に被覆されているのである。「文・法」を媒介にして、現代日本語に残存された、被覆された、そして復元の兆候にある異語たちの姿が見えて来る。われわれの言語感性とも言うべきものにおける古語の痕跡は何時でも追走されうる。

ガヤトリ・C・スピヴァクは比較文学をめぐって、次のように述べる。

〈最初の言語の習得における、私たちのものであり言語のものでもある歴史以前の寄る辺なさ(helplessness)を想起するなら、模像の言語の生産というこの挑戦の意味が、この模像の言語もまた、主体の歴史に依存する以上、言語的記憶を書き込みうるということをつねに想起することで理解されるのではないでしょうか。つまり重要なのは、多言語の等価性を認識することであり、歴史や文明の内容を比較することではありません。（……）ここが、比較文学再考の出発点です。諸言語は、言語である以上等価である。そして深い言語修得は、言語的記憶の模像に向かって内破していくものである〉（「スピヴァク、日本で語る」）（＊2：63）。

比較ではない。実在として等価である。寄る辺ない歴史は、「構造」に伏在することによって「現在」へと内破するから、主体に依存しなくても、無記名の言語感性、日本語的身体が、「言語的記憶」の過去と未来とを書き込みうる。深層の古代は、古代と現代との本質的な「等価性」において、ともに現存的である。

『日本文法体系』に即するなら、例えば、〈自然勢や可能態という機能をあらわすために「る、らる」が持って来られた。おなじく受身をあらわすためにも「る、らる」が持って来られた。ついでに言えば、敬意をあらわすためにも「る、らる」が持って来られた。機能が発展し、分化しても、なお自然勢、可能態、受身、敬意のあいだに何らかの共通点があったり、対比があったりすると、おなじ言い方で使い回す、というようなことが起きたのではないか〉（＊1：164）という共通点、対比、使い回しなどの発生の本質は、現存をつらぬいているのである。

そのように「文・法」は「正しさ」として再発見される。この危うい形容語は、古語と現代語の等価性を担いながら、「体系」という模像を志向している。「体系」とは網羅性のエビデンスであり、網羅される全てが相互に関係し作用し、言語的身体としての国語（ラング）を形成するということ以外ではない。

「体系」の「正しさ」とはその必然性の強度に等しいが、国語の必然性は、スピヴァクが言うように、あらゆる文化の原理としての「等価性」を呼び込む。このアプローチにおいてのみ、国語の「正しさ」＝必然性の強度が、そのまま、古語と現代語の構造的な連帯性を国境的地勢の果てまで展開するかたちで、世界共和国の契機でもあるということが骨身に沁みるはずである。

＊

＊1：藤井貞和『日本文法体系』ちくま新書、二〇一六年一一月
＊2：『G・C・スピヴァク、日本で語る』鵜飼哲監修、本橋哲也他訳、みすず書房、二〇〇九年四月

（「イリプスⅡnd」26号、二〇一八年一一月）

昊あるいは海底のピクチャレスク——倉本修画文集『芸術のルール』

そもそも芸術にルールはあるのか。ルールを壊すのが芸術ではないのか。いや、美的‐秩序への志向性こそルールと呼ぶべきものだ。ディオニュソスとアポローンを嚆矢とする鬩《せめ》ぎあいは、再帰性を循環しながら、芸術の現在をつらぬいているに違いない。「芸術‐の‐ルール」は、それじたいの二重拘束を現存的に刷新し、芸術を分節困難なものに追い込んできた。

ならば、画文集『芸術のルール』(七月堂、二〇二〇年五月)のページを繰る「ルール」をどう言えばいいか。それぞれの章に配置された画‐像をきちんと脳裡に刻んで、ギンズバーグ、ロルカ、クレー、ランボー、サルトルのエピグラフが掲げられた五つのパートから成る三十の詩的散文を辿るということだろう。すると、それらは有機的に連関し、画‐像によって攪乱され、アラベスク的な反復性がゆるやかに掘り起こされ、螺旋状に縺れ、やがて、モネの「ルーアン大聖堂」のような伽藍の光彩が出現する。

観る‐読むという行為が接合し、構造化され、ひとつの形態へと導かれる。

どんな形態か。それは、凡そ四つのスペクトラムによって構成される。強引な抜き書きでざっと横断してみる。

まず、重力の恩寵。「世の中には冒険家がいる。飽きのこない若者たちだ。崖っぷちに咲く花を取ろうとして四苦八苦している。上手く成就した少女　失敗して落下する少年。それぞれを支配する何者かのちからがみえる。収穫を巡るアンビバレント［ambivalent］、人々の愉しみの一つだ」（1の冒頭、以後、引用は各章の番号のみ記す。）と始まる。芸術は、崖っぷちに立ち落下をものともせず少女に捧げる一輪の花を摘もうとする「冒険者」＝少年＝トンマ（間抜け）に託される。「霊魂が肉体を離れ、まぼろしとなった日にかあるくこの世に落っこちた」（5）。「素描は一本の線でなりたつものではない。多数の行きまどう思いの重なり、無数のかれらの集合によってあの一本を睦み出すのだ。（……）それにしても、少年はなぜ断崖に潜むあの花を採ろうとしたのか。少女に渡すため？　そうではない。決して人が見ることのない、弧上の精霊に呼応を求めて少年は跳んだのだ」（19）という応答、「一輪の花の名を借りて、醒めるための断崖の設定こそは少年ヨーゼフの瑕疵の象徴なのか」（20）というウィトゲンシュタインの問いによる「断崖の底はすでに水浸しである」（20）。

次に、「昊」と「海底」の対位。「昊」は、「夏のあの馨しき清漣の中に潜み、溟海へと流れ込む愛撫される遺志、そのちから」（15）と形容され、砂の渦巻く「三つの海底」、「一つは隆起したあとの海底。二つめは陥没した海底。三つめは海底の真下にある誰も見ることの出来ない海底」（9）。「第三の海底」、すなわち「深い死を背負った銀色の海底」（9）で「昊」との出会いがある。この対位は、あなたとわたし、誕生と死、過去と未来、昼と夜、内部と外部、水と火へと複数化する。言うまでもなく、「昊」と「海底」のあいだでは、「樹と女」が飛び、重力と揚力が交差する。

そして、神々たちの闘争。「深い死を背負った銀色の海底」（9）では、「芸術とは石をもってなる」と語る「精神主義者」（ミケランジェロ）、「芸術とは紙をもってなるものだと言う」「無神論者」（ダ・ヴィンチ）、「不自然で不快な音」＝「愉楽の音」を奏でる「狡猾族」という三つの神々が不死の殺戮にいたる「論争」を繰り返す（10）。狡猾族（音楽）、精神主義者（造形）、無神論者（線描－絵画）の形態をめぐる闘いは、博物誌のように堆積されるだけではなく、世界内戦の様相を呈し、空中戦のうちにデュシャンの「超絶宙返り」（11）が生み出され、「無心の残酷さをもって天使たちがクルドの青空を舞う」（12）。母方は狡猾族、父方は無神論者の出自であるムンクは「産まれる以前のたましひの投影」、「誕生と死の夢」（16）を果たす。狡猾族シューマンは遠感的に「ずっと離れた昊の片隅から心によって抱擁する」（18）。終わらない戦争の勝者に帰属する歴史＝正義（22）があり、アンリ・ルソーによって島民の暴力から救われたカラスの「漆黒の翼は神々しい光を放っている」（24）。

最後に、消失へ向かう語りの力線。「この星の冬の結晶が頬に打ち砕かれ足下に落ちてゆく。

(……)かなしひ雪穴は限りなくつづく。抜け出したい墨跡を再び掘り起こし、在り処を探そうと冥走し、あえなく散開する。行き着く先はいづれの無常か、慈しい落晶たちよ」(21)とうたわれる。「頭蓋を飾る手は震えるものの、内部からの光彩を掬い、昊へ向けて再び放たれる」(23)。黄泉の海底に渦巻く砂(27)。稲妻が落ちようと石工は一撃を繰り返すが、「巨大な聖堂をもってX[extinction]は覆い隠され、来るべき時を待っている」(28)。「打ち続ける小槌」のような彼女は、「「海に溶けた太陽」だなんて言って誤魔化さないで」と言う。「彼女が歌い踊るそのとき/音階は神に近づき、秒針は限りなく消滅に振れている」(29)。

ついに、「失うものはもう何もない、とあなたは思っている。(……)模すべき自然の存在など、最早何処にも、誰にも、目視出来ない…」とゴッホに語りかけ、「昊」に暮らすことを喜び、「おお、手も顔も、頭蓋も溶けていく/海底に銀色の雨が降る　それは溜まる　音もなく　幾層にも/乳飲み子のような顔をして　この惑星の芯に溜まるのだ」(30)という団円が結ばれ、多数のPaul君への挨拶が送られる。

ファーストネームで呼び出される画家、彫刻家、音楽家たちが、異端的かつ惑星的なアレゴリーを揺動する。神話的な散文空間に、絵画性とユーモレスクと鑿の一撃が交叉する。「ルール」とは、路上のルールのようにそれじたいが闘争を呼び込み、芸術と歴史をともにつらぬくアポリアの公理であるだけではない。団円でその名が現れるPaul(まだまだいるポール)を手繰っていくなら、それは、神の子を幻視して馬から落ちるパウロの姿、「間もなく降り来たる消失」(30)、天と地をつなぐ重力という恩寵に行き着く端緒でもあるはずだ。

ところで、それぞれのパートの末尾にある注記は、単なる固有名への注釈の域を越え、著者の愛着やエピソードが縦横に織り込まれて、詩的散文と交響している。「13 身構える木の実」の始めに現れる「狡猾族のヴォルフガング」は、モーツアルトかと思ったら、ヴォルスという馴染みの薄い名で、「20世紀前半ドイツの放浪画家……」、「本名アルフレッド・オットー・ヴォルフガング・シュルツェ」、「わたしの最も愛する画家。……」とある。ネットで検索して、アンフォルメルの枠に収まらない、宇宙の統覚へ誘惑する描線を成し遂げた画家であることを知る。ひとつ得をした気分になるのは、三十の詩的散文に張り合う三十の蠱惑的な形象の芯に一歩接近できるからである。

(同著栞、二〇二〇年五月)

「同行二人」への挽歌《レクイエム》――築山登美夫『無言歌』

築山登美夫さんに最後に会ったのは、二〇一七年一一月五日、佐藤幹夫さん、添田馨さんと臨海地区の病棟を見舞った折で、刊行中の『吉本隆明　質疑応答集』の打ち合わせも兼ねていた森下紀夫さんが合流して、築山さんとテーブルを囲むかたちになった。築山さんは既に余命宣告を受けていたが、実に気丈で、いつも通りのしっかりした口調で病院の臨床体制を批判し、入院当初に面談した医師の居丈高な対応に慷慨して見せることもあった。

軒昂なその姿の残像のままうかつにも日々が経過し、それから僅か一か月で、築山さんは冥界へ旅立ってしまった。築山さんが見せた抵抗的膂力の及び難いほどの強靭さは、そのまま、吉本隆明に長く深く親和してきた批評意識の最後の場所、その批評が身体を張って実践されたシークェンスに違いなかった。

親和力を内在化するということは、超越の閾に向かうことでもある。二〇一二年三月一六日の吉本隆明の死以降の築山さんの筆致は、吉本隆明を解読することによって吉本隆明を解読するというトートロジー、あるいは、解読の二重性にドライブをかけることによって、築山登美夫という表現者の単独性を、吉本隆明を吉本隆明の「外」に連れ出すところまで削り込んだはずだ。「愚禿親鸞」と題された吉本の追悼文で、その自立思想の崩壊の動向のなかにある思想の自由をめぐって、孤立に呼応する分身は親鸞のほかにないと述べた築山さんは、吉本の戦後の展開をめぐって、「個」を解体する「力」との「同行二人」について、〈つねに死者との「二人」であり、それは自己を崩壊させようとする「力」であると同時に、たえずそこにたちもどることによって、本源的な自由を得る「力」でもあつた。／だから、吉本が思想の根拠とした「大衆の原像」とは死者のことだ（……）「原像」から逸脱しない者は死者だけだ。多くの著作をなし、知の上昇過程をはてまでのぼりつめた吉本の生じたいが、この「原像」からの大いなる逸脱としてあつた〉（＊1：82）と誰も言ったことがないようなことを述べたのである。

また、西行の新古今における単独性に現世と他界の境界に揺れる旋律を見出す築山さんは、〈吉本隆明は、そして西行は、「寂寥の底」「奈落が底」、つまりは「死の向う」へ越境し、そこから引きかへして、現世にかゝはり、どこまでも対処しようとする——死者と共にあつて、死者の悩みを悩みとする詩魂だつた〉（＊1：134）と記した。

「同行二人」というスペクタクル。親鸞と吉本、西行と吉本、吉本と大衆（の原像）、そして吉本と築山登美夫。

かつて、大勢の自立派たちが吉本隆明に憑依した。その憑依の様相は、多くの場合、拘束に転じたはずである。どういうことか。まず、吉本隆明のダイアレクティークな闘争的運動性の文体にのめり込むことによって、自立の思想を考えぬき「行動」しているのは吉本ただひとりであるにもかかわらず、それを「読む」彼らは、自ら思考し生活思想を展開できたというファンタズムに占拠された。次に、手放しで吉本隆明を受容する、いや、吉本の体液的文体に彼らじしんの批評性の芯が溶けることによって、自立派たちは純粋なる鑑賞者にシフトする。で、どうなるのか。彼らは、自立思想の究極の実践者として確信的に沈黙するか、吉本隆明の模倣者として痩せ細った表現の命数を空転する。吉本体験の危地を乗り越えた言論人の数は両手で数えられるくらいである。

　文学について言えば、その数は僅か指を折るくらいだが、吉本以上に吉本的な思想の原質を詩論において遂行する北川透は、立中潤の自死と作品における「死」ということばの乱用に関する件りで、〈ぼくらの世代と北川さんとは死の感覚が違うんですよ、（……）あなたには個体の死の感覚があるが、自分らにはただ誰とも見分けのつかない死の事実性があるだけです。死について無感覚になっているのですね〉（＊2：87）という築山さん（文中では「T君」）の自嘲をこめた語り口に言及している。北川は、そこに、立中の作品の「無限定に放射してくる死の感覚」の発生領域を発見して衝撃を受ける。築山さんは、その「死の感覚」をアドレッセンス以降、「同行二人」がつねに死者との「二人」であると言い切る境域までキャリーしたのである。

　つまり、吉本が「逸脱」した「原像」を築山さんは、最後までホールドした。

　かつ、原発問題をめぐる晩年の吉本の発言から、既往原発から核融合へ「一つの時代が人類を通過していく」宿運のいま・ここの現象のアンチノミーを的確に捕捉した態勢において、吉本隆明と築山登美夫は「同行二人」になった。地震、原発事故、当時の民主党政権（静かな革命）の倒壊という出来事の連鎖を自然観のなかに包括する「世界視線」において、「大衆の原像」の踏み外しの去就もまた超越され、「同行二人」は和解した筈である。

北川透が立中潤の詩を彼の死後に読んで「繊毛のような死の意味」の放射にうろたえたように、築山さんの詩作品は、いま改めて読んでみると、死を待機するような重厚な失意の連鎖、人の生を異化してしまうヴェルテップ（二重芝居）の荒涼とした心象風景、男女ということがそのまま政治に連関する湿地帯のイメージなどが全て「誰とも見分けのつかない死の事実性」から多数的に団円する静かな揺動が浮かび上がる。

つまり、築山さんには、時代感情の彼方への覚悟の持続があった。

しかし、だからこそ、その覚悟は、築山さんが晩年にコミットした『吉本隆明　質疑応答集』の、その応答に内在する「二人」の彼方の彼方の彼方まで差延されるべきだった。

（「飢餓陣営」47号、二〇一八年七月）

＊

＊1：築山登美夫『無言歌　詩と批評』論創社、二〇一五年一一月
＊2：『北川透　現代詩論集成3』思潮社、二〇一八年二月

Ⅳ

Fieldwork 2——詩を外部への逃走線において描く

遍在する「女」が追跡される

「なんちゃって」、あるいは、異化作用による自己防衛機制を僅かに軟化させて「なんて」とほほ笑むように呟いて、眼は決して笑っていない。反復強迫は、ぎりぎりのところで遮られている。ヘルツォークのフィルム『アギーレ／神の怒り』で、謀反の果て、ついに黄金郷エル・ドラドの幻想に君臨したアギーレ（クラウス・キンスキー）の薄い筏がゆるやかに漂流するアマゾンの水域、周囲の森林は限りなく静寂であり、鳥獣たちの低い唸りだけが響き、その静けさのなかから無数の矢が不意に風を切って筏（の王国）へと放たれる。最後にひとり生き残ったアギーレの眼は笑っていないが、それらの矢に何時撃ち抜かれてもいいという覚悟性だけが、旋回して上方から筏をトラッキングするカメラの視線と拮抗している。

漂流する筏にひとり立ち尽くす孤絶と見果てぬ夢、（なんて）。

つまり、その一人きりの立ち姿には悲劇性のかけらも残余してはならない。悲劇性、あるいは、ヒロイックな自己同一性の端緒は、始めから終りまで塗りつぶされていいのである。塗りつぶすことによって、詩作は自己異化のメカニズムと詩作の外部性とを均衡させるかたちで、世界が詩へと打刻されるという機序を、詩が世界へと解消されるという反表現的な音律へと裏返すのだ。詩人であることへの異和、当然ではないか。詩作をひとときも手放さない、詩を生きる／選択するという象徴的な出来事の恒常性は、隠されている「本当の事」、すなわち、「私は詩人ではない」と単独的に言い切ること自体が、「女は存在しない」ことが「女」が世界の意味生成の「地」であることの反証であるように、詩人であることを踏み堪えるためのエシカルな臨界形成に他ならない。

彼がその「ふり」をしているという「詩人（なんて）」とは、類的存在としての詩人であり、自己同一性が消し残された悲劇性に依存する詩人のことである。しかし、そうしなければ到達されない現実《ポエジー》というものがあり、彼でさえ「桂冠なき詩の王」として君臨／漂流し続けてきた六十五年以上の歳月を否定しない（なんて）。「語り手・詩」谷川俊太郎、「聞き手・文」尾崎真理子の共著という体裁を採る『詩人なんて呼ばれて』（新潮社）は、「哲学者と詩人と」、「詩壇の異星人」、「独創を独走する」、「佐野洋子の魔法」、「無限の変奏」の五章立ての評伝の各章の主題を横展開するインタビューを併載し、巻頭に書下ろし作品「詩人なんて呼ばれて」、および、巻中に谷川の自選作品二十篇を収める。一冊のフィールドワークのアプローチと批評性は尾崎真理子に属している。

尾崎は、谷川俊太郎を三年に亘って追走するという取材の基本動作のうちに、「荒地」創刊に始まる戦後詩および表現史のコンテクストに的確に目配りしながら、谷川が投げた三つの「紙つぶて」を描き出す。すなわち、一九五六年発表「世界へ！ an agitation」における詩人の怠惰・貧困への批判、一九六五年発表の「鳥羽1」における〈本当の事を云おうか／詩人のふりはしているが／私は詩人ではない〉というスタンザ、一九九三年刊行『世間知ラズ』での結句〈詩は／滑稽だ〉を放ってから十年の沈黙、いずれも詩法やエクリチュールの問題ではなく、詩作行為の独在に再帰性が痛烈に呼び込まれる。

詩人・なんて・呼ばれて。そう呼ばれたくないのは、名付けきれない世界の混沌の豊かさを言葉へと受胎してしまうアンビバレンスから詩作が駆動する循環において、私は私ですらない何かへ作品という神権をほどくからだ。相応に積みあがっている谷川俊太郎関連の言説（「谷川学」というのもある）から尾崎真理子による評伝が刷新を開示するのは、次の三点においてである。ひとつは、西田幾多郎の「純粋経験」の片鱗を分有する父谷川徹三と子俊太郎との内在的な相似性、言い換えると、俊太郎の宇宙観や生命観が明らかに徹三のものをテイクオーバーしていることを示唆し、谷川俊太郎も〈僕の作品を父にさかのぼって考える人はいなかったな〉と同意していることだ。二つには、現代を代表する絵本作家で三人目の妻だった佐野洋子との「滑稽な修羅場」の炎心が描かれたことである。数知れない衝突と訣れを回想して谷川は〈詩を書いているひとでなしの人間だから、彼女を損なってしまったんじゃないか〉、〈僕自身、男性的というより女性的で、それで喧嘩にならなかったし、暴力とは無縁だし、自分とは異質な他者も受け入れようとする。それは僕の中の女性性じゃないかなあ。（……）つまり僕は、怒りを詩にすることができない詩人なんですよ〉と語る。

佐野洋子を介して、谷川の世界感覚の重心が結晶のように現れる。

三つめは谷川俊太郎の他者へのスタンス／ディスタンス（距離）としての「デタッチメント」

である。一義的にそれは、アタッチメント（愛情）の反対語として、詩（だけ）を生きてしまうことによって佐野洋子を孤絶させ、彼女を打ちのめし破局をつくり出す。だが、谷川のデタッチメントは、他者との距離だけではなく、〈漱石の非人情みたいな。それがないと詩の次元には行かない〉、表現行為の原罪感覚へと通底する。尾崎真理子は、村上春樹との類似性、例えば、〈谷川の詩作において言語以下／以前へと「意識が下りていく」という揺動が、「穴掘り」が趣味だという村上が書くことについて「ちょうど、目覚めながら夢見るようなものです」と明かすデタッチメントの暗闇の秘儀に近接していることを指摘する。

　では、谷川は意識下の何処に下りていくのか。それは、佐野洋子の孤絶にも連関した彼の女性性（マザー・シップ）だと敷衍推量したい欲求が批評子にはある。世界が女である、女という大洋の底に届いたとき、世界に身を挺して世界を詩に変えるという谷川だけが遂行しえた「詩人・なんて」という母型的ミメーシスが現れる。

　母型の大洋の底にある物質的恍惚を描いたのは吉本隆明だが、北海道横超会（高橋秀明編集）から送られてきた『瀬尾育生講演録　吉本隆明の詩と〈罪〉の問題』では、吉本の初期詩篇、主に『日時計篇』、『転位のための十篇』の詩句を周密に読み込んで、セメイオチケさながらの緻密な解釈を駆使して、一九五〇年から一九五三年に起こった吉本隆明の「婚約破棄」の内在的な痕跡が見出されようとする。第二次大戦後の戦争責任論において、「世界普遍倫理」のシニフィエである罪の位相をめぐって、その直前の「世界認識の方法」の問題群から旋回して、啓蒙主義的な罪概念 guilt に対して、吉本が、根源的な罪 sin を導入し、人間の自己中心性へ固執する闘争のスタンスを形成して、独我論的な段階を通過したことが確認される。その背後にある大きな倫理的屈折の契機、根源的罪の端緒としての「婚約破棄」という出来事が吉本のテクストから徹底的に洗い出されようとする。

瀬尾育生による捜査官的パロール／エクリチュールの実践である。吉本隆明の「婚約破棄」を含む非公開の恋愛事件。三浦雅士の示唆に触発されるかたちで、まず、瀬尾は、一九五〇年〜五一年に吉本が自前の罫線の原稿用紙に書きつけた約五百篇の草稿である「日時計篇」に現れる女性像、および責罪から罪レベルへの下降倫理の道程を検証する。和子夫人および前夫との潜在的な三角関係は追認されるが、それらの草稿に出来事の暗示は見当たらず、《牧師め》《詐欺師め》という罵倒語の頻発から婚約者の父への憎悪が類推される。瀬尾は、『固有時との対話』と『転位のための十篇』に捜査域を広げ、〈「わたしたち」は何にもまして「神の不在な時間と場所を愛してきた」〉。それは神と直接につながっている父、その「父が不在な」という意味でもある。そして何らかの事情で「わたしたち」は別れ別れになり、「わたしたち」が失われると、そこにふたたび「わたし」の固有時が露出してきた〉という中間的な報告を記す。

だが、「婚約破棄」とはどういう事態なのか。瀬尾は、「書く病気」に癒着した単独者であるキルケゴールやカフカによる「婚約破棄」、アンドレ・ジイドの『狭き門』に描かれたアリサが愛の絶対性において「婚約」を拒んだことに触れ、「婚約」に〈一対一の性愛の関係が制度的なもの・共同的なもの〉に移され審判される〈ひとつの世界模型〉を見出す。さらに、キルケゴールをめぐる吉本の講演に言及して、「婚約モデル」は神から切り離された人間の自己中心性を集約した「関係の絶対性」に連関し、共同性のエレメントである「三角関係モデル」との対位において、〈吉本さんは婚約破棄において、社会的なもの・制度的なもの・教団的なもの・教義的なもの（牧師的なもの）……に対して「関係の絶対性」を勝利させる〉という最終調書が提出される。「婚約破棄」を告知された女はついに特定されなかった。

そんな女は存在しなかったが、関係思想の原基を析出する大洋のような女の遍在が確認されたということである。どんな思想的「裏切り」に対しても画定される吉本の「勝利」は、初期詩篇の解読に始まる性愛をめぐる共同体との格闘を経て、「奥の奥の無意識」における反復強迫として予め回帰しているのである。

谷川俊太郎のデタッチメントが、尾崎真理子の「聞き込み《インタビュー》」によって意識の下降（世界に身を挺する）という詩法に集約されたように、捜査官・瀬尾育生は、吉本隆明における常勝の「関係の絶対性」の源泉が「性愛」の奥にある「本当の無意識」に潜伏すると断定する。

遍在する女のポテンツにおいて「世界普遍倫理」を撃つスナイパーが現れる。

だが、遍在しているはずの女は、例えばフェミニストを自称し「世界には男しかいない」社会表象を指弾し、性差別は内面化しているという川上未映子責任編集による五百五十六頁に及ぶ「早稲田文学増刊「女性号」」（早稲田文学会）に結集された古今の女性表現者八十二人のように、ひとりひとりが孤立しているという危地に在る。この孤立は、女／男という不滅の「階層」への感応性を保存しているだけではなく、不可避的にファシズムの温床であるはずの民主主義と自らが多数であることを情緒的に確信するSEALDsの向日性を裏返したような、世界への非官能的な懐疑を賦活しようとする。女は存在しないと謎をかけたラカンが「私の欲望は他者の欲望である」というテーゼを行使してバタイユをコキュに陥れたような裏切り《イロニー》を彼女らは許容しそうにない。だから、「遍在する男」への敵対性がむき出しになる。

ラインナップの大半は、詩と散文創作と翻訳だが、末尾に近いところで、「女性と地獄」と題された桐野夏生と川上未映子の対談で、村上春樹が神話や物語の有効性を託した「善き物語」に男性性を見出すかたちで、桐野は〈暗いと思いますし、私は、善き世界とか善き物語などを文学に求めてはいないですね。実感として、世界というものは閉じられていて、そこから女たちがみんな弾き飛ばされているような感覚がずっとあります。周縁にいる感じです〉と述べて、表現性と社会性のダブルバインドを強調する。

続いて掲載された批評と書評に携わる斎藤美奈子他四名の座談で、斎藤は女性の批評家が殆どいないことについて〈つまり父殺しが原理にあるじゃないですか。そして、その行為の中にしか自分は現れないということは、いったんはその父親の子供にならないと批評のフィールドに入れないわけでしょう。そういう、ある種の男性間におけるホモソーシャルの原理が批評を作っているところがあると思う〉と言い、エディプス的属領を抉って見せる。

いっとき（そして、ある種、継続的に）フェミニズム現象に対して、男権的自立派プロパーが集団的ヒステリーだといって気色ばんだリアクションは、内向し、潜伏し、より資本主義的に、より非政治的に、よりなめらかに性差を整流している。桐野と斎藤のコメントは、脱領域的であり、実質的にぜんぜん解消されていない抑圧を回帰させる。

「女性号」は、LGBTを含むジェンダーの象徴界へどんなふうにデリバリーされるだろうか。むろん、「女性号」というフレームそのものの既視感は否めない。その運動性のデリバリーが完遂されるためには、ひとりひとりの孤立が、孤独という俗流の揺らぎへの陥落を回避し、可能的なオブセッションを踏み堪えることが要請されよう。

　ところで、女は存在しない、女は遍在するというアレゴリーをいったん忘れて、『第二の性』におけるボーヴォワールの「人は女に生まれるのではない、女になるのだ」というセピア色のエピグラムをサルベージしてみよう。因みに、この「女性号」には、このエピグラムも、森崎和江の『第三の性』における女性言語にかかわるマニフェストも見当たらないが、それらのアルシーヴを切断して、現在の「暗さ」と「周縁」と「父性」原理の特権へ外連味なく反発するのがフェミニスト川上未映子の反歴史的スタンスだと了解して置く。だから、批評子もジェンダーだの男女同権だのというご託は一切並べない。

　そのかわり、ボーヴォワールのエピグラムを、例えば、「人は女になることを意志するのではない、だが、女であることをめぐる責任が世界に表象している」と読み換えてみる。すると、女をめぐる意志（選択）と責任と自由のフリクションが掘り起こされてくるはずだ。國分功一郎による『中動態の世界　意志と責任の考古学』（医学書院）は、もちろん詩論ではないが、詩論にも濃厚に連関する言語表象の不伏蔵的な冒険であり、二〇一七年に公刊された思想的テクスト群のハイライトのひとつである。「何ごとか」なされた行為にかかわる責任判断において、それが意志的になされたことかどうかが一般的なベンチマークになる。その「自由な意志」は能動性において現れる、と言われる。ところが、スピノザによれば、意志は自由ではなく何らかの強制的な原因（受動性）に拠る。そのように、自由意志は不可能だが、ものごとの必然性の法則に基づき、その本質を表現するかたちで行為するとき、われわれは自由（非受動的）である。内在原因は能動／受動を超えてこそ自由を表現しうる。このスピノザの論点を辿るかたちで、ギリシャ世界では、エネルゲイア（遂行）に符合する能動態とパトス（経験）に相当する中動態だけが存在したという言語学者ポール・ケント・アンダーセンの見解が導入される。

さらに、主語が動詞の指し示す過程の外にある（能動態）か内にある（中動態）かというバンヴェニストによる定義を経て、西洋世界で意志や責任や人間主体といった概念が生まれる途上で、中動態から受動態が派生し、やがて、受動態が中動態に対して優位となりそれを抑圧するということが起こった。それは、〈言語と思考とが関係する可能性、中動態の抑圧がいまに至る哲学の起源にあるという可能性〉というデリダの見解に合致する。

どういうことか。「過程を実現する力のイメージ」が被覆されてしまった。あるいは、〈人は意志するとき、ただ未来だけを眺め、過去を忘れようとし、回想を放棄する。繰り返すが、意志は絶対的な始まりであろうとするからである。（……）意志することは考えまいとすることである〉という後期ハイデッガーの批判の標的であった「意志」が優勢となり、過去の忘却という圧力が亢進し、強制ではないが自発的でもない非自発的な同意の重層に身を委ねる事態への再帰性が失われているのだ。中動態を掘り起こすということ。それは、社会的な因果の機序がいよいよ見えなくなり、意志の背後に前提される能動態と対照的な受動態という仮装的な場所でスポイルされて非自発的選択を繰り返す循環を脱構築することだ、と曲解して置く。そういう選択認識の契機を呼び込むアルケオロジーである。

翻って、文学や詩を択ぶ（択ぶ他ない）という必然のシークェンスはどんな風に描かれうるか。「中動態的存在論」のように、内在的な因果をパトス（経験）の中動性に布置しうるエクリチュールが、文学や詩に責任性を呼び込むことはあるか（なんちゃって）。中島哲也のフィルム『告白』は、中学一年の終業式後の崩壊した学級《ホームルーム》が舞台である。教員森口悠子（松たか子）の娘である愛美は生徒の渡辺修哉（西井幸人）の仕掛けで気絶し、共謀した下村直樹（藤原薫）がプールに放り込んで死ぬ。「大切なものはみんな消えてゆく」とモノローグする修哉は、才気が溢れながら、愛美の殺害もクラスメイト美月（橋本愛）の殺害も、直樹が母親を殺したことも全て「なんちゃって」と笑い飛ばす。彼の傲慢で不敵な非倫理的諧謔は少年法によってどんな責任からもリモートであるというアナーキーな楽観と張り合わされている。この自己防衛機制は幼稚だが図太く、容易には切り崩せない。では、森口はどうやって修哉に復讐したか。森口は、修哉が学園テロのために準備した爆薬を、修哉が恋慕のごとく愛着する「ただひとり大切な」母の勤める大学の研究室に運び、修哉が押した携帯のスイッチにより、母は爆死する。そのとき、はじめて修哉の言葉から「なんちゃって」が消える。「なんちゃって」が途絶えて、責任意識が現れるようなまっとうな条理はフィルムの外側にある。文学や詩や、批評という行為は、人間の葛藤を切り下げる「なんちゃって」の消失点と、全現実の非在の中心にある母＝大洋の水準原点とをともに撃ち抜こうとする経験《パトス》であり、選択に他ならない。

北川透の個人誌「ＫＹＯ峡」第12・13合併号には、「幻想の〈牢獄〉をめぐるノート」（副題、ミシェル・フーコー『監獄の誕生』、北村透谷「我牢獄」、太宰治『人間失格』など）という独立した批評文が掲載されている。表題から透谷論の敷衍的あるいは更新的な展開と想わせるが、重心は〈非行者《デランカン》〉を分節した現代社会の批判にある。むろん、日本の現況認識と不可分である。皮膜のような世間にかかわる監禁（見えない大きな〈牢獄〉）、監視、不自由の感覚から始まる。太宰治『人間失格』において世間という共同性を表象代行する堀木と「道化」へと退避した葉蔵との関係から可能的な〈牢獄〉の稜線が現れる。転じて、北川はフーコーの『監獄の誕生』を導入する。幻想の〈牢獄〉が、われわれ自身の犯罪の潜在性の自覚において無意識に布置されること、現実的には、歴史的な再犯率の高さにおいて監獄という機能は失敗しているが、監獄が〈非行者〉をつくりだすというその失敗こそが、欲望と社会との境界域の矛盾と葛藤における（われわれ自身である）潜在的／可能的な犯罪者を〈非行者《デランカン》〉という認識の位相においてマーキングし社会全域を監視する「効用」／正当性へと循環する。

〈監視社会の現前化による監禁状態の内面化が進み、幻想としての〈牢獄〉を、わたしたちは不可避的に抱え込まざるを得ない状況になっている〉。

〈非行者〉は、自由民権運動の敗退を通じて北村透谷により《我牢獄》として日本近代文学に析出され、すぐに閉塞した。世界史の位相では、近代の普遍主義（平等、自由）が監獄を標準化し、犯罪＝刑期（剝奪された自由、拘束時間）という経済的なベンチマークを設けた。一方、監獄の教育、更生の機能は、管理と監視のシステムとして社会全域に普遍化された。

そのとおりである。ただ、この経緯を辿るだけでは、犯罪、拘束、再犯という人倫において現実的かつ未決な課題、あるいは、共同体と法措定という思想的課題に対して、文学は後手に回ったままである。

だが、北川透は、幸福感の欠如と監禁の日常感覚から監視社会の抑圧を割り出した自らの思考の時間を、抵抗の契機へつなげるかたちで、次のように記すのを忘れない。

〈詩や文学のクリエーティブなモティーフは、道徳や世間体、常識や習慣という、共通幻想の仮面をかぶった〈牢獄〉を疑うところにしか成り立たない。その意味では、文学や芸術の創造は、もとより〈非行性〉そのものではなく、権力と監獄が作っている、〈非行性〉の罠の戦略を、自覚するしないに関わらず解体するところにしか成り立たないだろう〉。

権力による監視と拘束を分節する走査線を解体すること。文学自らの布置を、歴史的社会的状況から文学（表現）へという一方通行的、疎外論的受動性から、状況の能動性（エネルゲイア）との対位において、その受動性が抑圧していた「過程を実現する力のイメージ」、すなわち、パトス（経験）を復帰させること。意志と責任という解釈領域から脱出することによって、文学という行動が再定義されようとする。

つまり、文学は択ばれる。何ものかの強制からではなく、関係をめぐる孤独や葛藤の果ての消去法的選択でもなく、自由と必然が交差する位相で文学は何度も択びなおされる。牢獄的状況の拡散を踏み堪える内在的〈非行者〉として、瑕疵ある批評的身体は、自己異化《なんちゃって》を削除し、世界に張り巡らされた罠を外しにかかるのである。

（二〇一八年一月）

「器官なき身体」の遊動《グラマトロジー》

吉増剛造は、その言語身体の初期において、芭蕉を追尾するように歩行し、疾走し、ふたたび歩行し、遊動は持続され、やがて座るということが導入されたという。

「石狩シーツ」の穴／巣穴（カフカ）＝坑道を掘り進む途上での「女抗夫さん」との出会いという啓示的ヴィジョンに「疾走から歩行へ」という更新を確認した菊井崇史は、吉増が「カフカさん」と呼びかけるグラマトロジーに、雑種的かつ得体のしれないカフカの音、あるいは、この世界の小さな裂け目の不穏なサウンドを聴き取ろうとする。菊井は、その偶有的な吉増の軌跡が、やがて、『怪物君』の、『火ノ刺繡』の救済的な未踏のグラマトロジーへの切断と持続であると述べ、吉田文憲、岸田将幸が加わった座談では、吉田が、時代的背景による倫理的な逡巡を示唆し、岸田は『王國』以降の身体感覚の激変を強調した。

「吉増剛造の軌跡」と題されたこの鼎談では、初期吉増の詩作の拠点である窪地「下北沢」、福生「まいまいず井戸」への螺旋的下降、「古代志向」、言葉の治外法権についてやりとりされ、跛行的・旋回的に、吉増剛造の表現の始源性、全身性、「手仕事」／「線」のざわめき、「辺境」への接近、多重露光の写真における非在の場所の出現、ベンヤミンの「破壊的性格」の多層的な影響、『怪物君』におけるニーチェ的な永劫回帰の姿が辿られる。

これらは、二〇一七年十一月発行の大凡三百ページに及ぶ『「涯《ハ》テノ詩聲《ウタゴエ》　詩人　吉増剛造展」図録』に収録されている。二〇一六年六月の東京国立近代美術館『声ノマ全身詩人、吉増剛造展』に続く足利市立美術館での大規模な吉増展をカバーするテクストだが、それより何より、次の二つのことが問われるべきである。ひとつ、ひとりの詩人が、基本的に詩という孤絶的な領域に表現の軸足を置く表現者が、美術館という最も公共性の高い空間を占拠するように現れるのはどういう事態であるのか。一義的には、美術館の展示選択のプロセスにおいて、吉増剛造の表現行為（文字行為）の析出であるさまざまな物質、すなわち、『怪物君』のテクストである巻紙や銅板への彫刻や主要詩集の書物そのものやスタンザや写真や動画などが、文字行為以前の「展示」可能なオブジェとして、「展示」に注がれる多様な視線に堪えうる美的公共性とでも言うべきものを充足すると前提されているということである。

二つの吉増展を訪ねて、時評子は、モスクワ滞在時代に通い詰めたマヤコフスキー博物館の記憶と重ねてみた。未來派やロシア・アヴァンギャルドを主導した詩人ひとりが「展示」されたその建物の胎内には、日常的な平衡感覚を攪乱する螺旋下降的な通路を被覆するかのように瓦礫的なオブジェが堆積していた。その堆積は、マヤコフスキーの過剰な個々の作品の果て、自死（謀殺説もある）に至る境涯の果ての廃墟と呼びうるものだ。二つの吉増展も、マヤコフスキー博物館ほどに埃っぽくはなく、展示の日程も定められてはいるが、自らの作品群の表象をオブジェの物質的堆積に回帰させる廃墟の試みではないだろうか。

何故、そのようなエピステーメ／文字行為からの脱出が志向され、それが美的公共性へ暗黙に符合するのか。ショートカットの誹りを省みずに断定するなら、二〇一一年三月一一日の揺らぎ、常世波、原発事故の出来事によって決定的に変性された時空認識が吉増剛造ひとりにおいて、文字以前の、あるいは、文字というものが徹底的に破壊された後の内在的な廃墟へと自ら憑依する契機となった。エピステーメからの脱出を果たす始源性、根源性、身体性、雑種性は、吉増剛造ただひとりによって担われた。ただ、芭蕉に曾良がいたように、吉本隆明に私淑する脱領域的な多くの書き手がいたように、吉増剛造には、シリアスにあるいは無邪気に彼を取り囲む詩人たちだけではなく、一連の展示プロジェクトのサポーターに加え、今福龍太、金子遊、港千尋らそれぞれの分野を領導する書き手がフォローしている。

さきの、吉田、岸田、菊井の座談でポリフォニックに語られた始源性や全身性、あるいは、同じく図録掲載の吉増の旅の写真について鶴岡真弓が〈翳みの奥の内臓は、実は宇宙大の星雲でできており、「螺旋」が渦巻いている〉と記したシークェンスに吉増剛造《器官なき身体》のラディカリズムが凝縮されている。それは、二つ目の問いを誘発する。非政治的かつ宇宙的グラマトロジーを遂行する吉増剛造は果たして状況的であるのか、つまり、吉増は時代に呼応し、状況を起動するのか。時代状況へ内在的に関与するのか。例えば、吉増剛造のパフォーマティヴ／発散的な表象行為は生活というものにしがらむ諸関係における痛苦や孤独や葛藤や内向に癒着するふうには現れない。コンヴェンショナルな生活思想をダイレクトに繰り込むことはない。だが、全現実や生活の世界苦を断言したとたんに必敗のヒロイズムに求心してしまうイデオロギーの罠に捕獲されることなく、状況の芯にある生命のうねりを美的公共性へと裏返すことは、この時代に強いられる正気のバラストを持続的に踏み堪える処方《イロニー》ではないか。

あるいは、こう言い換えてもいい。状況というものは、つねにすでに消失しており、「現代詩手帖」二〇一八年二月号で添田馨が〈関係性を超出した関係性の謂であり、日常性のなかに非連続的に顕現されるところの特異な主観的境遇〉と定義した「情況」だけが残余している。このミニマルな「情況」の局地性／極私性と非在の状況をともにつらぬいて背後に跋扈する象徴秩序、監視権力の循環性に抵抗するには、もうひとつの循環／螺旋、かつて自然が芸術を模倣したように、大地や宇宙が、破綻しないマヤコフスキー・吉増剛造のグラマトロジーに、その罫の「法」に世界が挺されて在るという転倒を対置する以外にないということだ。

『吉本隆明 質疑応答集3 人間・農業』(論創社)は、一九七一年から九八年に亘る講演後の問答の聴衆との記録を収め、「応答」というシナリオのない「劇」において、吉本隆明の思想的身体のダイナミズムが全開する姿を証している。しかし、単に活劇を楽しんで終りということではない。吉本において、国家は相対化されており、それはやがて廃絶／消滅すべきものだが、テクノロジーの進歩にバックアップされて展開する資本主義が人間的欲望と均衡する動態的なシークェンスは肯定され、そこに未来が託されている。

この泣き別れ、イデオロジカルにはインコンシステントであることが、資本主義／ネーションン／国家をまるごと否定するアナーキストたちを苛立たせてやまない。対幻想と共同幻想にかかわる臨床的な関心からの質疑において、〈現在というのは制度的、社会構造的にいいましても、未来にたいしてはひとりでに病気をつくるシステムを内蔵していながら、過去を置き忘れていこうという社会的要因が非常に強いわけなんですよね〉と述べ、「この種の病気共同体」は社会運動的につくろうとしたら駄目で、ネガティブな「受け身」、「空隙」として組成する以外にないと吉本はその困難を示唆する。また、農村人口の減少や農業の衰退の不安に関して、都市と農村とを対立概念ではなく「包摂概念」によってとらえる他ないと述べ、都市の過密が農村的空間をつくり出す現象をめぐって、〈やはり都市がどこかで農村をどんどん内包していく以外にないような気がするんです。とくに施設型の農業を内包してしまうというやりかたをする以外にない〉と究極のイメージを提示する。ヘーゲル的即応なのである。蠢く欲動の微細な線分を一本も切断することなく大文字の課題に取り組んでいく。

この国家と資本主義／欲動の捩れは、農村終焉論、食糧安保論で顕在する。吉本は、国家と資本の利害関係の一致という認識を否定する。左翼の組織闘争は、国家社会主義的であり、制度闘争は国家を前提とするところに限界がある。〈すぐに国家を廃絶する準備をはじめないとだめなんですよ。そうしなければ、社会国家主義になっちゃうんです〉という考え方は、〈民族国家にあまり固執しなければ、食糧安保論議というのは成り立たない〉という発言に敷衍される。どういうことか。例えば、戦争をやめましょう、平和憲法を護れという論調の基底で国、い、い、い、い、家が確信されている限り、もっと言えば、SEALDsのように民主主義や多数決を安穏と確信している限り、平和志向は任意的に戦争志向へと裏返る。多数決のイノセンスが国家によって裏書きされてしまうからである。その確信において、はじめから敗北している。必敗は遮りようがない。闘いは、その原初の敗北をめぐるエポケーに対して、どれだけ再帰的でありうるかという問いだけが残る。

つまり、依然として、抵抗は、芸術的抵抗に限らず、挫折の複数を担う他はない。一九七六年の『限りなく透明に近いブルー』が、二〇一七年には『夜空はいつでも最高密度の青色だ』という閉域のメーロスに追い込まれたように（「ガンバレェ」とコブシを回す売れそうにない歌が売れているらしいことに、どうして安易にホダされてしまうんだ）。また、一九六四年、岩田宏が、〈グアンタナモ／われわれの夢のかけら／／命令はつねにあからさまだ／すべての事件は　曖昧な事件すら／地球の市場の明るみに出荷される／今どき暗い横町を摺足で走るのは／こそどろや色事師だけだろう／単なる商人ではない　この惑星の／劣悪な経営者がきみらに命令を下す／／グアンタナモ　夢のかけら〉（「グアンタナモ」部分）とうたったその固有名が、二〇一八年、アメリカ国家の商人にして劣悪な大統領でもあるトランプによって維持されてしまうように（夢のかけらは、単なる欠片となり、やがて、踏み越えられる瓦礫のように、絶望的な破片として堆積する）。

だが、挫折の複数は、何かを語る場合、それが、国家／母国語を前提としてしまうことの挫折を、意識の襞を傷つける絶望の破片をざらつかせ、必敗以前の「夢のかけら」として語り出す余地はある。小島きみ子の『僕らの、「罪と／秘密」の金属でできた本』（私家版）は、小さな詩集であるが、存在論、時間論、言語論、ラカンによる父性隠喩主体の消滅に跛行的に言及し、この詩集じたいが〈僕らの、「罪と／秘密」〉を解き、語り、封印する〈金属でできた本〉というシナリオをメタリックに演じて見せる。日記風の「序詩」では、特定秘密保護法に抗して、〈寂しい黄昏です。昏い日曜日にヴィスワ川の名前を知って、この川の悲しみを暗く思います。ワルシャワ市街地を目前にしながら、ソ連軍は進軍を停止しヴィスワ川を渡らなかった（ポーランドの悲しみですね）／それにしても、秘密とは何か。「むしろ私たちは、秘密を日常的なもののなかに再認する程度に応じてのみ、その秘密を見抜くことになるのである。その際私たちが援用するのは、日常的なものを見抜きがたいものとして、見抜きがたいものを日常的なものとして認識するような、弁証法的な光学である。（ベンヤミン『シュルレアリスム』より）」／あなたへ。きょうは、夢の途中で声をかけあいましょう。川の名を忘れずに。〉と記される。この国の現政権の汚れた手に取り上げられた「秘密」が、「日常」との弁証法的光学のもとに布置される。その薄明で声をかけあうことは、焼け野原と黒い雨のなかで連呼される〈新しいエネルギー革命〉を描くアレゴリーへと連鎖する。結びのあたりの、〈言葉は、もともと言語一般を意味していたとは思われない。むしろ一種の命名による世界創造神話の一つと考えるべきである。ただし、ヨーロッパにおいて言語一般と結びついた点が重要なのである。〉という件りは、隠喩の起源に交差する初期ベンヤミンの言語論を彷彿させる。「秘密とは何か」と、命名の原点を呼び戻すこと。それは、国家を、母国語を問うことに他ならない。

四方田犬彦の連載「詩の約束」が「詩の大きな時間」（「すばる」二〇一八年三月号）をもって完結した。その末尾近くで四方田は〈生まれてまだそれほど長い時間を体験していない「現代詩」というジャンルを、それが閉じ込められている**小さな時間**から解放し、**大きな時間**のなかに置いて眺め直してみたいと考えていた〉と記している。聖書のような超越的書物に見合うほどの「偉大なコード」（抑圧的体系）あるいは絶対言語を持ちえなかった「無戒」の日本文学、定型詩、現代詩に、四方田は、ロートレアモンやニーチェの抵抗的パロディを対置し、さらに、八十八歳になったシリアの流謫詩人アドニスが大著『アル・キタープ』の多声的なテキストによって『クルアーン』の言語的絶対性に抗って分岐し変転する姿を描く。ブッキッシュかつ脱領域的なフットワークを駆使して、四方田はアドニスとの出会いを通して詩と約束した。

脆弱な母国語に、怠惰な多幸感のまま滞留されるな。これは、ジャンルの時間性というよりも、本質的に、詩に伏在する異語形成の問題である。

詩は、どこまで反母国語的でありうるのか。類的な表象としての詩の生成はひとつひとつの詩作へと循環する。抒情や叙事と「言語一般」の機序を転倒させて黙契が現れる。

野沢啓の個人誌「走都」が二十六年ぶりに復刊され、第二次2号に掲載された長大な論考「鮎川信夫と近代　鮎川信夫という方法（2）」では、前半で、まず、日本の近代性の脆弱さが概括され、次に、根無し草的な日本のモダニズムから離脱し、それを否定的な媒介とすることにおいて、その人間存在論が戦争体験以前に戦後的視野を獲得していた鮎川が、やがて、日本の近代詩の総体を否定する経緯が描かれる。ここまでは、ほぼ常套的な展開だが、後半が面白い。野沢は、一九四七年に発表され、後に放棄された大作「アメリカ」は、地と引用との連携がとれていないので像が不明確であり、〈未完の壮大な失敗作に終わっているのはそうした内的必然性が十分に構造化されていないからである〉と記す。なぜ「アメリカ」なのか。野沢は、鮎川の〈アメリカ〉という表象は〈自由の国〉という終局の近代という幻想から徐々に乖離したが、ついにそれが批判されることはなかったと指摘する。現在の対米従属に通底する課題を孕む内在的な作品解読になっている。さらに、『死の灰詩集』論争、戦争責任批判、単独者性や吉本隆明との微妙な世代差に言及され、鮎川の戦争への内在的抵抗の意識を認めながら、野沢は、鮎川が文明批評性は鍛えていたが、〈この世界がどうあるべきか、みずからはどう時代を変革しようとするのかを突き詰めることがなかった〉と厳しく言い切っている。一気にドライブがかかっているが、この飛躍のところは、今後の論述で補足されるべきものと思われる。

紙数が尽きつつあるが、峯澤典子の「現代詩手帖」二〇一八年度詩書月評が快調である。対象の詩集の特徴を描く概括的記述、スタンザの選択、月評としてのポジティヴィティ、抽象力、すべてソリッドであり、状況の繰り込みにも怠りない。二月号でカニエ・ナハの新詩集を評し、〈世界中で頻発する惨劇の現実に無意識に身を晒しながらも、映画や夢の場面を渡り続けるように暮らす。それを現在のある種のリアリティとするならば、これらの詩篇の、死に隣接した幻惑感は、その体現ともいえないだろうか〉。冴えたアニムスである。

最後に、前出の『吉本隆明　質疑応答集』シリーズの解説、校閲に全面的に携わり、「飢餓陣営」や「ＬＥＩＤＥＮ――雷電」、「座間草稿集」などに、詩や批評を書いていた築山登美夫さんが二〇一七年一二月三日、肝多転移性胃癌で急逝した。時評子とは、途中長いブランクがあったものの、三十五年お付き合いいただいた。その解説文の末尾を書き写すことで、本欄での弔いとしたい。

〈この応答の場面では、最後にいたって吉本さんの口調は我に返ったかのようにやわらかくなり、質問者へのいたわりを見せます。考え方の相異とはべつに、彼もまた無名の民衆の一人として、時代の波に翻弄されながら自分の運命をつくって行くほかない。そのことに例外はないのであって自分もまたそうしてきたのだ。そのかなしみが吉本さんを襲ったのだと、私には思われるのですが〉。

（二〇一八年四月）

デリバリー、する、される

それはマキシマムで半世紀を超える時空を通過することによってデリバリーされる。しかし、その時空は遠ざかる歴史という楽園ではなく、キャッチアップしえない未来へ吹きつける暴風のなかでいまだに堆積される悲劇の伽藍／瓦礫のように現れる。つまり、パウル・クレーの「新しい天使」の瞳と翼の形象にベンヤミンが託そうとした、もはや翼を閉じることが出来ない天使が送り込まれる背後の未来のようなテクストとして北川透の『現代詩論集成3』（思潮社）は、反歴史的な「いま・ここ」へデリバリーされるのである。

「六〇年代詩論　危機と転生」と副題された本書では、十三人の詩人（パートI「共犯的「記録主体」もまた一人きりであるのか?」参照）について、ときに交叉的に、すなわち、飯島耕一について論じるのに立中潤から書き起こすような、あるいは、岡田隆彦の官能性に飯島耕一の倫理を対置するような遠隔的マトリクスも行使され、冒頭に置かれた「詩的断層十二、プラス一」で「詩的現在」へのデリバリーの通路が切り拓かれ、未来への暴風が吹き抜ける。それらは、折り重なる伽藍／瓦礫として、未来を孕むまっさらなエクリチュールとして現れる。

デリバリーされるのは、詩人論の線形的な連なりではなく、批判的系譜学であり、過去からの暴風に開き切った翼で未来へと「後退」する天使が凝視する伽藍／瓦礫は、歴史の残存物としてカテゴリカルに列挙されるのではなく、生成する詩的行為である。

例えば、資質的に北川じしんの対極にある岩成達也の「擬場」に集約される「異邦の論理」について、森鷗外の小品「空車《むなぐるま》」の顰に倣って「精巧なる空車」と呼んだ北川は、自らを「大八車」（鉄輪の荷車）に準え、〈この〈空車〉を、仮空なるものの精密さの対極のそれに内面化することはできないのだろうか。あるいは、この〈空車〉をそれ自体解体（再組織）せざるをえないような、恐怖の風景に突入せしめる方法はないものだろうか〉と問う。この凡そ半世紀近く前の問いは、岩成と北川じしんをともに射抜くという意味で、レイト・ワークの悟達などを予め凌ぐかたちでアクチュアルであり、フェアである。批評のフェアネスと驚くべきコンシステンシー（内在性の鮮度とも言いうる）自体が、詩および詩論の「希望の原理」そのものであると言わねばならない。

もういちど。書かれたものは、必死でデリバリーされねばならない。必死というのは、表現における他者性の強度の函数であるだけではない。それは、表現する者に内在し、外在する。むしろ、外在的な要素の方が大きいかもしれない。カフカのように、作品がデリバリーされるのを拒んでも、マックス・ブロートのような人が近くにいて、最終的に世界にデリバリーされて、それによって、世界の言葉のテクスチュアは、カフカなしには語りえなくなっているように。外在性と内在性とは孕み合っており、どちらが優勢とは言えない臨界に時代と状況の与件が解読されるべきものとして現れ、作者（詩人）たちのデリバリーへの必死な態度は、時代や状況への抗いのシークェンスであるだけではなく、作品への内在的な批評を呼び込む筈である。

　細見和之の『「投壜通信」の詩人たち』（岩波書店）は、デリバリー、する、される三つの態様を描き出す。

　まず、マラルメについて〈「賽のひと振り」に賭けるというのは、千にひとつ、万にひとつの可能性、すなわち、生きのびるという一縷の可能性に賭けるということに等しいのではないか。いや、それが詩人であるかぎり、自らの命は海の藻屑と消え果てても、自分の書いたものが誰かに届くという、一縷の可能性に賭けるということに等しいのではないか〉と、細見は、徹底した「意識化」と廃された「偶然」の果て、「難破船」としての詩的行為が〈最終的には星座によって承認される〉という逆説を辿る。

　次に、ワルシャワ・ゲットーにおけるイハック・カツェネルソンの朗唱の異化効果＝「究極のエンターテインメント」に因み、〈詩の、文学の、何か根源的な機能〉、〈事態のただしい翻訳の持つ解放的効果〉が指摘される。「家のなかは寒い」という事態《収容所》＝現実界の苛酷さが言葉として象徴界に「翻訳」（家のなかは暖かい）される。原初的な「他者」の生成とは、そこにデリバリー、する者と、される者が、互いを救済し合う契機以外ではない。

そして、詩は、ツェランによって「投壜通信」と呼ばれた。詩は、〈自分がつぎの瞬間には海の藻屑と化してしまうかもしれない難破船の水夫が、渾身の思いで壜に詰めて放ったたぐいの最後の通信である〉。「渾身の思い」が「心の岸辺」に「流れつく」かどうかは偶有性に託される。「賽のひと振り」のように、「難破船」としての詩的エクリチュールは、終りなき「途上」、つまり、デリバリー、する、されるの中間の果てしなさのなかに在る。

作品が、作品自身の自己意識と他者意識とが合流《マージ》する物質的局面において、デリバリー（「郵便」はその些少な部分である）を作品および作品のモチーフとも呼ぶべきものへ循環するメカニズムは、批評行為においてより痛烈に作用する。何故なら、批評とは、解釈や分析を含め、批評される何かの他者性を自らの自己意識に翻訳するようにして語る処方であるからだ。

端的に、批評はデリバリーそのものである。表象が、象徴界で自己意識（主体）を消し去りながら世界に拡散するそのラスト・ワンマイルをキャリーするのが批評である。ラスト・ワンマイルにおいて、作品は、批評において、もういちど、その生成過程へと召還される。ゆえに、批評は、生成過程をめぐって超越的であることが求められる。

詩論が停滞しているという専らの噂であるが、だから口語自由詩も劣化しているという決定論は、詩と詩論のダイアレクティークが確信されていた牧歌的時代の条理に付会しているに過ぎないのであり、詩と詩論とで表象のフロントラインの不冴えをめぐって詰り合うのではなく、少なくとも、詩論は自らの超越性の強度を鍛えるべきである、と言ってみたい。

ところで、阿部嘉昭の『詩の顔、詩のからだ』（思潮社）は、ぜんぜん超越的ではない。確信的に、地上的に、作品たちと添い寝している。阿部の換喩論、減喩論は理論の位相で原理的とは思われないが、添い寝の相手をしっかり択んで、デリバリー・ボーイに徹したかのような肯定的（でしかありえない）フィールドワークの重厚さには、原理に張り合う強固なプラグマティズムがある。したがって、三部構成になっているが、書名でもあるパートⅡの二〇一七年二月、三月に集中的に書き込まれた方法論的なエスキスよりも、パートⅠの詩書月評2016の添い寝的臨場的遊動が面白い。「連辞」をベースラインとしながら、色価、老耄、幽体化、流露感、間平叙性、文法破壊、同定性、脱像性、迂言法、自己組成、当該性、排中律、脱自明化、再読誘発性などのジャルゴンがまるで「隠喩」のように酷使されて、択ばれた作品が解読・味読・生成過程を遡行されるのである。

阿部のベンチマーキングは次のとおりシンプルなものだ。

〈修辞の「たりなさ」「すくなさ」が逆に稠密性をつくりあげる〉、〈情報（≒描写）の重畳を第一義とする小説とちがい、ほとんどの詩は「たりなさ」をその成立要件とする。（……）詩は圧縮とは様相のことなる空漠を湛えつつ、しかもそのたりなさを自立させうる〉、〈詩は（……）、自分そのものを間歇化し、自己冷却をかさねながら、些少ずつのばし、成立してくる構造の再帰的確認を刻々しいられるもののはずだ。読者がほんとうに再帰的に読むのは、そうして現れている「生成の構造」だろう。過剰な詩はそういった詩の清澄な贈与形式を破砕する。（……）つまり構造が明示的でないものは、詩では贈与体とならない〉、〈文の対象性＝桎梏をあらかじめ無化すべく、匙そのものが体験の虚空に軌道をえがいて、それがそのまま詩の発露となるような超越が必要なのだ。（……）少なさにむけて配慮がかさねられるのではない。匙そのものが、少なさそのものが、書くのだ〉。

阿部の言う超越とは、生成過程をめぐるテオリアではなく、「生成の構造」への消音的な同調である。そこから、情動の消滅、あるいは、抒情のゼロ地点までは一歩。抒情の絶対化が背理のように開口する。戦後詩にも通暁するデリディアンの友人は、鮎川信夫の戦後詩はこと野村喜和夫へと帰趨したのかと吐息してみせたことがあるが、戦後詩のバニシング・ポイントには、表層の古代のエロス的音響に過剰な未練を残す野村喜和夫ではなく、一糸乱れぬ啓示的消音を確信的に反芻する江代充および貞久秀紀という固有名を召喚するのがまっとうなところであろう。江代（「日本語の奇蹟」！）に寄り添う阿部は、〈詩作がいちど死んだあとに蘇生が起こる。その最初の「戻りっぱな」はうすく、ゆれている。経験があるだろう。だから疵のようにもみえる。それは顔の疵なのか。いや、ことばの疵ではないのか〉と記す。消音の果て、詩は文からの偏差、つまり、文とのデマケーションそのものへと退却する。可能性ではなく、うすい蘇生のゆらめきだけが在る。

時評子は、阿部嘉昭の文法と喩法のプラグマティズムに、「妄念」を鎮め、やすらかに「実情」をととのえよという本居宣長の処女作「あしわけをぶね」が迫ろうとした「歌のおこる所」の偶有性が反復されるような光景を見出す。二六〇年以上懸隔した表象のコンテクストは、詩作品と詩論との連関におけるダイアレクティークから交叉配列《キアスム》への変奏そのものだ。

ところで、「自動記述」というのは蠱惑的なジャルゴンである。それは、純粋記述とも言うべきエクリチュールの不可能的な審級をイメージさせる。自我の葛藤や疎外や世界苦に拘束されることなく、美や欲望に身を挺するという夢は、しかし、そのままエクリチュールの消失点をも描くのではないのか。

福田拓也の『エリュアールの自動記述』（水声社）を開いてみると、それは、一九九六年にパリ第八大学に提出された博士論文から表題の部分を抜粋して和訳し、公刊されたものだ。主に、エリュアールが一九二六年に刊行した『苦悩の首都』をめぐるかたちで、ブルトンの「絶対的観念論」に集約されるシュルレアリストたちの精神／思考の至高性／純粋性を前提として、まず、起源的純粋さ、逆説的論理が（エリュアール的）自動記述の特徴として確認される。作品行為として、それは、線的形態の隠喩として現れ、自己回帰および継起的自己同一化の運動性が表象される。記号表現《シニフィアン》は加速的に増殖し、反響し、全ての品詞（言語的諸単位）は連辞的に連鎖し、継起され、並置される。それら、観念連合の形成は、「差し向け」によって「現勢化」する。〈エリュアール的自動記述の実践にあっては、言語的諸要素、女性の顔、自動記述の自己イマージュが、生と死、現前と不在、昼と夜などのような二極を絶えず交替させながら相継起しているのであり、このような作用は、女性的なるものの最終的で決定的な現前において、あるいは何らかの記号内容《シニフィエ》において止むということがない〉というあたりにクライマックスがある論考は、それ自体が、自動記述／シュルレアリスムに循環しており、その学際的考究の連辞的「差し向け」は、アカデミズムの習性のまま、意味論的およびイメージ的な解釈の臨界を旋回して、ついに「原理」という可誤性へと逸脱することがない。

フロイトの名前が形容的に現れるのは、一三〇頁にただ一度であり、なぜシュルなのか、なぜ無意識がエクリチュールへと呼び出されるのか、一九二〇年代のヴェルサイユ体制下での世界不安はどのように作用しているのかは、ついに語り出されることがない。このことは、例えば、連辞と隠喩（的自己回帰）との連関に関する記述における本質論として補足されるべきところでもある。

つまるところ、批評というもののポテンツは、アナロジーの内在性において構築されると言ってみたいが、矢崎秀行の『つげ義春「ねじ式」のヒミツ』（響文社）は、十九歳の著者が「ねじ式」を初めて読んで以来のヒミツに、探偵的フィールドワークを駆使して迫る。その多面体的コラージュにおいて、ラーメン屋の屋根の上で見た夢だというつげ義春の騙《かた》りの背後に、中上健次と同様に卑俗的古層と南方の海民の血脈を引く主人公が「マレビト」として、メメクラゲという状況のアポリアの「聖痕」を負って、「日本人の死生観の根源的な姿」で、アイヌのアフンルパルの螺旋を他界と現世を往還するように現れる姿がスパイラルに走査されるのだ。矢崎によって、「ねじ式」という不気味な象徴のテクスチュアが、林立する黒い杭、両ロスパナ、通路としての静脈、一九六八年の抗議、時代の漂流物（田村隆一）、手のリアリティ、みすぼらしくて美しいもの（梶井基次郎）、ニライカナイなどの徴《シーニュ》によって地上のテクストへと読み解かれる。その簡潔な構成、ソリッドな文体は、いわゆる「詩論」によって抜け目なく参照《リファー》されるべきものだ。

もういちど。批評はデリバリーである。つまり、媒介である。詩はまあまあだが、批評はやばい、というのは、果たして批評の貧困という事実性をバックアップするのか。その事実性の背後に、ほんとうは、媒介というジャルゴンが償却されてしまったということが隠されてはいないか。

（二〇一八年七月）

手続き《ジャーナリズム》＝終りなき鎖列の運動

批評は媒介だが、媒介が償却され尽くして、詩というジャンルは無分節のままゲシュタルトを自失しているのかもしれない。そうなると、不断に乗り越えられるべき無分節は、天上的な摂理ではなく、「手続き」という「無限の潜在運動」（「カフカ」《ドゥルーズ＝ガタリ》）によって対応される他はない。「手続き」の端緒の考証《フィールドワーク》のために、まず、北条裕子の小説「美しい顔」（「群像」二〇一八年六月号）から始める。佐々木敦は二〇一八年五月三〇日付の「東京新聞」の文芸時評で、言葉に尋常ではない力があると激賞した。その後、震災直後の描写部分について他の書籍と酷似の箇所があるという指摘が相次ぎ、さらに、競合する大手の出版社やウェブ上での確信犯的盗用という糾弾を受けて、版元は、参照や引用について典拠を示さなかったことを謝罪し、ＨＰに本作の全文をアップした。同紙八月一日の文芸時評で、佐々木は、「美しい顔」が芥川賞を逸した事実を踏まえ、問題は未決着だが、同作は力強いデビュー作であり、作者はこれを超える第二作によって一件のマイナスを払拭せよと述べた。安易な前捌きで、批評の落とし前がついていない。

「美しい顔」は、三月一一日の震災という未曾有の出来事をめぐり、主人公かつ話者である十七歳のサナエが、十歳下の弟ヒロノリとともに被災地で生き残り、ダンボールを住処とし、非常時の高揚感のまま、希望を売ってやるという被虐的自我と社交性《サービス精神》によって、一時はメディアの注目を逆用して活発に振る舞うが、同じ避難所の斎藤夫妻と出会い、さらに、ついに母の遺体と直面することを契機として、震災という出来事の圧倒的な悲劇性を関係性の中枢で切り詰め、実存ぎりぎりまで追い込んだ作品である。

それは、ヒロノリを母と会わせることをめぐり斎藤夫人の「(……)悲しみと苦しみと怒りがあるだけよ。ほかにはなんにもない。そのとおりよ。ほかになにがあるっていうの。なにを探してるの。あなたには、このあなたしかいないの」という応答、叔母に引き取られたサナエが「だから私はもう二度と、もう一生、母に会うことはできない。もう一生あの人に会えないということがいったいどういうことなのか日が経つごとにわかっていく。まるで蟻地獄にじわじわとはまり込んでいくかのようにわかっていく。わかっていく、わかっていく」というむき出しで無防備な独白のエチカとして析出される。

冒頭辺りの震災の情景は、「死」をめぐる実存認識が映像的かつ内在的に描かれるための導入装置であり、引用や参照を開示する「手続き」のミス以外ではない。ひとえに版元と担当編集者の責任であり、職責上、重大な過失であり、この作品の価値を損なうものではない。また、作者が被災地に直接に取材したかどうかも作品の評価に関わらない。むしろ、現場との接触なく、出来事の六年後に、この作品が現れたラカン的な「事後性」の表象、文学空間の狡知とも言うべきものに快哉が送られていい。

だが、「手続き」は、政治や経済に劣らず文学を攪乱する。詩であろうが小説であろうが、文学（作品）が主で「手続き」（パブリシティの作業）は奴という認識の布置を前提にして、文学（作品）は優勢に振る舞っていいことになっている。文学空間のイノセンスを騙る文学プロパーは後を絶たない。しかし、その前提がいかに脆弱であるか。文学（作品）の弱体化が、実は、「手続き」（形式性の機械的鎖列）への貧弱な資源／認識配分と循環的、共犯的であることは今や自明なのだ。

アレクサンドル・コジェーヴの「ヘーゲル読解」を俟つまでもなく、世界史とは、主であることと奴であることとの弁証法的な、つまり関係性の展開であるが、主は自己が生きる所与の世界から離脱しえず、この世界とともに滅びる宿命にあり、ただ奴だけが主に隷属する所与の世界を超出しうる。自己を奴と規定する世界を解体し、おのれの世界を創造することが「自由」の契機となる。奴の至高の行動は「労働」と呼ばれるが、これは、マルクス主義の淵源であるだけではなく、文学の危地そのものの鏡である。

どういうことか。文学は、「手続き」を知らず甘く見ること、見下げることによって、自らのアウラを、詩神や神話作用の復元力を劣化させる。その簡明なエビデンスがツイッター詩であることは措くとして、一年余りをかけて刊行された「松本圭二セレクション」の第9巻（エッセイ・批評）『チビクロ』（航思社）は、「手続き」＝「詩集のつくり方」の物質的な臨界から批評性へと逆流するその終りなき鎖列そのものとして、「詩論」の定常性を異化する一冊である。三六〇頁を超える本書は、詩論から映画論へのグラデーションを描く。巻頭からほぼ二〇〇頁までが詩論に充てられるが、徹頭徹尾、批評の極私性（「チビクロ」とは松本の娘が胎嚢の超音波写真の黒い豆粒状の影として現れた映像のことだ）と物質性が貫かれる。奴に徹しているのだ。

〈「上映使用しなければならない保存用フィルム」のコンディションを、可能な限り現状維持させること。その難題が私の仕事の本質である。だから私は倉庫番ではない。墓守でもない。言うなれば庭師に近い。こまめな手入れを信条とするという意味で。ハサミを道具とするという意味でも。つまり私は、結局、バカボンのパパなのである〉という自恃表明の中心は、七月堂主人故木村栄治が〈でも松本は一冊の詩集が欲しかったんだな。一冊だけ造って定価五〇万か。俺のも入れて二冊で二五万。それでもよかったんだよ。だけどなあ、気持ちは判るけども、それじゃあ本なんて作れないんだよ〉と言い、書肆山田の鈴木一民が〈僕たちがやってるのは、「仕事」として成立しない不幸な出版形態かもしれない。市場の論理から言えば。でもそんなこと言ってたってしょうがないじゃない〉と言う負債・資産《金目のこと》・経済の条理を踏み堪えながら、大岡信批判（一冊の詩集を念頭において詩を書いていない）へと逆流するだけではない。それは、稲川方人の「詩集」が、「歴史的現在《戦後詩》」を問うために「倫理的な痛み」とともに投機した「剝き出しの、凶暴な抒情」が、ついに「父親《アメリカ》」を殺し損ねる彷徨いの姿を見出し、「（「凶区」の）バカどもの付け焼刃的政治主義」を「ひたすら恋愛詩を書くことで」「心の底から軽蔑していた」

岡田隆彦の姿を活写する。

〈ジャンルという概念の存続を支えているものが作品ではなく「批評」であることを信じるしかないからだ。歴史的に〉と記す奴の思考だけが、嘘しか書けない日本語を壊そうとする現代詩は圧倒的に他のジャンルを超越しているのに、現代詩のジャーナリズムが九〇年代以降まったく機能不全である事態への失望と、〈現代詩ほどフォーカス・アウトの美学を愛し続けているジャンルもないのではないか〉というアンビバレントな希望とを両論併記しうるのである。このジャンルの自意識は、フィルムアーキヴィストである松本の実践理性と不可分であるが、それ以上に、「批評」が「手続き」であり媒介であるという文学（作品）に伏在するエコノミーが松本を無頼へと誘導してやまないのである。

何時ぞやか、時評子が生業で列島弧とアメリカを行き来して、現代詩のフロントラインへの目配りが今よりも手薄だった頃、福間健二に「松本圭二を知らないようでは話にならない」と言われたのがずっと引っ掛かっていて、この度は「セレクション」を出た順に買い揃え、完結記念のトークショーにも出かけた。小型ブコウスキーのような風貌を想像していたら、松本本人は、存外まともな、声の通る優男という印象である。

現代詩のジャーナリズムの失調への松本圭二の慷慨は、一年半ぶりに出た「子午線」6（二〇一八年六月刊）に掲載された、六〇年代以降の現代詩を再検証する連続討議の第一回目、稲川方人、森本孝徳に同誌編集部（春日洋一郎、綿野恵太）が加わった座談でも縦横に炸裂する。

この座談では、コレクション九冊を完結した松本圭二の詩壇への攻撃性を稲川が寛容かつ怜悧に反駁しつつ包み込み、「ジャーナリズム」を「歴史」の継続性認識と、「歴史」の均質化に抗う処方とに読み換えながら、堀川正美、菅谷規矩雄、岡田隆彦、入沢康夫、天沢退二郎、鈴木志郎康らの詩作行為が、作品論だけではなく、経済的・政治的な救済、散文的崩壊（菅谷、岡田の末期）というタームを導入して活き活きと描き出される。鮎川信夫と吉岡実が相次いで世を去り、現代詩のジャーナリズムの担い手が、チンピラから『討議戦後詩』を「昔話」のように編むお坊ちゃんに変わったこと、「ユリイカ」が『現代詩の実験1987』を最後にそこから完全撤退したこと、さらに、一九九五年の阪神・淡路大震災、地下鉄サリン事件以降（＝松本圭二以降）における救済の不可能性を松本は列挙する。その重層的な切断は、二〇一一年の震災の事後性に軋む現在、批評言語《原理・論》の不在あるいは未更新が再確認されるとともに、稲川が〈主体が他者を見出すという関係を詩で書くというのは、抒情詩の一つの根幹ですよ〉と述べるような抒情詩のポジショニングにおける主体／人称の問題へと横展開される。一人称複数（「ぼくら」「われわれ」）の非排他《ロマン》的共同性に親和する稲川方人に松本と森本が違和感を示す場面があったが、これは、六〇年代詩人の差異の議論に先立って、森本孝徳が岸田将幸、安川奈緒、手塚敦史らゼロ年代詩の「圧倒的」なインパクトを強調して六〇年代詩を異化しようとしたコンテクストに戻って、深く掘り下げるべき課題である。

　また、座談の中盤で、綿野恵太が、堀川正美の『太平洋』をビキニ環礁の水爆実験の「事件詩」として読み、全現実における自我と想像力の格闘と「国家」、「革命」という言葉の直接性とのダイナミクスを鋭く指摘している。つまるところ、「ジャーナリズム」とは、批評性のフレームワークであり、詩論に限局するなら、詩的行為の「外部」を形成する内在的言説のデリバリー（媒介・手続き）のことである。ジャーナリズムの貧困が詩的行為の貧困に循環する危地をこの座談自体が必死で踏み堪えている。

「手続き」にこだわるが、エミリー・ディキンスンは生涯で一七七五篇の作品を残し、大半は彼女の死後に発見され、ジョンソンによる校訂版詩集では、通し番号によって作品が配列され、その番号に準じてひとつひとつの作品として認識され、今日に至っている。モーツアルトの作品を時系列に配列したケッヘル番号に似ている。モーツアルトの場合は自作の作品目録があり、ディキンスンは、妹が箪笥の引き出しに見つけた四十六束の状態から詩作時期を割り出している。違いは、モーツアルトの作品は最後のK六八六のレクイエムなど多くのものに表題が付けられているが、エミリー・ディキンスンの作品にはどれひとつとして表題というものが無い。その徹底性には、彼女の生涯に亘る詩作品の隠匿性と同じくらいに注目すべきである。カフカのように、友人に原稿を始末してくれと言い残すことはない。一方、表題という拘束を免れた作品たちは、予め、通し番号を付されるという成り行きに準じていたのである。その偶有性は、詩作における偶然性を排除しようとしたあかつき最晩年に「骰子一擲」に至ったマラルメによる只一冊の『マラルメ詩集』に表題が付されなかったことと通底する。

ところで、通し番号とは序数の表示である。フッサールの現象学が「算数の哲学」から始まったことは知られている。精緻な知見は持ち合わせないが、普遍数をめぐって、フレーゲやカントゥールが基数を優位に置いたのに対して、初期フッサールの心理主義的公理系は、序数に数学的直観の根拠を置き、知以前の生活において経験する色、音、熱、重さなど形態の世界の出来事の現象を序数的に統覚しようとした。そのように、作品が序数的配置に還元されることを暗黙知のように生涯の作品行為の底に置いてこそ、ディキンスンの生活世界における詩的なものと非詩的なものとの均衡が持続され、作品行為の持続性と隠匿性の鎖列＝潜在運動において未来の他者が極大化する奇蹟的な文学空間が析出されたのだ。

吉増剛造の『火ノ刺繡』（響文社）は、隠匿性に圧倒的な公開性を対置しながら、しかし、あらゆる印刷物がドットへと分解され均質化される世界のなかで、序数の起源を「玉の緒の縫針の心」、現存在に打刻される日付をエビデンスとする出来事性／直接性によって賦活しようとするチャレンジである。吉原洋一の怜悧なエディターシップにより2008－2017と付記されて、二〇一一年三月一一日を挟む十年という編年のレンジが明記され、扉から奥付まで一二四四頁の大著は、「29 APR 2008」という date 判とともに、生きものや生命現象をうたう大手拓次に「……拓次、すごいぜ。内緒にしようよ」と呼びかけ、〈拓次の詩のページが読者の目に汚されていないということ、……「読者」だとか、「読む」だとか、偉そうなことを言っているけれどもさ、そういう眼に見られないもののほうがいいんだよ、……。ほとんど完璧にそういうものを遮断している、その「夜の白さ」から来ている〉と記す隠匿へのオマージュから起動する。

吉増剛造という多面体的遊行者的存在が、自分語りを、例えば、〈言語を枯らさなきゃ。溢れるのは詩ではないんだから。津波の来る前に海岸の底が見えたっていうでしょう？　それに近いのかもしれない〉、〈ぼくは詩が下手で、いい詩が書けなくて、非常時性の地金が出てくるようなものしか書いてきませんでした。（……）それがだんだん、近くにいる人の感化や血の流れや子宮や仕草などによって、仮の姿だけど詩人格が女になってきた。そこと「水」はつながっていくかもしれない〉と回帰性の危地まで持続し、あるいは、対談や座談で、例えば、佐々木中が〈吉増剛造は永遠のスローモーションのうちにもの凄いスピードを孕んでいる〉と言い、三浦雅士が〈いまや日本列島全体が吉増剛造の詩的作品になりそうだ〉とのけ反って見せるふうに徹底的に吉増剛造が語られ、原木の切片のようなテクストは、終局的にディキンスンの隠匿性に拮抗するような象徴界の底の「吉増剛造」という固有名のバニシング・ポイントに到達するということである。

編年的テキストの時空的序数が裂開する生活世界において、吉増は、まず、自然そのものとして現象し、過去、現在、未来という機序を溶かして草が萌えるように萌え立つ。大地の起伏、揺動そのものとなって「まいまいず井戸」の螺旋を辿り、ケルトの深い忘れられた「隅っこ性」やウタキのようなものに求心する。生来の受動型統合失調症の傾向を、目の人、耳の人として移動し、ロゴスを消し、克服していく。これは、表現行為をも包括する自然観へのチャレンジであり、花鳥風月の果てで修辞が累乗的に飽和した口語自由詩の暗黙の理法を裏返す冒険である。

次に、吉増は、自らが自然にうたわれ舞踏するための考古学的《アルケオロジカルな》集蔵体《アルシーヴ》として現れる。十九歳のときの詩「空からブラ下がる母親」の原基的なイメージが、原爆投下直前にB－29が撒いた空いっぱいの銀紙の心が写した写真であることに、いま、気付かれる。吉増の対談や座談は、パロールのジャム・セッションであり、気付きと想起に充ちている。それは、佐々木中が「文字の歴乱」で〈方途はひとつである。言語の変革を反復すること、言語の「定礎」を反復することだ〉と記したテクストの戯れとして、透谷、柳田、折口、啄木、拓次、イェイツ、ゴッホの「現在」として、吉増剛造が生きられているということだ。

ところで、本を読むという日常的な経験において、読む前に、読みながら、暗黙の分節が作用している筈だ。作者の言葉、思考の痕跡を辿りながら、読む者は、手放しで主体であることを消去しているとしても、いや、そうであるがゆえに、その本に対する「形式化」の意識が解釈や情動を均衡させるふうに作用している。つまり、その本は、文学作品（ロマン、レシ、詩歌）なのか、学術論文（人文学や社会科学など）、あるいは、エッセー（批評、紀行文）なのかという素朴な分節、極小の書誌的分類である。それは、読書という行動の受動性を能動性／統覚的行動に振り替えるベーシックな符牒である。

堀江敏幸の『曇天記』（都市出版）は、ほぼ誰もが高度なエスプリが張り巡らされた随筆集という官能的な読書体験を期待して手に取り、一篇が三頁に満たない短文を辿りながら、その期待は過分に充足され、次第に、この本の作者自身のように、あるいは、作者に憑依されるかのように、曇り空の下、かつてビュトールやクロード・シモンによって描かれた幾何学的な時空（とくに各篇の冒頭の空間設定を確認するには相応の集中力が求められる）が、歩きなれた何時も工事中の街路に折り重なり、傾斜し、境界が解け、記憶と兆候と夢が交叉し、条理の線分が見えないカフカ的な気配に走査された街区を電信柱だけを頼りに漂う「器官なき身体」が現れるのである。

書誌的な分節は、知らず消えている。一冊の百篇に流れる時間の自然性だけが、大地や大気や音づれとともに揺動する身体が全現実に通底する手がかりだと言いたいが、この時間とは継起的な時間ではなく、未来と過去の序列が宇宙的なうねりのなかで融合したような時間である。だから、天気予報に託して過去になされた未来の可能性を問い、曇天は曇天というひとつの全体になって光の領域を遮蔽する苛酷さから、〈こちらが雲と呼ばれるものを見てなにかを感じ取り、自身の思考を読み直すきっかけ〉を導き、「曇天」の中也を召喚する作者は、〈あちこちで天が変じて地異を引き起こしている。悲痛な報せが伝えられるたびに息が苦しくなり、歩みのどこかに、視野のどこかに、三半規管のどこかに、かすかな違和が生じる〉と記す。

三月一一日の出来事以降も、作者の迷子の存在論とも称すべき還元的な触感はさらに研ぎ澄まされ、本来的には「随筆」であったはずの官能的エクリチュールは、護岸工事や架橋工事による景色の変化、親しんだものたちの不在について、〈数分ちがいの陽光が世界の質感を変えることに対してのこちらの驚きもまた、景色の属性だと言えなくもない。(……)世界の結び目をほどいてはならぬ、と誰かが言う。その声に、私はじっと耳を傾けていた〉と散文詩の喫水面を滑空し、島尾敏雄の「後ろめたさ」を呼び込んで、異常になっている日常のトピックで反復される「強制終了」の欺瞞を批判する告発ぎりぎりの戦闘性は〈雲を支える空の後ろめたさから眼を逸らしてはならない〉と結ばれる。

〈歪みが歪みのまま大きな均衡を生む力になっていく〉。その均衡の危うい路地、日常の底、詩的戦闘性の生成曲線を描いた「無類」のテクスト、中也の他、大手拓次、宮沢賢治、原民喜、菅原克己、田村隆一らが縦横に呼び出される「無類」の詩的エクリチュールである。

最後に、『デュラスのいた風景』（笠井美希遺稿集、七月堂）に触れる。編者は、二〇〇五年一一月に二十八歳で世を去った著者の父である笠井嗣夫（「現代詩年鑑2018」のアンケートでは、拙著に的確な注文をつけていただいた）。「編者あとがき」と略年譜、解題の一部に目を通してから本文を読み始めた。ロラン・バルトの写真論『明るい部屋』が一冊の基底を貫いている。編者は、著者の死後に見出した数十篇の文章について、「娘が、ここでは今を生きていた」、「十数年をかけて、近くて遠い星からやってきた光なのだ」と記す。時評子のモチーフに付会させるなら、編者は四〇〇頁を超える本書のエディターシップに処しながら、著者の批評言説の媒介＝「ジャーナリズム」に身を挺しているのだ。

強靭な父性《マザーシップ》の実践ではないか。そう、「ジャーナリズム」とは終りなき父性《マザーシップ》の潜在運動である。今、詩というジャンルに渇望されるのはこれだ。

内容的に、デュラスの『太平洋の防波堤』をめぐる主論文では、ヒロインであるシュザンヌの処女性の「商品化」のシークェンスを軸に、白青赤などの色彩の象徴論、古典経済学（等価交換）と普遍経済（贈与と蕩尽）との対位、主体の超越と「世界」からの脱出などを交叉させて記号論的構造分析でアプローチし、フェミニズム的な視点も導入される。ポスト＝コロニアルの文脈を俟ちたいところだが、自力で思考を推進し構成する膂力とパッションに充ちた展開は、編者のエディターシップにしっかり張り合っている。掛け値なしにプンクトゥム《笠井美希は＝そこに＝いた》のスペクタクルである。

（二〇一八年一〇月）

批評的集光点

批評的思考に集光点と言うべきものがある。焦点とほぼ同義だが、そこに思考の光が集約される、思考が結像するというイメージは、集光点と呼ぶのが相応しい。批評が思考の線分を延しながらひとつのゲシュタルトを形成し、そのゲシュタルトには、不可避の中心がある。そこに思考の光が凝集するのである。例えば、モーリス・ブランショは『文学空間』の冒頭で、そのテクストは「オルフェウスの注視」に向かうと記した筈だが、そんなにはっきり明示していなくても、集光点を持つテクストは確かに在る。

神山睦美の『日本国憲法と本土決戦』（幻戯書房）は、前単著『サクリファイス』（二〇一五年八月刊）のモチーフを深めたものだが、「はじめに」で自己否定と自己解体の闘いだった大学闘争の経験が記され、「思想の現場から」、「文学の現在」、「批評の実践」、「対話から照らされる思想」という四つのパートで成り立っている。この一冊には、明らかに集光点があり、それは、最初のパート「思想の現場から」の論考群に集中している。

「日本国憲法と本土決戦」では、先の大戦において、国体護持を前提に本土決戦を回避したことに、「他力」に身を委ね無責任かつ従順・閉鎖的な「ニッポン・イデオロギー」を見出す笠井潔に対して、神山は、小林秀雄の発言に「超越者の試練」を見出し、さらに、最高善をめぐるカントのアンチノミーの孕む受動性、モーセ殺害をめぐる反復強迫（イエスの十字架上の死）を踏まえて、〈交戦権の放棄をうたった九条が、攻撃衝動や死の衝動の反転としての超越的なるものの贈与である〉という柄谷行人の『憲法の無意識』における考えを導入して、予め均衡を含む「複合的機構体系」への反措定として「パラドクスとしての超越」＝「純粋贈与／愛の力」を提示するのである。この象徴的な贈与の体系は戦後の象徴天皇の無力・マナ（呪力）性において表徴されると神山は言う。

「個人の生を超えてゆくもの」では、吉本隆明の「南島論」を「グラフト（接ぎ木）国家論」の見地から再検討・編成し、「壊滅と贖罪」という室伏志畔がフロイトから受け取った概念を加えるかたちで、南島における母系社会のエートスの根源は、後期柳田國男の「海上の道」の変遷を改めて辿り直すことによって、東北常民の父権以前の原エートスとして再発見される。神山は、『サクリファイス』の思考を参照しながら、レヴィ＝ストロースのいう「象徴的思惟」を駆動して「禍々しい過剰な力」＝「贈与の力」から「永遠の時間」の超越的イメージを紡ぎ出す。竹田青嗣の『欲望論』をめぐる「自己中心性と生成する力」では、まず、竹田の論攷における「戦争」というシニフィアンから「現実」に伏在する「欲望」を分節し、ヘーゲルの「主人」・「奴隷」、フッサールの「イデーンⅡ」の環境世界論、竹田の「普遍暴力」の議論を踏まえて、「自己中心性」をゲーテの「愛の悲劇」、漱石の「我執」につなげる。次に、ゴルギアス・テーゼに現れる相対化と「力」の正当化の背後にある「世界の無根拠性」＝存在の絶対的超越性が導き出され、これを覆したニーチェこそが人間の「自己中心性」を「力への意志」として、「力」の生成の場として措定しえたという竹田欲望（相関）論が「人間のメンバーシップ」というユニークなタームを持ち出すシークェンスを描く。

「推進力としての不安と怖れ」では、竹田の超越性批判と大澤真幸の「第三者の審級」との断裂を踏まえて、大澤の『〈世界史〉の哲学』が描いた脆弱な存在であるイエスの存在が普遍性＝無限性の鍵となること、『カラマーゾフの兄弟』における〈大審問官のなかにあるのは、大多数の民衆の苦悩への憐憫《ピティ》だが、イエスのなかにあるのは一人の人間の特殊な不幸に対する共苦《コンパツシヨン》であると述べたのは、ハンナ・アレントである〉ことから、モーセの反復像としての脆弱なるイエス、ロゴス中心主義的なエートスの表徴であるイエスをどう救済するかが問われる。ここでパラドクスとしての超越／神が再び現れる。キリスト教的エートスは〈世界のすべてに試練を与えるとともに、みずからも試練を受けることによって、怖れと不安をしずめようとする神への信から成る〉。「第三者の審級」は互酬交換が純粋贈与＝愛の力＝マナ＝交換様式X（柄谷行人）に転じる「象徴的思惟」として作用する。〈神の受肉とは、神がおのれの弱さを、子であるイエスにおいて経験していることをいう〉。

それだけではない。イエスの二重性／パラドクス（神の超越性＋人間の脆弱性）は、「王の身体」が表象する二重性（崇高性と有限性）に敷衍される。純粋贈与／「パラドクスとしての超越」という批評的集光点は水際立ち、それは、ベルリオーズの「幻想交響曲」の「固定観念」のように反芻されるのだ。江田浩司の岡井隆論の書評などパートⅡ以降の論文も、この集光点に向かう。

時評子に論旨を辿ることを自ずと要求するのは、集光される像の強度とともに、神山批評のパッションにアカデミズムや既往の神学におけるオーソドキシーを逸脱する超論理的な活劇の誘惑性があるからである。三月一一日の出来事において確認された常民のエートスが、災厄から時を経て見えにくくなっており、「パラドクスとしての超越」を賦活してアレントのいう「共苦《コンパッション》」を呼び戻すべきだという神山の思想的モチーフが定常的な「学」のオーソドキシーを振り切っていると言うこともできる。

近年、『文法的詩学』のシリーズ三冊、『構造主義のかなたへ』、『日本文学源流史』と大著を相次いで公刊している藤井貞和は、藤井的アルケオロジーとも称すべき方法と実証の壮大な堆積の懸崖に、もうひとつの崖線、すなわち、〈亡霊に与《くみ》すること。亡霊を文法化するしごと。かれらの悪意を正確に伝えるしごと〉(プロローグより)としての『湾岸戦争論』(一九九四)、『言葉と戦争』(二〇〇七)、そして『水素よ、炉心露出の詩』(二〇一三)に、今般、『非戦へ　物語平和論』(水平線)を接続し、切り立たせた。

この小さな本は、神山睦美の集光点に向かう展開とは対照的に、基本的に思想のフレームを導入せず、対象項目それぞれで考証を水平的に列挙する。「戦争学」を目指そうとするエクリチュールは、まず、中心部位が崩壊した日本考古学に組み伏せられていた編年的な文学史を賦活して戦争の比喩としての「遊猟」、中世における東西の移動を辿って、〈地方に貼りつく戦争の一つ一つが〈国家〉を生産、再生産するシステムだと見ぬく〉視線を駆使して、『将門記』

から〈虐殺、掠奪そして陵辱という、戦争の三要素が深層から浮上するさまを〉見出す。さらに、不徹底なパリ不戦条約と「戦争の放棄」をうたう日本国憲法第九条と明治憲法の天皇条項を参照し、近代戦争において、〈虐殺・陵辱・掠奪〉が下部構造を形成し、民族・人種・宗教・階級差別が上部構造であることを踏まえ、「女性と子供」が「犠牲」となる残虐性と憲法における「基本的人権」の消極性が突き合わされる。

翻って、三・一一の震災と原発事故をめぐり、天皇制に連関する原発推進派権力が分節する福島県人差別、芸能の敗北をめぐり、〈民俗をゆたかに育んできた、〈現在〉を喪失することの不幸は、われわれの人生経験をなきものにする、〈時間〉の破壊であり、そこにもはや哲学は再生しない〉と記される。出来事としての時間と物語、芸能、〈亡霊との対話の可能性と不可能性〉の稜線が辿られたあと、この本のクライマックスが来る。

石牟礼道子『苦海浄土』における「正確な日本語」の科学性と、「復讐法の倫理」を宗教状態に引き直す言葉の未知性、さらに説経語りの口承性が、三・一一の出来事の被災地に向き合うには不可欠であること。また、石牟礼が出会ったレヴィ＝ストロースの『親族の基本構造』に比肩しうる高群逸枝の『招婿婚の研究』のしごとがなければ日本の近代主義は相対化されないことを押さえた上で、朴裕河《パクユハ》が『帝国の慰安婦――植民地支配と記憶の闘い』が森崎和江の『からゆきさん』を導入し、韓国版で〈〝慰安婦〟が〝愛国〟的行動に出たという行文について、ハルモニたちへの名誉棄損という判断で削除が命じられた〉事実の背後にある「抑圧の構造」の二重性を見極めようとする。つまり、「からゆきさん」を実質的な前身とする朝鮮人女性の従軍慰安婦は、拘束と監視のなかで「明るく」、「楽しそう」に振る舞うことがある。この慰安婦の位置づけ（引用の恣意性）と〝愛国〟的行動がともに彼女らの母国において検閲され史実から抹消されるという事態である。

朴裕河《パクユハ》の真摯な発生論的叙述をサポートする藤井は、続いて、伊良子清白のエピソードから権力機構による詩人の淘汰の原初的な局面を剔抉し、〈「宿命」を超えることこそ近代――詩――の困難であった〉、〈現代の権力機構（＝国家）が、その過剰な完成として、民衆の想像力を根こそぎ奪い去るものになりつつあるということ、そこが問題なのだ〉と記す。

集光点にも原理にも足場を求めず、反弁証法的なアルケオロジーを遂行する藤井貞和は、「近代権力機構」から「戦争が露出」する原因を地政的差別と経済的差別に分割し、残虐性という本能に因むかたちで〈文学の発生にひそむ差別の構造を追及することは、その差別を根底から支えている人間性の悪を撃つところまでゆくのでなければ、ついにうそになると想う〉という団円を結ぶ。可能的な「戦争学」は、ついに「文学」の原罪性＝「差別の構造」を照射し、しかし、そこに躓くことによって、「人間性の悪」を迎え撃つところまで「文学」を鍛え上げるようである。

「文法」に内在的に堆積する時間に「正しさ」を画定する藤井貞和だけが果たしうる地上的なチャレンジがここに在る。

持田叙子による評伝『折口信夫　秘恋の道』（慶應義塾大学出版会）は、通常の編年的なリアリズムを打ち破り、恋愛という強烈な集光点の持続、四八〇頁に亘る網状的な叙述によって既往の折口像を劇的に刷新したはずである。それは、「恋愛のディスクール」である。だが、ロラン・バルトの、恋に狂うことと恋を記すことの二分法、恋する者がおのれの「想像界」をいくばくか放棄して「象徴界」へ自らを誘導するという処方とは異なる。恋愛に求心する世界を描いて、世界が非現実化する、あるいは、恋愛から派生する夢に託するように世界を「想像界」とのかかわりにおいて脱現実化するのとも違う。

持田の方法は、折口信夫をめぐって、まず魂を乞う＝恋という意味論的なディスクールの体制を敷く。次に、物語の時空における多数のエピソードと項目において、複数の話者に憑依し、その憑依の話法を繰り返しスイッチし、ディスクールを堆積する。もちろん、持田は、基底的に愛の両性具有者である折口に憑依し、彼自身による可能的な折口信夫論を辿り、ついには、最晩年の折口を実証科学の泰斗「柳田國男の恋」を書く寸前まで追い込むのである。持田によって書かれた折口による折口が柳田を書く。螺旋的な巫女的他者憑依の実践である。

一八八七年、水都大阪の木津で父秀太郎と母こうの間に青痣のある子どもとして生まれ、父母の関係に獣性を見出した生い立ちには、東京の女医学校にも通い折口自身の内なる女性性（『死者の書』における郎女＝水の女）の原基となる叔母のえいの語りが挿入される。天王寺中学で偉丈夫辰馬桂二、武田祐吉、やがて演劇を志す伊庭孝らと出会い、一九〇五年、折口は藤無染を頼って戒厳令下に上京し、國學院に入学、三矢重松の知遇の下で源氏物語に打ち込み、卒論は詩語論を内容とする「言語情調論」。卒業後、無為無職の期間の後、大阪府立今宮中学校の嘱託教員となり、生徒の伊勢清志、上道清一と十三日間、伊勢・熊野に旅する。職を辞し、あてもなく上京した折口のもとに、鈴木金太郎、伊勢清志ら教え子が押し寄せ、総勢十人で〈原始共産制で乗り切る、愛の家塾〉が形成され、折口は連句の宴を催し、その後の『口訳万葉集』の端緒となる。

〈恋すれば、相手の魂が欲しくなる。わが魂に、慕う人の魂を合一させたくなる。かくて歌う、愛しい人の魂をおびきよせ、乞う歌を。それが恋歌の原義である。早くからの信夫の説だ〉。折口はそれぞれの固有名を愛しむような憑依の横展開を抱擁する物語が大きく揺動し始める。折口は〈万葉集を、一種の古代的エネルギーの象徴とみなす〉。〈信夫の場合、堆積する多くの風景を一つの真実に純化するのは、恋の悲痛な情念なのである〉。

「海やまのあひだ」を「実感」(=真の写生)する折口の古代研究の方法と鹿児島に帰した清志の霊と肉への恋慕が交叉し、彼はしばしば九州に赴く。國學院大学の教員となり、柳田國男の奨めで沖縄に出かけてまれびとを知る。一九二三年の関東大震災、天皇の名の下での朝鮮人虐殺を著者は厳しく批判する。二十一年間の同居を解消して金太郎が大阪に去り、折口は二十一歳の藤井春洋と暮らし始め、『古代研究』を次々に上梓する。

十六年一緒に過ごした三十七歳の春洋が、國學院の教授に就任後、硫黄島で戦死したことが、二上山麓当麻寺を舞台とする『死者の書』を、初め、〈恋する人を追うおとめになりたかった〉折口が、硫黄島の洞窟で、〈無念をいだいて死んだ若い男〉が〈まず、暗闇で傷つく彼らの声を大きく響かせ〉る物語に抜本改稿する契機になった経緯が明らかにされる。

〈やまとだましひとしての〈いろごのみ〉の道を生きる〉。しかし、単なる「恋愛のディスクール」に終っていない。ロラン・バルトのように恋に狂うだけではない。恋愛という集光点をひとときも外すことなく、〈秘める恋の雰囲気〉＝〈人間を深く愛する情念〉＝普遍理念（恋は世界を回生させる）による「現代の批判」がつらぬかれるのである。

〈私のミラノは、たしかに狭かったけれども、そのなかのどの道も、だれか友人の思い出に、なにかの出来事の記憶に、しっかりと結びついている。通りの名を聞いただけで、だれかの笑い声を思い出したり、だれかの泣きそうな顔が目に浮かんだりする〉。

『コルシア書店の仲間たち』のなかの、記憶と現在のエクリチュールを駆け抜けた須賀敦子の方法の一端を示す一節である。プルーストが「失われた時」を呼び戻すために導入したベルグソニズムがマドレーヌに表徴される物質性に依拠するなら、夫ペッピーノが逝き一九七一年に帰国して、二十年後に、ミラノ、トリエステ、ヴェネチアの人々の息遣いを「いま・ここ」に呼び戻して見せた須賀敦子の記憶は「名」によって駆動されたのではないだろうか。

北原千代の『須賀敦子さんへ贈る花束』（思潮社）は、ひとりひとりの「たましい」に寄り添うように人々を描いた須賀敦子の「たましい」と「声」と信仰における及び難さを追走する。このテクスト自体、須賀敦子への集光以外ではありえない文体によって貫かれる。

北原の「自分がたり」が「不死身の語り部」である須賀に憑依するようにして、この小さな本で、北原は、シモーヌ・ヴェイユに誘われるようにアッシジで恩寵を浴びる須賀敦子の姿を、ヨブ記の一節が添えられた友人からの慈雨のような手紙を読む自分に重ね、夫ペッピーノの家族を「この人たち」と呼ぶ須賀の精神の「泥沼」を見出して悄然とし、ついには「形態の虚構という手法」という「不治の病」をめぐる須賀の葛藤に出遭って〈詩人が詩をつくるのでなく、詩が詩人をつくる、あずかり知らぬところで作者はその作品を模倣すると最初に言ったのは誰だっただろう〉と問いかける。

徹底的に須賀に憧れ、須賀とともに「大いなる存在」の前に自らを措定しながら、北原は、須賀敦子初期の童話「こうちゃん」の非寓話性を宮沢賢治に対置し、〈須賀さんはペッピーノを描くとき、なぜこんなにも控えめなのだろう。それなのにペッピーノはなぜいつも、ありありとした存在感でわたしたちの前に現れるのだろう〉と問うことを止めず、知らず、須賀敦子に優しくチャレンジしているのである。新井豊美のものをはじめ、いくつかの須賀敦子論とは異なり、愛着する須賀と自らの運命の受動性の意識が「霧の向こうの世界」をめぐるテクストへの透視力の強度として現れる。

（二〇一九年一月）

思想的アセットの流動化へ

固有名に接続された思想や方法論的な形態の継承ということがイデアルにときにはヒロイックに語られることがあるが、思想も形態もその固有名をめぐる偶有的な事実の束から表象されたものであり、言説や概念の表象は、むろん、確固不動な物質的なサブジェクトではない。

「継承」というのは言い方としてイマジナブルだが、実は、それとは違うことが起こるのである。どんなことか。脱構築や脱領土化などのタームへと日和ることを回避するように言うなら、それは、グローバル金融工学の要にある、つまり、敵＝経済の証券化《セキュリタイゼーション》の技法をパクることになるが、思想の流動化、思想的アセットの流動化である。

テクニカルに、思想や方法の言説形態をその構成因子にバラして意義性において現在の意味《価値》の系列に引き直す。これは、概念の創出をミッションとする哲学の領分というよりも、概念と概念とを結びつけ絡めていく批評に馴染むはずだ。逆に言えば、批評が、思想や方法形態を流動化しながら、現在にコミットする行為の動線が見えてくるのではないか。

北川透の〈ひとり雑誌〉「KYO峡」（第14・15号）が終刊を迎え、「あんかるわ」の徒であるものとして、これまでの歩みを労い、今後の展開を寿ぎたい。

同誌連載の「吉本隆明の詩と思想」は、「第八章『共同幻想論』の彼方へ」で、吉本隆明の同著の思想的な射程が五十年前の北川自身の論考を参照しながら検証され、ニーチェからドゥルーズ＝ガタリに亘るポスト構造主義の概念ラインから「差異」の摘出が図られ、さらに、国家・家族認識と北川自身の敗戦体験による異和とその克服の論理が描かれる。

まず、「わが立脚点」をめぐる五十年前の論考に現れる「内部の闇に満たされた淵」、昏い出自の告白、畏怖感情が置かれる。『共同幻想論』の最初の章「禁制論」における対幻想、共同幻想、自己《個体》幻想の三層措定による吉本のフロイト批判を押さえた上で、「逆立」について〈受け入れる他ない強制、あるいは〈禁制〉としての共同性の観念が、個人の位相では拒まれている状態〉という解釈が示され、「黙契」という共同的な合意の抑圧という吉本の行論への違和感を踏まえて、ニーチェが導入され、〈道徳〉＝〈共同幻想〉、〈力への意志〉／生の本質《ダイナミズム》＝〈自己幻想〉というフレームによって「内なる闇の淵」からの脱出、『遠野物語』を介して描かれる原初の共同性としての「〈恐怖〉の概念」に自己関係の叙述でキルケゴールが求心した「〈不安〉の概念」が代置される。吉本の三層措定が分解され流動化されたことは明らかである。次に〈対幻想〉、とくに母／母（系）制をめぐり、〈支配と従属の関係は内的に突き崩される契機を持ちながらも、夫婦の制度的関係における差別は再生産されていくほかなかった〉という位相からドゥルーズ＝ガタリの〈n個の性〉（欲望生産における普遍的・複数的な性差）へのシフトに関して、八〇年代に流行った〈女性詩〉に伏在する「母」をめぐる単線思考に石垣りんや三角みづ紀を対置し、〈みずからの複数の性について無知な、忍従を生きる母は死んだのである。それは吉本の〈対幻想〉の崩壊さえ予告している〉と記す。

そして、北川は、国民学校四年生で迎えた敗戦前後の記憶を克明に辿り、〈おことば〉を機に〈あらゆる価値観が正反対になった〉にもかかわらず、〈天皇制は国民主権の下、象徴天皇制に変質して生き延び、日本国という概念、観念そのものは、ほとんど無傷のまま存続していた〉事態をめぐり、ドゥルーズ＝ガタリの『千のプラトー』を参照して、「ファシズム＝軍国主義《戦争システム》」の背後にある「全体主義」＝「限局されたアレンジメントとしての国家」＝「大衆」の〈逃走線〉（飢餓＝欲望）の果ての果てを確認する。吉本隆明が社会的機能と政治的機能との構造連関と統合に国家の本質を見出したことを認めつつ、北川は、〈対幻想〉と〈共同幻想〉の断裂を超えるのに、〈対幻想〉（疎外された性関係）をマルクス『ドイッチェ・イデオロギー』における自然的関係と社会的関係の二重性から捉え直す契機を示唆する。

どういうことか。かつてから吉本思想を骨肉化していると時評子などが思い込んでいた北川透は、今やアナーキストとして出現し、吉本幻想論のフレームワークを流動化《ゼロ・クリア》して見せているのだ。これは、吉本思想のオルタナティヴの行為遂行的な案出ではなく、流動化においてのみ本質的に「継承」しうる対象a《オブジェプチター》、批評行為が思想とのリンケージで果たすべき現在性の実践である。

大凡一年ぶりに刊行された野沢啓の「走都」第二次3号では、鮎川信夫論が継続連載され、今号では、「鮎川信夫と隠喩の問題」と題される。前号は、鮎川は世界と時代の変革を突き詰めることは無かったと厳しいトーンで締めくくられたが、今回も、肩で風を切るような強気の批判論脈が継続する。

まず、枕として、昨今の隠喩軽視言説における解釈と本質論の貧困への慷慨（時評子の「超越論的論脈」への異論も含まれる）が述べられ、次に、鮎川信夫の啓蒙的な著作に触れて隠喩解釈における〈世界創造性の力能〉の限界が指摘される。そこから本論の幹を成す詩作品の批評に移り、〈思想を存在化し〉、〈思想を自分のものとする〉という詩作の基本認識に一定の評価を与えた上で、「サイゴンにて」、「はるかなブイ」などを読み、体験の思想化、〈戦後の空間にその経験を意味の世界として投げ入れるという自身の存在の危機的な営為〉を認める。

野沢は詩作を暦年で辿りながら、「神の兵士」、「兵士のうた」に崇高性と〈国家への宣戦布告〉を見出し、〈実存としての〈兵士〉という隠喩が姿を現わしている〉が、八年後の「戦友」では、〈行間の緊張は希薄になり〉、戦友への批判が通俗的になった分だけ鮎川の孤立と矜持が極まり、鮎川の〈戦争〉は〈「戦友」の時点で完結していた〉と述べる。

さらに、一九四九年の鮎川の代表作のひとつ「繋船ホテルの朝の歌」の解釈に一節が割かれるが、〈男女関係というミニマムな世界〉の「額縁風景」の映像的な感傷と絶望に伏在する〈断念された未来〉は〈単独者〉鮎川の政治的デタッチメントの鏡像であり、〈思考の限界、思考の固着への傾き〉がすでに萌していると断定される。

鮎川の本作については、瀬尾育生が『鮎川信夫論』（思潮社、一九八一年）の冒頭の四十ページで、人称、関係／他者性、感性、固有性の挫折などを交叉しながら、非決定性、未完了性、神話解体的な文脈で画期的な解読を試みている。

時評子は両者の比較に意義を認めないが、野沢の批判論脈は、ある決定論的な一義性に求心しており、鮎川の「詩人としての資質」＝「天性としての詩人」＝（作品としての）「ひとつの反世界」／「隠喩の創造力」が批評以前に承認されながら、鮎川の隠喩理論（狭い隠喩性）は汎隠喩世界論（リクール）に拮抗していないことへの苛立ちが相関的に解消されないのである。

言い換えると、汎隠喩世界論のリファレンスとしては、鮎川信夫の存在は過剰に分裂しているということではないのか。ならば、詩作者としての鮎川信夫の多層的な不完全性を流動化する（現在の意味《価値》の系列に再配置する）というアプローチはとれないか。

詩作と言えば、今では、一般的には口語・自由・詩を書くことだが、その詩作における拘束、口語であり、自由・詩であるという一義的な無拘束に張り合わされた、文語定型詩におけるそれよりもはるかに拘束的な法・掟が被覆されていることに、詩作は揺らぎ、慄いている。詩作の情動の背後にある言葉／日本語の時空的堆積が、情動のままに振り切られているのなら、実は、その情動はその背後の秩序に拘束されたままなのではないのか。

自由の代償が画定されないのである。定型や韻律から離脱することが自由だというエビデンス、自由による詩的強度のエビデンスがなかなか現れない。いや、エビデンスは現れるやいなや立ち消えてしまう。

何を今更、そもそも、詩は表現ではない、詩的構造しか実在しないのだという声が冥界から聞こえてきそうだが、近藤洋太の『ペデルペスの足跡　日本近代詩史考』（書肆子午線）は、詩の衰弱が二千年の歴史を持つ伝統詩歌との連関不全に拠るのではないかという現在時点の問題意識の下で、一八八二年刊行の翻訳詩オムニバス『新体詩抄』の七五調が今日の詩を規定しているのではないかと問いかける。表題のペデルペスという聴き慣れない固有名詞は、およそ四億五千万年前の脊柱を持った魚アランダスピスが、地表の変化とともに進化し、その約一億年後、〈水際まで進出していた生物は、ついに最初の足跡を地上に残した。それはペデルペスという体長一メートルほどの生物だった〉と説明される。

古代生物の学名が列挙される旧約聖書さながらのくだりを経て、近藤は〈詩の進化は一本道ではなかった。人生の苦難に行き当たって、文語に還っていく詩人がいた〉と記す。ペデルペスの上陸は、韻律的文語詩から口語自由詩の形式獲得のメタファである。

このユニークな図式を基盤として、書名のパートの各論で、萩原朔太郎、西脇順三郎、宮沢賢治、中原中也、立原道造をめぐって「進化」と「退却《レトリート》」の様相がピンポイントで辿られ、「戦争と詩人」のパートでは、高村光太郎、金子光晴、秋山清と画家の藤田嗣治の戦時下での表現的行動が素描され、三好達治の戦争詩、戦争詩を書かなかった草野心平、そして、伊東静雄の戦争詩について、〈夢の中ですら、わが国の勝利に涙して喜び、一方で強い不安を拭いきれない伊東がいる。つまり伊東は、真にあの戦争を闘っていたのだ〉という評価がなされる。

この網羅性は、オーソドックスな近代詩史のダイジェストを充足するものだが、著者の視線は、「進化」（進歩ではない）における「退却《レトリート》」にフォーカスされる。

朔太郎のところで、「浄罪詩篇」で自覚された内的必然による「自我のリズム」がひととき七五調の韻律を超え出るが、その後、無為徒食、家庭崩壊で〈絶叫せざるを得ない心境〉にかられるかたちで漢語（文化の地肌）を導入してうたわれ芥川を感激させた「郷土望景詩」成立の経緯は、〈生物の進化のメタファでいえば、陸へあがったペデルペスは、また水辺のアムブロシータス（歩くクジラ）にもどり、さらにクジラになって遠い海に還っていったことになる〉。

このモチーフは、〈賢治の文語定型詩への到達は、生物の進化にたとえれば、淡水域で肺を獲得した魚が、もう一度海にもどって肺を浮袋に進化させた、その姿に似ているといえるのではないか〉、さらに、〈戦争の記憶と結びつく悪しき伝統詩歌の否定を踏絵とする、ゆるやかなモダニズムであった〉戦後詩最大のイデオローグ鮎川信夫の「伝統観」に対する大岡信の批判への言及、鮎川が〈テクニシャンとしての新らしさ〉を決定的に批判した三好達治を、生活者としての強靭さ、「直情径行」と洞察力においてサポートするスタンスに連鎖する。そして、ついに、〈わが国の詩人の多くは、「総力戦」という現実の前に、言葉を奪われていった〉なかで、自力の生活者である伊東静雄が「擬古文調の文体」に辿り着き歌う主体を維持したというコンテクストから、近藤のモチーフのボトムラインをくみ取ることが出来る。それは、ヘーゲル＝ダーウィニズムに準えるかたちで、進化－「退却」という二律背反的な構図において、「現代詩」の未来を伝統詩歌のポテンツに託すという順当な逆説である。

しかし、近藤が本書のなかで朔太郎の『詩の原理』の一国的な限界性を指摘したのと同じ位相で、近藤の伝統詩歌賦活論の通用域は限定的と思われる。時評子からすれば、『詩の原理』は、西田幾多郎の『善の研究』に匹敵する普遍性（世界性）に届こうとしていたし、ダーウィニズム（起源論／進化論）に関しては、例えば、今西錦司の「棲み分け」理論を対置して、弁証論を壊すふうにして、翻訳－『新体詩抄』から現在までの日本語の堆積を見直す余地は残ると言わねばならない。

ならば、現代詩を始原的に拘束する法・掟とは何か。それは、日本語という等時拍（韻律の根源）に内在する他者生成の困難に円環すると、近藤とは真逆の端緒がイメージされてしまうのである。

さて、ボードレールの詩の翻訳という行為は複数的にベンヤミン的である。まず、翻訳＝逐語訳の実践によって、諸言語の歴史を超えた内在的な親縁性が、互いに補完し合う諸々の志向の総体において「純粋言語」に到達する。個々の諸言語において隠されていたものが「原作の衿」として呼び覚まされるのである。翻訳の逐語性において、異質な言語の内部に呪縛されていた「純粋言語」がはじめて救済される。

それから、ボードレールとパリとの確執は、そのまま、ベンヤミンとパリとが差し違える遊歩的シークェンスを侵犯している。十九世紀の中葉、複製が犇めきアウラが壊滅したパリで人生の黄昏を迎えつつあったボードレールは、ベンヤミンが〈彼の最後の同盟者であったこの女たちからも裏切られて、ボードレールは群衆に突きかかってゆく。雨が風に突きかかってゆくような、無力な怒りをもって〉(浅井健二郎編訳)と描いたように、パリの群衆になけなしの貴族性を振りかざしながら、近親憎悪にまみれたねじくれた詩句を連打したはずである。

その散文的な、イロニカルな詩句の束の表題は、従来「パリの憂鬱」と翻訳されてきて、時評子も高校時代に、三好達治の韻文性を内包した重厚な訳文に出会い、最近では、口語性に馴染んだ粟津則雄編の抄訳に接することもあった。しかし、山田兼士の訳と解説による『小散文詩 パリの憂愁』(思潮社)では、本作を、〈現代詩/現代文学の決定的な発端〉と位置付け、以降、韻文から離れることにより、詩は「形式」から離れて「内容」の問題になったという認識の下、表題についても、「魂」の状態を示すmélancolie(憂鬱)ではなく、「精神」の状態を表すspleen(憂愁)が選択された。

五十篇の作品のひとつひとつに、山田の四十年のボードレール研究の集大成となる精緻な解説が付され、まさに、一冊の「内容」と織物のようなテクストの構造が浮かび上がってくる仕掛けになっている。山田の解読のポイントのひとつは、五十篇の大半の作品における「対位法」の現れ、すなわち、散文作品の前半と後半とが、意味、イメージおよびモチーフとしてコントラストを形成することだ。言い換えると、一篇の作品において、一度きりの転調、転換が起こる。例えば、「19　貧者のおもちゃ」について、〈前半部分における貧しい子供の（残酷なまでの）生態描写のレアリスムと、後半部分における貧しい子／豊かな子の寓意的構図のサンボリズムとが、短い一篇の中で見事な〈対位法〉を描いている〉。これは、「30　綱」の解読から敷衍するなら、〈幻影からの還相の詩学の表明（……）、現実回帰の途上で往相とは逆の方向から見た現実を発見したときの「驚愕」の美学の表明、（……）現実回帰の瞬間をあくまで明敏な受動性においてとらえたポエジー〉であり、「覚醒の詩学」に帰結する。

つまり、群衆の貧者の孤独の情景を攻撃的に活写しながら、その詩作の途上で、ボードレールは過酷な再帰性に追い撃たれる。その再帰性の反復、ベンヤミンのように言えば、群衆と自恃との関係のねじれの持続こそが、「パリの憂愁」の詩的時間である。「32　バッカスの杖」など、作中に「対位」・転換が現れない作品でも、それは、最終行の後に、宙吊りになって隠されているのだと考えられる。

もうひとつのポイントは、「貧者三部作」、旅、月、「31　天職」／「42　情婦たちの肖像」の連関などの「相互テクスト性」である。序数的に配置された五十篇におけるモチーフの叙述の構造の相関性のことだが、これは、意味論で括るところと、構造の相互性で括るところと、いくつかのパラメーターで徹底的に分析される余地を残す。山田は、最後の「50　善良な犬たち」の展開に、ボードレールの「還相」＝自己／世界／他者の三位一体のイマージュを、〈近代〉から〈現代〉へ転換する〈詩〉じたいの「還相」に重ねながら、「パリの憂愁」の「決定的出発点」を見出している。「相互テクスト性」に擬態された詩に伏在する円環的時間についても、まだまだ考究すべきところが残余する。

（二〇一九年四月）

告白・省察・可誤性

「告白」という行動は、近代日本文学が、たいがいはキリスト教を媒介にしながら、この国の独我的ルサンチマンにおいて、「告白」されるべき「内面」、あるいは、「隠すべきことを」を仮構することによって、「主体」が権勢を振るうかたちで成立した。

柄谷行人は、『日本近代文学の起源』で、内村鑑三の非戦論をめぐる「主体」の転倒をめぐり、〈主体（主観）は、内村鑑三が示すように、多神論的な多様性の抑圧において成立する。いいかえれば、それは「肉体」の抑圧にほかならない。注意すべきことは、それがただの肉体の発見でもあったことである〉と指摘したが、キリスト教から自然主義への移行において、「告白」とキリスト教に相前後して「感染」した島崎藤村や田山花袋らをもってして「近代的自我の確立」とするラベリングの背後には、「内面」が支配権力を表象代行し、「肉体」からはそれと孕み合うべきもうひとつの（恐らくは、ほんとうの）「内面」が削除されたというコンテクストは、ねじれたまま現在に接続されているのではないか。

つまり、大凡一九九〇年以降柄谷行人が見限る対象となった近代文学‐戦後文学における「告白」の系譜‐独我的政治の系譜が途切れて、「告白」からは権勢が消失し、「肉体」がフェイクな「内面」を担う風にして文学が継続しているということである。その、文学の継続における初期の「踏み外し」は、「告白」を誘導したはずのキリスト教が西洋世界の威力の表徴として政治と文学とをともに席巻したために、文学は「内面」を武装（政治化）することへと追い込まれ、僅かな例外を除いて、キリスト教の超越性を「内面」化し「受肉」する契機からつねにすでに疎隔してしまった。

その僅かな例外、超越的自我が析出する姿を、季村敏夫個人誌「河口からＶ」に掲載された岩成達也の「森との訣れを前にして」と瀬尾育生の「岩成さんへの手紙・教会での話」に見出すことが出来る。岩成にはすでに『詩の方へ』（思潮社、二〇〇九年七月刊）という究頂的思考のマイルストーンがあるが、森のなかで、予断を許さぬ体調のもと、原《ウル》Sache（こと‐事物）について洞察し、ボードレールとの接触を契機とする十五年に亘る「詩との長い遭遇」における日本的情調および「私」との断絶（普遍化）と「詩論」（「存在／現実や非現実」を公理系に整える試行）の立ち上げ、〈「私」の底、底知れぬ「闇」の中には「主」が「見える」（あるいは聞える）はずである。しかし、「主」とは誰のことか〉という問いから、実存的「現象学」の系譜を辿りつつ、「肉」の揺らぎから深淵の最深部で〈「在る」ということの「受苦（パトス／パッショ）」それは「肉」となって私に「現れ」、その「肉」は呻きのように私の「ロゴス」を放ちはじめる〉。

「パルメニデスの断崖」に爪をかけながら、『森へ』が「現在」に捉われすぎていると考える岩成は、ミシェル・アンリ『キリストの言葉――いのちの現象学』と出遭い、〈谷の底の底〉の亀裂に「肉質の橋のようなもの」を架ける実践＝「余滴」として『風の痕跡』を編み、アンリの「自己‐触発」（「主観性」を根底から基礎づける次元＝「自己性」の探究）に身を挺する。岩成じしんは「超越」とは記さない。だが、岩成のエクリチュールの身体が超越論的に、まるでギュスターブ・モローの「出現」のように現前するのである。類例を見出し難い壮大な理念の彷徨という他はない。

瀬尾育生は、まず、「岩成さんへの手紙」で、岩成の『風の痕跡』、〈メーディウム論――「何が分け、何が繋ぐか」という問題〉、「いのち」・「自己性」・「私」の同時措定的円環（ミシェル・アンリ）を追走し、岩成のラチオ中心主義批判に同意しつつ、「存在の切断」／「根源的分割」における「母」の布置を問いかける。

「教会での話」では、冒頭から、瀬尾自身のアドレッセンスにおける〈心がざあっと神様の方へもって行かれる〉体験、洗礼を受けた父が、戦後、母との結婚後教会から足が遠のいた経緯が語られる。そして、宮沢賢治の『銀河鉄道の夜』第四次稿のタイタニック号沈没の場面をめぐり、〈いのちを投げ出すときに人々「みんな」のために命を投げ出すのか、「私たち」のために投げ出すのかっていう問題〉、〈さまざまな国の言葉で、同時に一つの歌が歌われた〉＝バベルの塔以降の言葉の分断と「純粋言語」の問題を踏まえて、「どこまでも一緒に‐行ける切符」と「ほんとうのほんとうの神様」との相関から、瀬尾は可能的な信仰の様態として、神さまがそういう、みんな一緒に－行ける、に母の在処ということを加える。

北村透谷における秘宮の二重性に触れつつ、日本における、この三つのSacheの分裂、〈それは「ほんとうの神さま」からは絶望的に引き離されていることのようにも思えるんですが、そのことがじつは「ほんとうのほんとうの神さま」に向かっては、より近い道を意味しているのかもしれません〉という瀬尾は、日本・日本語における超越性をめぐる「絶望的な困難」に伏在する逆転の構造に可能的な信仰を託しているようである。

柄谷が田山花袋や島崎藤村に認めた告白－真理－性のトリニティは、瀬尾において「純粋言語」－「ほんとうのほんとうの神さま」－「母」というトリニティとして賦活している。柄谷が見限った文学が、「神さま」のメタフィジクスとして残余する。

ところで、政治について打刻されていたいくつかのドクサがある。埴谷雄高が『幻視のなかの政治』で述べた、「あいつは敵だ、あいつを殺せ」という党派性から顕在するその暴力的な本質であり、「生活の幅は、政治よりも大きい」という観念《イデオロギー》批判であり、武田泰淳の『司馬遷』の冒頭における「史記」に現れる人間は全て「政治的」であるという記述であり、吉本隆明の人が三人以上集まったときに「共同性」＝国家・政治の原基が生成する（国家は幻想《ファンタズム》の共同体である）というイマジナブルなコメントである。

一方で、いわゆる民主主義をまるごと裏切り続ける政治の愚かしいシークェンスが日々メディアの前面に現れる。例えば、辺野古の海を凌辱的に埋め立て、アメリカにひれ伏すぶざまな現政権もまた、日本国民の代議制システムにおける選択の堆積によって形成されたものであり、権力として現れるおぞましい政治現象への日常的・感性的な批判における再帰性や内在化が果たされにくい構造になっている。国民、あるいは市民は（政治）システム - 内 - 存在である。不全で愚劣な政治現象は政治システムの不完全性と不可分ゆえに、システムに内属している市民・国民からの「押し返し」の大半は反感表明に終始し、抵抗の具体性は極めて限定的である。

宇野邦一の『政治的省察』（青土社）では、この政治への根底的思考が阻害される事態をシニシズムと呼び、その表象を、ドストエフスキーの「大審問官」における「奇妙な結末」、ナチズムにおけるアイヒマンの「服従」ならざる「合意」に辿り、フロイト - ラカン - ジジェクの精神分析の系譜を「知のシニシズム」に位置付け、システム - 機械論とシニシズムの相関からドゥルーズ＝ガタリ、ネグリ＝ハート、リチャード・ローティ、東浩紀らの言説を検証する。つまり、シニシズムは政治をめぐる思考の避けがたい環境であり、「省察」によってそれを内在化し踏み堪えるということである。

宇野の「省察」は、〈幻想的に肥大した有機的な自己同一性の観念〉に裏打ちされた国家の「暴力装置」という本質を押さえた上で、クラストルの『国家に抗する社会』が示した言葉を贈与する首長と〈自然と権力のちょうど中間にあって、危うい均衡を保つこと〉、ドゥルーズ＝ガタリの国家の「零度」から捕獲装置と戦争機械のアンビバレンス、レーニンが『国家と革命』で視野におさめた非和解性の産物である「国家の廃絶」という革命認識がボルシェヴィズムとスターリニズム（暴力装置）に収束したことを踏まえ、思想から現実へのプログラムのアポリアを指摘する。

一方、宇野は、反‐国家という立ち位置を画定した上で、戦後日本の主権問題をめぐって、「自由」の背後のアメリカ支配の実態を懸念しつつ、批評感情のモチーフへの内省を自失し国家と同化した江藤淳を批判するだけではなく、戦争の死者の追悼を国家や戦争や権力との連環において思考しない加藤典洋を〈結局加藤が実現したのは、ただ自国の死者をアジアの死者の前にもってきて追悼し、しかも「汚れた」つまり「有罪の」死者として弔うという（ねじれた）精神的姿勢を、文学に再発見すること、そのことに尽きていた〉と厳しく批判する。

さらに、反‐国家のモチーフは、〈憲法によってただ国家とそのありようを選ぶのか、それとも憲法を通じて国家の彼方にあるものを見すえるのか、この問いは、はじめから、いつも憲法の言葉のあいだに潜在していたのである〉と主権が国家を所与とすることへの還元的な眼差しとなり、「国家をこえる」憲法の可能性が提示される。

民主主義が無原理性や経済的原理によって民衆不在の「統治のパラダイム」へ向かうパラドックス、「最悪の政治」の実在をめぐる思考実験の後、宇野の「省察」はハンナ・アレントとミシェル・フーコーの交叉配列的な解読に向かう。規律社会と権力論の考究から「自己への配慮」へ旋回し、自己の倫理学の構成に「政治的権力に対する最初のそして最終的な抵抗の点」を見出す晩年のフーコーと、いっかんして「公共性」を強調しつつ〈自己を配慮することは、ひとりの人間をすでに複数性にし、この複数性は、自己と他者とのあいだの複数性を支え、反対に人々の複数性によって支えられる〉というアレントの思考が遭遇する。現存的に「自由」と「主体」をめぐるだけではなく、ともに古代ギリシャ思想まで遡行した果ての団円である。

批評言説をつうじて心身がゆるむということがたまにある。それは、たいがい否定性、否定力をベースにして成立している批評という言説の様態が、肯定性に裏返るときだと言える。そのとき、批判（精神）という権能を公認されている批評行為のリスクが励起されるはずである。つまり、批評が肯定性の領域に入るとき、ラカンのように言えば、批評における対象a《オブジエプチター》が批評主体と同一化する。こう書いてみて、そもそも戦後的な批評の根っこには、疎外論というロールモデルがあり、作品からの、作家の在り方からの、論じるべき事項からの疎外（否定性）において批評が生成するという信憑が行きわたっていることに思い当たる。

マルクス主義的批評に限らず、江藤淳にしても、福田恆存にしても、それぞれの否定意識において、対象から自らを疎外することによって批評を駆動した。このフレームワークは、陳腐化しているのかもしれず、その陳腐化と批評一般の停滞には連関があるのかもしれないが、言いうることは、その頃、批評行為はある種の「正しさ」を担っていたということである。批評言説は、「正しさ」への紆路として選択され、テンションを上げて臨むべきものだった。

この批評的リゴリズムへの態勢をゆるめてくれたのは、惜しくもこの世を去った加藤典洋が一九九七年刊行『敗戦後論』所収の「戦後後論」のなかで、サリンジャーの『ライ麦畑でつかまえて』や太宰治の『トカトントン』を論じながら記した次のようなくだりである。

〈真への抵抗とは何か。そこで何が何に抵抗しているのか。わたしの考えはこうである。そこでは、真理が誤りうることの中から無謬の器に移されることに抵抗している。真理は、真理もまた、いつも誤りうることの中にとどまることを、望んでいるのである〉、〈人と世界の関係には、つねにある遅れがあり、ある時期尚早がある。人はいつも、遅れて来すぎた人間、早く来すぎた人間として、世界とズレをもって生きる〉。

また、『カラマーゾフの兄弟』の「大審問官」をめぐり〈文学は、誤りうることの中に無限を見る。誤りうるかぎり、そこに自由があり、無限があるのだ〉と記される。

これら警句《エピグラム》的な数節によって、穴だらけの作家による穴だらけの文学作品に「正しさ」を挿入する批評の権能がまるごと異化された。あるいは、この異化効果によって風が抜けて批評もまた息を継いでいるふうに、開放性がこちら側と共有されるのである。

開放性は、そこで述べられた人間の「可誤性」を受容する態勢からやって来るが、第5回北海道横超忌における『戦中と戦後をつなぐもの――戦後、吉本隆明に「自己表出」のモチーフはどのようにやってくるのか』（北海道横超会）と題された講演録は、「可誤性」についての加藤典洋の思想的深度を再確認させるものだ。この講演で、吉本隆明の原理論の中枢の概念である「自己表出」性、「自己幻想・対幻想・共同幻想」、および「原生的疎外」を駆動した「自己中心性」の発生の起点に到る「徹底した独我論の段階」に関して、前年の講演（〈遍在する「女」が追跡される〉参照）で瀬尾育生が「世界認識の方法」の問題群から旋回した吉本が「婚約破棄事件」を端緒として倫理性と根源的な罪概念を導入したと述べたのに対して、加藤は〈「自己中心性」は、吉本さんの戦中期の経験の「誤り」のただなかから、戦争直後、彼に摑みだされ、それが彼に、「関係」の思想としての「世界認識の方法」の致命的な重要性を認識させるように働く〉と提起する。加藤は、九〇年代からの吉本との関係や直接のやりとりを辿り、皇国青年としての吉本が「徹底的に戦争を継続すべきだ」と考えていたことを「文学的発想」に立って「誤り」を反省せず、「誤り」を足場にして「世界認識の方法」に到達した経緯を、吉本が「転向論」で描いた中野重治が、〈「反省」したら終わりだ〉と感じる理由をめぐり、〈自分たちを「誤らせた」日本共産党のあり方こそがダメなのだ、(……)「間違った認識」をもつほかないことのほうに、「動かしがたさ」、別の意味での思想の普遍性の足場は、あるはずだという足場の〝逆転〟がそこにあります〉と付会して見せる。さらに、尊王攘夷思想から尊王開国思想への「転向」を〈「内在」から「関係」への転轍〉ととらえ、「マチウ書試論」における「関係の絶対性」の契機と考える。

瀬尾育生が、吉本の「井の中の蛙の世界性」の比喩から導き出した「内破的な世界性」から、〈「内在」の思想は、その「誤り」の場所から逃れず、そこにとどまり、「誤り」を生かすことによってのみ、「関係」の思想の母胎になることができる、(……)「世界認識の方法」は「文学的発想」の徹底とその「内破」を通じてしか、獲得されない〉という思想のダイナミクスを抽きだす。しかし、幕末に攘夷思想から開国思想への「転向」(開国による「国体の維持」という現実的契機)があったにもかかわらず、なぜ、青年吉本は皇国思想を戦中に「内破」できず、戦後に「人間の生命」が「たいせつなもの」であることに覚醒したのか。

加藤典洋は、それを、GHQ(占領軍)の米軍兵士の〈いかにも自由で、「いい加減」な感じ、くだけた感じ〉に出会ったときの「あらーっ!」という感じの徹底性に集約する。それが、吉本が「人間の生命」のたいせつさと「自己中心性」に覚醒し、〈「内在」の思想が「関係の絶対性」の足場となり、その後、「内在」の思想からは自己表出性が、対極の「関係の絶対性」からは「世界認識の方法」が生まれてくる〉契機になったと言うのだ。

「正義」の解体過程は必然的な悲劇だが、「自己中心性」（誤謬への終局的な肯定性）は偶有的であり、吉本の場合、「あらーっ！」という（資本主義的）欲望への肯定性が思想的境涯をつらぬいたことになる。もとに戻って言えば、「自己中心性」の団円において、瀬尾育生のいう吉本の個人史における「婚約破棄」による倫理的な罪概念の画定と、加藤典洋のいう皇国青年の生命観をめぐる「可誤性」が偶有的に抱懐される一瞬は、ともに吉本隆明の思想の超越的表象の欠くべからざる両義性を構成する。いや、両者は相関的でもあるはずだが、『マス・イメージ論』をピークとする日本資本主義と欲望論の臨界的な実態、原発事故以降のアポリアを経て、「戦中と戦後をつなぐもの」を現在の状況に引き直すとき、瀬尾の言う罪概念（倫理性）を起点として「関係の絶対性」に到る回路が、カント的普遍理念（世界認識）に拮抗しうるアクチュアルなフレームワークであることは疑いない。

（二〇一九年七月）

抵抗性としての「気分」の滞留

二〇一九年八月初めの、「あいちトリエンナーレ2019」の一企画「表現の不自由展・その後」および津田大介への行政権力の干渉と牽制、それに続く翼賛的な第三者による理不尽な脅迫は歴史修正主義とナショナリズム（対米屈従が裏返された卑屈な虚勢と優位感情）のアマルガムに由来する攻撃性の現象以外ではないが、この現象に対抗するためには、表現行為の原理的な「少数性」を維持し、「少数性」によってのみ形成される時間意識を出来る限り保存し、「少数性」の臨界（少数による「力」というべきもの）へとキャリーする戦略の構築を図ることの困難に取り組まねばならない。それは、芸術表現のピュリティ（表現価値）を守るというロマン主義的なことではなく、表現に内在する時間性を、作品の公開性によってなだれ込んでくる時間性に拮抗するかたちでキャリーアウトするということである。

ここでは展示企画の内容や理念には関知しないが、「平和の少女像」をはじめとする展示作品には「表現の不自由」をめぐる既往の政治的な来歴がある。つまり、多数を前提とした目的性や意味性のコンテクストに与したことによって、すでに無傷ではない。それらを、もういちどパブリックに「作品化」するということは、表象の「少数性」を再構築するための周到な戦略が求められたはずだ。具体的には、会期（八月一日から一〇月一四日）を全うすることによって、それらの作品を「事後性」＝批評性のなかに布置するための「少数性」の砦が固守されるということである。

ところが、当該展示の企画者は、どこかで、この企画の可能的な（あるいは啓蒙的な）多数性にモチーフを委ねることに誘惑されたのではないか。あるいは、表現の原理的な「少数性」が「多数性」＝政治性を形成するという復讐的な企図に準じたのではないか。

であれば、「ガソリンテロ」の標的になることによって、この展示は「表現の不自由」の「その後」の惨状がデモンストレートされることにより、潜在的な企図は一定のレベルで果たされたことになるが、表現の「少数性」は政治性の意味形成の連鎖（加速的に亢進するウェブの機能に短絡された「一般意思」）により過酷に翻弄されるだろう。

王秀英《ワンスヨン》は詩集『よその河』（東方社）所収の「日本人の友――究極の差別」の末尾で、来日以来家族のように親和して付き合った友人の〈うちはあんたを／韓国人やと思ったことは一度もない／いつかて　日本人やと思ってたんや／そのくらいあんたが好きなんや〉という言葉を聞き逃さなかったが、あらゆる抵抗運動はこのような友敵が転倒するアンチノミーに張り合わされている。例えば、「テロ」の一義的な批判をすれば、「少数性」の理念的な否認に連鎖し、「多数性」＝政治性＝ボルシェヴィズムへの加担を無意識に告白することになる。

当該展示の僅か三日での撤去は、「不自由」をメディアに訴求するパフォーマティブな好機ではなく、それを戦略的な瑕疵と認識しなければ「自由」は重層的にいよいよ困難であるという事態以外ではない。「少数性」戦略の厳しさは、ウェブによって「人間拡張」（マクルーハン）された全ての「作者」の内在的な「自由」の困難と不可分である。

今更ながら、情動は「瞬間の王」を屹立し、「気分」は水平的に棚引いている。詩的表現はほぼ前者に属し、対象a《オブジエプチター》のハート・ビートそれ自体でありうるが、それ自体である側面において、批評性＝状況性は予め解消されている。「瞬間」はコンテクスト＝差異性に依存しないからである。というのはイデアルな口吻で、実際は、批評は詩作品を解釈し、詩的コンテクストにも介入しているはずだが、詩論というそもそもミニマルなジャンルがそれに輪をかけるように劣勢であるという憶見は、詩論＝批評性よりも情動それ自体＝対象ａに一義的な主体が錐揉んで消失するシークェンスそのものが優勢である事態と不可分だろう。

情動さえあれば詩的行為のピュリティが到達されるという緩やかな確信が批評＝詩論を攻撃する（それらの劣勢を論難する）のは、しかし、主観性の肯定性《ポジティヴィティ》＝否定性《ネガティヴィティ》の排除＝反知性的な翼賛＝歴史修正主義の連関のなかに回収される縁にある。

詩論＝批評が批評性を踏み堪えることとは、批評だけの課題ではなく、情動＝抒情がその内的時間を貯水し持続することと通底する。情勢にかかわる問題になってくるが、要するに、闘わねばならないのは批評だけではないということだ。

そこで、情動＝抒情の背後に棚引き、偶有的に抒情（図）を析出する「気分」（地）にフォーカスを反転《シフト》するならば、長原豊の『敗北と憶想　戦後日本と〈瑕疵存在の史的唯物論〉』（航思社）というとてつもなく厄介なテクストを読みほぐす糸口のひとつを手繰ることもできるのではないだろうか。

この手に負えないテクストと四つに組むのは得策ではなく、反復－倦怠－不快－〈余白である主体〉－詩と論理／非詩という「気分」から論理へのシニフィアンの動線にブランキ／ブロッホ－マラルメ－埴谷雄高－マルクス（小林秀雄／花田清輝）／ベンヤミン－萩原朔太郎－黒田喜夫という固有名の連鎖《マトリックス》を絡ませながら読み込みの「形式化」を図る他はない。

まず、エルンスト・ブロッホの〈死者は戻ってくる〉、ブランキの〈この地上でわれわれが、そうであったかもしれないことのすべては、どこか他の場所でわれわれがそうであること〉、ベンヤミンの〈やり残したことをやり直さねばならない〉にマルクスの〈人間はつねに、自分が解決しうる課題だけを自分に提起する〉を重ね、ひとつは、マラルメが〈「一巻の美しき書物」へ生成する「世界」に賽《さいころ》とともに憑かれ〉たような〈偶然《できごと》において必然《れきし》を対抗捕獲する空無‐外《プロレタリアート》の場〉を見出す。

　次に、〈脱領土化と再領土化の循環史《アルカイズム》にほかならない歴史の変遷〉＝反復をブランキのように、あるいは「ラス前《ペニユルティエーム》」のマラルメのように生者《げんざい》において倦怠するのである。〈「人間＝個人」における想起‐憶想をさらに歴史として叙述する〉小林秀雄＝ドゥルーズ的小林を「懲りないマルクス主義者」と呼んだ長原は、埴谷雄高の〝ちぇっPfui!〟という「不快」をめぐり、〈気分とは、それがいかなる類のそれであれ、繫辞と賓辞との連み遇い（という偶発あるいは出来事）の事後においてのみ浮上する主辞が遡及的に仮構する事前であり、その意味でのみ~~前~~‐存在論的である。それを、気分はむしろ存在に遅れる、と言うことさえできるだろう〉と述べ、埴谷における等価交換の「不快」‐倦怠が言葉《ロゴス》の世界で「再生産」されるという循環、自同律の「論理の不快」が〈「拗けた動物的な人間」にさらなる「深き倦怠」を強い、それを以てこの「拗けた動物的な人間」はふたたび逆説的にみずからを「世界を形成する」人間と観念している〉という思想への回路が画定される。

　この倦怠をめぐる逆説は、定型詩集『氷島』について「日本回帰」と指弾された萩原朔太郎の作品における〈余白である主体〉において、〈前近代ましてや反近代などではなく、まさに近代こそが、朔太郎という詩的余白の充塡を完了したこと、そうしたことが、詩の内容というよりは詩の機能において無慚な戦争詩よりも強力に、この国の戦前と戦後を繫留しつづけていることが重要なのだ〉という「イロニー」、すなわち、〈これら賓辞の束である詩は、余白で余白として明滅する――「間歇的」な――主体へと絶え間なく逆流する〉というもうひとつの逆説に交差する。

その交差のポイントでは、埴谷雄高の「不快」=「詩と論理の婚姻」と朔太郎の〈汝自身の「詩」を、汝自身の「論文」によって罵倒せよ〉という「詩と非詩の識域」が刺し違え、黒田喜夫の〈沈黙と言葉のあいだ-穴〉=〈ぼくたちという余白〉の端緒が現れる。〈ぼくたちは「工作者」とともに「原点」に降り来たり、「生活」=遊牧において「衆夷」となるだろう〉と結ばれる「ぼくたち」は「不快」-倦怠の実践主体であり、「嵌入-汚染」という他者関係を朔太郎-埴谷-黒田から継承する。

この「気分」の滞留こそが、「抒情の極相」の不-可能性でもあるということは、さらにまた被覆されねばならない。

さて、日本文学は、日本語で書かれている。この自明なファクトを還元的に認識し更新するところに「源流」的、すなわち、アルケオロジカルなアプローチが生成し、近年の大著『文法的詩学』をはじめとする泰斗・藤井貞和の重層的な試行の堆積もある。

しかし、網谷厚子の『日本詩の古代から現代へ』(国文社)は、コンパクトな本ではあるが、始原論、助詞論、抒情の原理を簡潔に押さえながら、啓蒙的な記述に拉致されることなく、

「日本詩」への再帰的な愛着と実践論的な開放性をつらぬいている。

三つのポイントがある。ひとつには、〈「歌」は、男と女が出会って生まれるといってもいいのではないだろうか〉、〈歌の歴史では、〈集団的・呪術的〉なものから、〈個別的・独創的〉なものへと変化を遂げていったと一般に考えられ、（……）しかし、さらに古代では、むしろ、歌は〈個別的・独創的〉なものではなかったか〉という意識、すなわち、固有な表現としての「歌」を措定することによって古代（歌謡）と現代（詩）を系譜学的にフラットに論じる立ち位置が選択される。二つには、〈なんと言っても〈は〉は、作者の息づかいまでもが感じられる。作品が生み出されたその瞬間に居合わせたような、作者と一体化したような錯覚が楽しい〉、〈〈一人称〉の多様性が失われたのは、社会的背景の変化、情報社会の進展による〈地域性〉〈身分制度〉の消失が影響しているかもしれない〉という述懐にあるように、助詞と人称への目配りによってアルケオロジカルな視点が状況感覚を伴いながら繰り込まれる。

三つ目は、「和歌」の形態分類と〈用途〉〈場面〉の多象限をつくり、萩原朔太郎の『月に吠える』の作品群における「さびしい」「さみしい」の用例列挙や、宮沢賢治の「雨ニモマケズ」の内容を「貧窮問答歌」に準えて項目を列挙するなど随所に見られる分類的記述の多用と、詩作品の選別的な全文引用である。引用数は限定的になるが、多くの全文引用により、読者も網谷と同じテンションで作品に向き合うことになる。言い換えると、詩作品を介して網谷と読者の読解が対峙するのである。

この三つの処方が、有機的に交差し、藤井貞和も折口信夫も導入することなく、自力の思考で、〈貧しさ〉をめぐって山之口貘と小柳玲子と山上憶良をリファーしつつ、〈私たちは本当に〈豊かさ〉に向かっているのだろうか〉と問いかけ、詩的〈情熱〉の現在に〈古代からの〈叡知〉を結集して、常に〈捨て身〉で、書き続けなければならないだろう〉というマニフェストが結ばれる。

末尾の文章では、与謝蕪村による、朔太郎をして「新体詩」よりも「芸術的に高級で、かつ西欧詩に近くハイカラ」と言わしめた「（自由）詩」が紹介される。蕪村詩は古代には属さないが、「歌」の固有性はリニアな歴史的時間に配置されるものではないことが、ここでも強調される。「歌」の系譜が反歴史的であるということは、「現代詩」のエクリもまた「現代」を自明化しえない試行の臨界にあるということに等しい。

あえてフロイトの「反復強迫」のフレームに擬えるなら、詩的な情動、つまり、詩的表現への欲動は、その反作用とも言うべきもの、詩的表現を表現＝言語として表象すること（他者を抱くこと）を阻止しようとする機制を通過して作品として構成－形態化される。詩的情動は、作品として現れる前に、言葉や意味やイメージ（象徴界）から引き離そうとするマイナスの情動、作品以前に引き戻そうとする力に妨害され、その力とせめぎ合って、情動の偶有性から作品の必然を再帰するところまで来て、作品になる。このせめぎ合いの強度は、作品の孕む（反作用としての）沈黙の重さであり、詩作品の強度と通じている。

こういうリジッドな考え方からすると「不思議」という感覚は、せめぎ合いが足りないということになる。この世界が「不思議」の偶有性に満ちているのは当然なことで、「不思議」は作品へと構成される過程で、詩作者における「不思議」以外の、固有なメタ「不思議」として発見されねばならない。

ところが、大橋政人のエッセイ集『まど・みちおという詩人の正体』（未來社）では、まど・みちおをめぐる「不思議」感覚が、「有限」、「無限」、あるいは「かみさま」というまど自身の詩語に変換されながら、その情感のまま保存されている。それは、まどから著者宛の書信の掲出を含め、晩年二十年弱のまどとの個人的な「お付き合い」、まどへの愛着が論理的抽象への反作用を形成するからである。大橋は、「アリ」、「あかちゃん」、「リンゴ」、「へんてこりんのうた」などの代表作にあたり、人生賛歌とは異なる「個体」とは何かという問題、〈「あかちゃん」が「あかちゃん」のままで、そっくり「かみさま」なのである〉、〈まど・みちおは形而上詩人であった。それもいわゆる現代詩の難解さなど比べ得べくもないほどの難解な形而上詩を書く詩人だった〉という評釈の過程、「気がすむまで不思議がる」というまどへの著者の同一化に近い自分語りを経て、〈神（無限）と人間（有限）が渾然一体となった状態から言挙げする人々のことを神秘主義者という。（……）まど・みちおという詩人は明治以降の詩の歴史の中で全く類例のない、神秘主義詩人という名の詩人だった〉と「正体」が突き止められる。

ところで、大橋は本書で、二度、激しい慷慨を示している。ひとつは、まどの「リンゴ」について〈この詩を児童詩の世界に追いやっている日本の現代詩の世界というのも、どこかおかしい〉という見解である。大橋とは逆に、まどは存在論的詩人で、実存的、あるいは、超越論的還元に近い位相で書いていたと考える時評子は、まどの言葉は大人よりも子どもにこそ非意味的にすんなり入ってくるのではないかと推量する。すぐれた童話や童謡の物深さは、象徴性の高さが難解さ＝意味性に拘束されないところにある。

もうひとつ、大橋は、吉本隆明の「麻原彰晃擁護」の「グロテスクな結論」、および、それを詩壇が黙認したことを激しく嫌悪し、「吉本隆明×まど・みちお」という項目まで設けて、吉本について〈宗教オンチ〉、〈何でもかんでも目に見えるもの、つまりカラダに還元しないと気が済まないタチ〉と威勢よく切り捨てている。

吉本は、麻原の許されざる巨悪を措いて、「生死を超えて」の思想性を認めたというのが時評子の理解だが、「麻原彰晃擁護」そのことのみによる吉本への仮借ない全否定は、まど・みちおが天啓のように現れるエートスと同位相である。

リルケの蠱惑的なエピグラフから書名を採ったジャン＝ミシェル・モルポワの『見えないものを集める蜜蜂』（綱島寿秀訳、思潮社）は、啓蒙的な短章を折り重ねるように構成されているが、一読してロゴス中心的貴族的スノビズムが鼻につき、モロッコ人、コンゴ人、ポルトガル人を見下すような筆致も気になった。著者は、一九五二年生まれということだが、ブランショを瑞々しく更新する詩的弁証を期待したところ、感性としては、彼が「古典的」と呼ぶボードレールやヴァレリーに近いところにあり、しかも、ヴァレリーのような汎ヨーロッパ護持の危機意識やボードレールの確信的な大衆蔑視があるわけではない。
「詩的霊感について」での〈わたしは欠如のゆえに霊感を呼び出す〉、〈あるいはとある神が万年筆の吸入軸の中に眠っているかもしれない。わたしの頭の芯で、時計は止まった。わたしは自分の心臓のことを思っている。わたしは沈黙をしるす終身書記だ〉というダンディズムには、末尾の「簡略無限辞典」のMOI《モワ》（わたし、自我）を〈（……）能のない限られたもの。それが受け入れるものだけはしかし、われわれをおやっとさせる。たとえばそれは「抒情的題材」――蜜蜂や教会、それに広場や駅。あるいはまた、同じように心であることに耐えている者〉と定義する矜持が符合する。

ECRITURE《エクリチュール》（書くこと、著述、書、文体）を〈常たゆまずに死ぬ方法〉と定義するのはいいが、〈舌を切ってしまったのでわたしは書く。（……）文学とはすべて、一度はちぎれ、忍耐強く縫い合わされた舌の歌である〉、〈地平線とは、場所を風景へと変える非 - 場である〉という甘い修辞《レトリック》は実態の見えにくさ、現実との接合が不定なところで空転している。

恐らく、モルポワの認識とは違って、「絶対に現代的でなければならない」というのはそのとおりだが、まず〈古典主義は不可能だ。鏡の間がないのだから〉という陳腐なメタファ以前にモルポワじしんの近代主義が払拭されるべきであり、さらに、「鏡」を持ち出すなら、「現代」は「鏡像段階」における主体形成とは逆に流れている時間をどう踏み堪えるかという問いに身を晒すべきである。

さて、岩成達也の理念の彷徨（前項参照）は「森との訣れを前にして（注釈）」（季村敏夫個人誌「河口から」二〇一九年九月、秋冷輯所収）というかたちで強靭に持続する。

二種の「現れ」＝世界：非世界（私の底の底／闇／「主の領域」）から「知」の在り方の二分法と「断線」を認識した岩成は、「超越的」から「実存的」に〈「闇」をみつめる私達の能力〉が変《劣》

質化した近代の困難を踏まえ、フッサールの志向体験から「超越論的主観」への還元、〈起源〉への遡行の不可能性へと問いが解体したことを押さえ、再びミシェル・アンリの「生の現象学」の「主観性」－「自己性」－「自己触発」性に逢着したところで、「白い緑閃光」とともに昏睡し、「この地」で「見ること」の到達点に行きつく。

最後に、福間健二監督のフィルム、長篇第六作の『パラダイス・ロスト』（tough mama 制作）について試写を一度観たかぎりのところを記す。福間は映像において、詩を振り切らない。逆に、映像において、詩の中心へ錐揉むのだ。朗唱される詩作品はときに映像に張り合おうとするが、映像は詩と和解しようとしている。だから、映像が侵入してくる詩を抱懐し切れているかという格闘が残余する。ゴダール的なB級映画への愛／実践は、映像と詩をめぐる「自然過程」におけるポエジーの砦なのだ。タイトルは、パティ・スミスが一九九四年に夫を亡くしたとき、ボブ・ディランが彼女を旅に連れ出そうとしたトピックに因む。

東京郊外の夏草が薫る日常の風景のなかで詩的コラージュが展開する。最初のカットで公園の草の上に慎也（江藤修平）が倒れている。フラッシュバックで、人に囲まれた亜矢子（和田光沙）を夫の慎也が助け出し、公園の片隅で縺れ合う。若松孝二の弟子でもある福間の映像についに濡れ場のカットかと思いきや、慎也は心臓発作で息絶えてしまう。

慎也の死によって、亜矢子は今まで知らなかった慎也の弟の翔（我妻天湖）、母の信代（佐々木ユメカ）、ロック野郎くずれのような父の「竹田さん」（スズキジュンゾ）と出会う。一方、北海道に出かけて野菜を作ったりする佐々木ユキ（小原早織）とシナリオライターを目指す講平（木村文洋）のカップルがいる。ユキは「大丈夫だよね」と亜矢子を励まし、亜矢子は働きはじめ、やがて、翔と恋愛関係になる。一方、ユキは講平との関係の方向感を見失いかけ、内気な講平は頭痛に悩まされ、シナリオを描きあぐねている。そんな講平を亜矢子は、ユキに自分の気持ちを示すようにと励ます。

　死んだ慎也は、ときどき現れて、『ゴースト』のサムのように、亜矢子とユキが詩のスタンザを朗唱する姿をやや俯瞰的に眺める「視線」になったり、公園で亜矢子を待つ翔に纏わりつくように動いたり、父「竹田さん」の傍で踊り狂ったりする。彼らのループを旋回する人たち。「反ヘイト」などのプラカードを持ち歩きデモに行く学生たち、画家で詩人のヒラカズ、つねに食客である亀田くんがコラージュに介入する。白石和彌の『止められるか俺たちを』にも出てきた「福間くん」は亜矢子に最近映画から遠ざかっているのだと話す。

　お茶目なパロディも折り込まれ、亜矢子だけではなく、みんなが「現在《パラダイス・ロスト》」で励まし合い、恢復しようとしている。「ごはんは、あるか」、「ごはんは、あるぞ」。それで、全員が揃い、優しい団円がやってくる。食事、食卓は団円である。人間における、関係における「自然過程《ポエジー》」がそこにあるのだから。

（二〇一九年一〇月）

宗近真一郎

一九五五年、大阪生れ。
大学在学中「第十九次新思潮」、後「あんかるわ」などで批評、詩作活動。一九九〇年から二〇一五年にかけて、アメリカ、ロシア、フランス、ドイツに延べ十八年間滞在。

著書
『水物語に訣れて』（一九八五年／白地社）
『ゼロ・サム・クリティック』（一九八八年／砂子屋書房）
『消費資本主義論』（芹沢俊介、大塚英志らとの共著／一九九一年／新曜社）
『反時代的批評の冒険』（一九九七年／私家版）
『ポエティカ／エコノミカ』（二〇一〇年／白地社）
『パリ、メランコリア』（二〇一三年／思潮社）
『リップヴァンウィンクルの詩学』（二〇一七年／響文社／第九回鮎川信夫賞）
『柄谷行人〈世界同時革命〉のエチカ』（二〇一九年／論創社）

詩は戦っている。誰もそれを知らない。＊著者宗近真一郎＊発
行二〇二〇年六月二五日初版第一刷＊発行者鈴木一民発行所書
肆山田東京都豊島区南池袋二―八―五―三〇一電話〇三―三九
八八―七四六七＊装幀亜令＊印刷精密印刷ターゲット石塚印刷
製本日進堂製本＊ＩＳＢＮ九七八―四―八七九九五―九九七―三